GRUNDLAGEN UND PRAXIS DES ARBEITSRECHTS

Band 14

Personal-Auswahlrichtlinien (§ 95 BetrVG)

Systematische Analyse der Auswahlgrundsätze und -kriterien bei Einstellungen, Versetzungen, Umgruppierungen und Kündigungen von Arbeitnehmern

von

Dr. Aloys Vogt

ERICH SCHMIDT VERLAG

CIP-Kurztitelaufnahme der Deutschen Bibliothek

Vogt, Aloys:
Personal-Auswahlrichtlinien (§ [Paragraph] 95 BetrVG):
Systemat. Analyse d. Auswahlgrundsätze u. -kriterien bei Einstellungen,
Versetzungen, Umgruppierungen und Kündigungen von Arbeitnehmern
/ von Aloys Vogt. – Berlin: Erich Schmidt, 1987.
(Grundlagen und Praxis des Arbeitsrechts; Bd. 14)
ISBN 3-503-02639-8
NE: GT

ISBN 3 503 02639 8

Druck: Regensberg, Münster

Vorwort

Mit dem dem § 95 BetrVG vorangestellten Begriff der „Auswahlrichtlinien" hat das BetrVG aus dem Jahre 1972, das nunmehr auf eine 15jährige Existenz zurückblicken kann, kein neues Instrumentarium zur Verwirklichung eingeräumter Mitwirkungs- und Mitbestimmungsrechte im personellen Bereich geschaffen, sondern diesen Begriff älteren Vorgängern z.B. dem BRG aus dem Jahre 1920 entnommen und diesen lediglich bei seiner Neugestaltung im Jahre 1972 weiter ausgestaltet und in seinem Wirkungskreis erheblich erweitert. Unter diesem von § 95 BetrVG erfaßten Begriff dürften lt. Gesetzestext Grundsätze und Kriterien über personelle Auswahlgesichtspunkte bei Einstellungen, Versetzungen, Umgruppierungen und Kündigungen zu verstehen sein, die der Zustimmung des Betriebsrats bedürfen. Dieses Zustimmungsrecht verdichtet sich in § 95 Abs. 2 BetrVG sogar zu einem Initiativrecht des Betriebsrats.

Nach der Systematik des Gesetzes gehören Auswahlrichtlinien i.S.d. § 95 BetrVG zu den allgemeinen personellen Angelegenheiten i.S.d. § 92 BetrVG (Personalplanung). Danach hat der Arbeitgeber den Betriebsrat über die Personalplanung, insbesondere über den gegenwärtigen und künftigen Personalbedarf sowie über die sich hieraus ergebenden personellen Maßnahmen auch der Berufsbildung an Hand von Unterlagen rechtzeitig und umfassend zu unterrichten und gleichzeitig haben beide über die Vermeidung von Härten bei der Art und dem Umfang der erforderlichen Maßnahmen zu beraten.

Der Mitwirkung des Betriebsrats in diesen allgemeinen personellen Angelegenheiten folgen die Mitwirkungs- und Mitbestimmungsrechte bei den personellen Einzelmaßnahmen i.S.d. § 99 durch die Einräumung von Informationsrechten des Betriebsrats vor jeder Einstellung, Eingruppierung, Umgruppierung und Versetzung und gem. § 102 Abs. 1 S. 1 BetrVG durch die Einräumung einer Anhörungspflicht des Betriebsrats vor jeder Art von Kündigungen. Auswahlrichtlinien i.S.d. § 95 BetrVG werden daher auch als Zwischenstufe oder als Brücke eines Entscheidungsprozesses angesehen, die von der allgemeinen Personalplanung i.S.d. § 92 BetrVG bis zu personellen Einzelmaßnahmen i.S.d. §§ 99 und 102 BetrVG reichen.

Die Mitwirkungs- und Mitbestimmungsrechte des Betriebsrats reichen also bei den allgemeinen personellen Angelegenheiten z.B. vornehmlich bei der Personalplanung weit in das eigentliche Vorfeld personeller Einzelmaßnahmen durch die Einräumung von Informations- und Beratungsrechten, um schon sehr frühzeitig vor dem Zeitpunkt der Einstellung von Arbeitnehmern einen gewissen Einfluß auf die Anzahl der Beschäftigten und vor allem auf die künftige Zusammensetzung der Belegschaft ausüben zu können. § 95 BetrVG dient zunächst einmal vorrangig dem Schutz der im Betrieb tätigen Arbeitnehmer.

Erst bei dem eigentlichen Vollzug jeder einzelnen personellen Maßnahme wie der Einstellung, der Ein- und Umgruppierung und der Versetzung von Arbeitnehmern ist dem Betriebsrat ein Zustimmungsrecht i.S. einer echten Mitbestimmung eingeräumt, das allerdings nur ein vermeintliches Mitbestimmungsrecht ist, zumal diese geforderte Zustimmung nur aus bestimmten im Gesetz im einzelnen enthaltenen und vorgegebenen Gründen verweigert werden kann. Gleiches gilt auch bei der Kündigung, zu der der Betriebsrat vorher zu hören ist und gegen die dieser ein Widerspruchsrecht hat, allerdings ebenfalls beschränkt auf bestimmte im Gesetz enthaltene und einzeln festgelegte Widerspruchsgründe.

Die Frage der Gestaltung derartiger Auswahlrichtlinien ist von erheblicher praktischer Bedeutung und es ist verwunderlich, daß über Ausmaß und rechtliche Zulässigkeit bisher kaum verläßliche Untersuchungsergebnisse vorliegen – soweit feststellbar – und daher auch keine allgemeingültigen Erfahrungen hierüber vorliegen.

Verlag und Verfasser sind daher übereingekommen, diese offensichtlich bestehende Lücke zu schließen. Mit der nunmehr vorliegenden Schrift wird der Versuch unternommen, aus einer Anzahl vorliegender und empfohlener Muster von Betriebsvereinbarungen, Hinweisen und Kommentierungen seitens der Sozialpartner und auch einiger Arbeitsrechtler und gleichfalls aus einer Vielzahl bestehender Betriebsvereinbarungen über Auswahlrichtlinien mit ihren jeweiligen Schwerpunkten, ihren Vor- und Nachteilen, allgemeine Erkenntnisse zu gewinnen und vielleicht auch manchen Voreingenommenheiten und Ängsten zu begegnen.

Diese Auswertung, die sich nur auf einen wenn auch erheblichen Teil bestehender Richtlinien erstrecken kann, da es an einer Globalerfassung fehlt, soll nicht nur den unmittelbar Beteiligten Anregungen geben, sondern ihnen vielmehr Hilfestellung bei der Anfertigung praktikabler und rechtlich zulässiger Richtlinien leisten in der festen Überzeugung, daß diese Auswahlrichtlinien i.S.d. § 95 BetrVG zukünftig in der betrieblichen Praxis mehr positive Wirkungen haben werden.

Im Bereich der Personalplanung und insbesondere bei den personellen Einzelmaßnahmen sollen zunächst einmal alle Möglichkeiten zur Verhinderung etwa eintretender Härten möglichst frühzeitig einander beraten werden. Das gilt in gleichem Maße bei Umgruppierungen und Versetzungen, bei Einstellungen dagegen weniger, aber in verstärktem Maße bei Kündigungen betriebsbedingter Art, bei denen die soziale Auswahl für die Rechtswirksamkeit derselben von erheblicher Bedeutung ist.

Köln, im Februar 1987 Dr. Aloys Vogt

Inhaltsverzeichnis

Anhang

Abkürzungsverzeichnis

a.A.	anderer Ansicht
a.a.O.	am angegebenen Ort
Abs.	Absatz
AiB	Arbeitsrecht im Betrieb, Zeitschrift
a.M.	anderer Meinung
Anm.	Anmerkung
Anl.	Anlage
AP	Arbeitsrechtliche Praxis
ArbG	Arbeitsgericht
ArdGegw.	Arbeitsrecht der Gegenwart
ARSt	Arbeitsrecht in Stichworten (Entscheidungssammlung)
AuR	Arbeit und Recht (Zeitschrift)
Aufl.	Auflage
ArbRH	Arbeitsrecht-Handbuch
BAG	Bundesarbeitsgericht
BB	Betriebsberater (Zeitschrift)
Bd.	Band
BDSG	Bundesdatenschutzgesetz vom 27.1.1977 (BGBl. I S. 201)
Beil.	Beilage
BetrVG	Betriebsverfassungsgesetz
Beschl.	Beschluß
BetrAVG	Gesetz zur Verbesserung der betrieblichen Altersversorgung vom 19.12.1974
BetrR	Der Betriebsrat, Mitteilung der IG Chemie-Papier-Keramik, Hannover, für ihre Betriebsräte
BGB	Bürgerliches Gesetzbuch
BGBl.	Bundesgesetzblatt
BFuP	Betriebswirtschaftliche Forschung und Praxis
BlStSozArbR	Blätter für Steuerrecht, Sozialversicherung und Arbeitsrecht (Zeitschrift)
BRG	Betriebsrätegesetz
BVerfG	Bundesverfassungsgericht
b + p	Betrieb und Personal (Zeitschrift)
BT	Deutscher Bundestag
BT-Drucks.	Drucksache des Deutschen Bundestags
BPersVG	Bundespersonalvertretungsgesetz
DAG	Deutsche Angestellten-Gewerkschaft
DB	Der Betrieb (Zeitschrift)
DBW	Die Betriebswirtschaft (Zeitschrift)
DGB	Deutscher Gewerkschaftsbund
Diss.	Dissertation
DSWR	Datenverarbeitung in Steuer, Wirtschaft und Recht (Zeitschrift)
DuD	Datenschutz und Datensicherung (Zeitschrift)

e.V.	eingetragener Verein
EzA	Entscheidungssammlung zum Arbeitsrecht
Fn.	Fußnote
FS	Festschrift
GesBR	Gesambetriebsrat
ggf.	gegebenenfalls
GG	Grundgesetz
GK-KSchG	Gemeinschaftskommentar zum Kündigungsschutzgesetz
GK-BetrVG	Gemeinschaftskommentar zum Betriebsverfassungsgesetz
Gr.-Sen. (GS)	Großer Senat des BAG
GVBl.	Gesetz- und Verordnungsblatt
Handkom.	Handkommentar
HAWP	Handwörterbuch der Personalwirtschaft
HBV	Handbuch der Betriebsverfassung
HBW	Handbuch der Betriebswirtschaft
HdB	Handwörterbuch der Betriebswirtschaft
HGB	Handelsgesetzbuch vom 10.5.1897
h.M.	herrschende Meinung
HWP	Handwörterbuch des Personalwesens
i.d.F.	in der Fassung
i.S.d.	im Sinne des/der
i.V.	in Verbindung
IG	Industriegewerkschaft
jur	juristisch
JuS	Juristische Schulung, Zeitschrift für Studium und Ausbildung
JZ	Juristenzeitung
KG	Kammergericht
KRAmtsbl.	Amtsblatt des Kontrollrats
KSchG	Kündigungsschutzgesetz
KTS	Konkurs-, Treuhand- und Schiedsgerichtswesen (Zeitschrift)
LAA	Landesarbeitsamt
LAG	Landesarbeitsgericht
MDR	Monatsschrift für deutsches Recht (Zeitschrift)
m.w.N.	mit weiteren Nachweisen
Mitbest.-Gespr.	Das Mitbestimmungsgespräch, Zeitschrift der Hans-Böckler-Gesellschaft (bis 1981)
NBW	Neue Betriebswirtschaft
NJW	Neue juristische Wochenschrift (Zeitschrift)
NZA	Neue Zeitschrift für Arbeits- und Sozialrecht
Personal	Mensch und Arbeit im Betrieb (Zeitschrift), München
Quelle	Die Quelle (Zeitschrift des Deutschen Gewerkschaftsbundes)
RdA	Recht der Arbeit (Zeitschrift)
Rz.	Randziffer
RegBl.	Regierungsblatt
RGBl.	Reichsgesetzblatt I

RKW	Rationalisierungs-Kuratorium der Deutschen Wirtschaft e.V.
RWS-Script	Script des Kommunikationsforums Recht, Wirtschaft, Steuern, Tagungs- und Verlagsgesellschaft mbH., Köln
S.	Satz oder Seite
SAE	Sammlung arbeitsrechtlicher Entscheidungen (Zeitschrift der Bundesvereinigung der deutschen Arbeitgeberverbände), Köln
Sp.	Spalte
StGB	Strafgesetzbuch
u.a.	unter anderem
u.U.	unter Umständen
vgl.	vergleiche
VO	Verordnung
Vorbem.	Vorbemerkung
VOBl.	Verordnungsblatt
WO	Wahlordnung
WSI	WSI-Mitteilungen (Zeitschrift des Wirtschafts- und Sozialwissenschaftlichen Instituts des DGB)
WISU	Das Wirtschaftsstudium
z.B.	zum Beispiel
ZfA	Zeitschrift für Arbeitsrecht
ZfB	Zeitschrift für Betriebswirtschaft
ZfbF	Zeitschrift für betriebswirtschaftliche Forschung
ZfuP	Zeitschrift für Betriebswirtschaft und Praxis
ZGR	Zeitschrift für Unternehmens- und Gesellschaftsrecht
ZHR	Zeitschrift für das gesamte Handelsrecht und Wirtschaftsrecht
Ziff.	Ziffer
ZIP	Zeitschrift für Gesellschaftsrecht und Insolvenzpraxis
ZRP	Zeitschrift für Rechtspolitik

Literaturverzeichnis

Adomeit, K.	Einstellungen und Entlassungen nach dem neuen BetrVG, DB 1971/2360
Arbeitskreis Hax der Schmalenbachgesellschaft	Unternehmerische Entscheidungen im Personalbereich, in: ZfbF 1976 Heft 18 S. 1 ff.
Basch, Th.	Zur Darlegungs- und Beweislast für die Richtigkeit der sozialen Auswahl bei der betriebsbedingten Kündigung unter kündigungs- und datenschutzrechtlichen Gesichtpunkten, DB 1982/2296
Bader, P.	Der befristete Arbeitsvertrag, DB 1981/Beil. 21
Bauer, J.H.	Der Teilbetrieb – Bestandsaufnahme aus betriebswirtschaftlicher Sicht, DB 1982/1069
ders.	Rechtliche und taktische Konsequenzen des Weiterbeschäftigungsanspruchs, BB 1986/799
Becker-Schaffner, R.	Zum Anhörungsverfahren vor Ausspruch einer Kündigung (§ 102 BetrVG), in: BlStSozArbR 1974/209 ff.
ders.	Die betriebsbedingte Kündigung in Rechtsprechung und Literatur, in: BlStSozArbR 1975/97
ders.	Sind Leistungsgesichtspunkte bei der sozialen Auswahl (§ 1 Abs. 3 KSchG) zu berücksichtigen, in: BlStSozArbR 1978/49 ff.
ders.	Der Aufhebungsvertrag in der Rechtsprechung, BB 1981/1340
Belling, D.W.	Das Mitbestimmungsrecht des Betriebsrats bei Versetzungen, DB 1985/335
Becker-Etzel-Friedrich-Rost-Weigand-M. Wolf-J. Wolf	Gemeinschafts-Kommentar zum Kündigungsschutzgesetz, Neuwied
Bergelsdorf, P.	Beschluß des Gr.Sen. des BAG zum Weiterbeschäftigungsanspruch – Unzulässiger richterlicher Rechtssetzungsakt, DB 1986/168 und 222
Berkowski, W.	Das Weiterbeschäftigungsangebot des Arbeitgebers während des Kündigungsschutzprozesses und seine Auswirkungen auf seinen Annahmeverzug, DB 1981/1569
ders.	Nochmals: Zum Weiterbeschäftigungsanspruch des Arbeitgebers während des Kündigungsschutzprozesses, DB 1982/904 und DB 1983/2362
ders.	Die betriebsbedingte Kündigung, in: NJW 1983/1292
ders.	Betriebsbedingte Kündigung und soziale Auswahl, BB 1983/2057 ff.
ders.	Probleme der Sozialauswahl bei betriebsbedingter Kündigung, in: Personalwirtschaft 1984, Heft 3 S. 78 ff.
ders.	Die betriebsbedingte Kündigung, 1985 München, 2. Aufl.

ders.	„Wasch mir den Pelz, aber mach' mich nicht naß". Eine Anm. zum Weiterbeschäftigungs-Beschluß des Gr.-Sen. des BAG vom 27.2.1985, BB 1986/795
Besgen, D.	Die soziale Auswahl bei betriebsbedingter Kündigung, in: b + p 1981/207 f.
Bieding, F.	Weiterbeschäftigungsanspruch während des Kündigungsstreits, BB 1983/1800
Biedlingmaier	Unternehmerische Zielkonflikte und Ansätze zu ihrer Lösung, in: ZfB 1968/149 ff.
Bichler-Bader	Allgemeiner und besonderer Kündigungsschutz der Arbeitnehmer in der neueren Rechtsprechung des Bundesarbeitsgerichts, DB 1983/337 ff.
Birk, R.	Die betriebsverfassungsrechtliche Zuordnung von Betriebsteilen, AuR 1978/326
Bleistein, F.J.	Kündigung und Kündigungsschutz im Arbeitsverhältnis, 2. Aufl. Berlin 1978
ders.	Betriebsverfassung in der Praxis, Praxisnaher Leitfaden und Kommentar zum BetrVG 1972, Bonn 1977
ders.	Die ordentliche Kündigung aus dringenden betrieblichen Erfordernissen, in: b + p 1975/134 ff.
ders.	Schema zur Berücksichtigung der sozialen Gesichtspunkte bei betriebsbedingten Kündigungen, in: b + p 1978/186 ff.
ders.	Betriebsbedingte Kündigungen: Grundsatzfragen sozialer Auswahl und Schemata, in: b + p 1983/6 ff.
ders.	Aktuelle Fragen zur betriebsbedingten Kündigung, in: b + p 1982/147
Blomeyer, W.	Der Interessenkonflikt zwischen Arbeitnehmer und Betriebsrat bei Individualmaßnahmen, Gedächtnisschrift für Rolf Dietz, 1973 S. 147 ff.
ders.	Das Übermaßverbot im Betriebsverfassungsrecht, in: 25 Jahre BAG, München 1979
Bobrowski-Gaul	Das Arbeitsrecht im Betrieb von der Einstellung bis zur Entlassung, Heidelberg 1986
Boewer, D.	Die Auswirkungen der §§ 99, 100 BetrVG auf die individualrechtliche Stellung des Arbeitnehmers, RdA 1974/72
ders.	Mitbestimmung des Betriebsrats bei Versetzungen, DB 1979/1035 ff.
Boewer, P.	Nochmals: Zum Weiterbeschäftigungsanspruch aus § 102 Abs. 5 BetrVG bei verhaltensbedingten Kündigungsgründen, DB 1978/251 ff.
Böhm, W.	Individualrechtliche Folgen übergangener Informations- und Beratungsrechte nach dem BetrVG 1972, DB 1974/723
ders.	Die Weiterbeschäftigungspflicht nach § 102 Abs. 5 BetrVG, DB 1974/1641 ff.
Borrmann, H.	Die Entbindung von der Weiterbeschäftigungspflicht nach § 102 Abs. 5 BetrVG, DB 1975/882 ff.

Brasch, D.	Der Anspruch auf vorläufige Weiterbeschäftigung, BB 1976/319 ff.
Brecht, H.T.	Kommentar zum BetrVG 1972 nebst Wahlordnung, Herne
Brede, G.	Die Bedeutung des Arbeitsverhältnisses im Lichte des neuen BetrVG, in: BlStSozArbR 1973/17 ff.
Brill, W.	Die Rechtsprechung zur personellen Mitbestimmung, DB 1978/Beil. Nr. 14
ders.	Die Anhörung des Betriebsrats vor der Kündigung, AuR 1977/15 ff.
ders.	Kündigungseinspruch trotz Anhörung des Betriebsrats? AuR 1977/109 ff.
ders.	Zur Verlängerung von für den Betriebsrat laufenden Fristen, DB 1975/930
ders.	Das Verhältnis zwischen Gesamtbetriebsrat und Einzelbetriebsräten, AuR 1983/169 ff.
ders.	Das Auskunftsverlangen des Arbeitnehmers zur sozialen Auswahl, AuR 1984/140 ff.
ders.	Die Durchsetzung des allgemeinen Weiterbeschäftigungsanspruchs, BB 1982/621 ff.
Brox, H.	Zum Anspruch des Arbeitnehmers auf Weiterbeschäftigung während des Kündigungsschutzprozesses nach Ablauf der Kündigungsfrist, in: 25 Jahre BAG 1979 S. 37 ff.
Bulla, W.	Die Kündigung des Arbeitsverhältnisses unter Druck, in: FS für A. Hueck, 1959 S. 25
Buchholtz, D.	Betriebsbedingte Kündigung, Bergisch-Gladbach, 1976
Buchner, H.	Kooperation als Leitmaxime des Betriebsverfassungsrechts, DB 1974/530
ders.	Ordnungsmäßigkeit der Anhörung i.S.d. Betriebsverfassungsrechts trotz fehlerhafter Anhörung, DB 1976/532 ff.
ders.	Gemeinschaftsunternehmen und Konzernbetriebsrat, RdA 1975/9 ff.
ders.	Meinungsfreiheit im Arbeitsrecht, ZfA 1982/49 ff., als Eröffnungsvortrag des Seminars für Arbeits-, Sozialversicherungs- und Steuerrecht in der Akademie für Erwachsenenbildung in Köln im Oktober 1981 (Sonderdruck)
ders.	Berücksichtigung leistungsbezogener oder verhaltensbedingter Gesichtspunkte bei der sozialen Auswahl im Rahmen der betriebsbedingten Kündigung, DB 1983/388 ff.
ders.	Die Rechtslage zur betriebsbedingten Kündigung, DB 1984/504 ff.
ders.	Die Rechtsfolgen betriebsbedingter Kündigungen, DB 1983/504 ff.
Burghardt, H.	Die Handlungsmöglichkeiten des Betriebsrats, Köln 1979
Burghardt-Bösche	Die Rechte des Betriebsrats bei Kündigungen, Köln 1979
Caspar, R.	Die gesetzliche und verfassungsrechtliche Stellung der Gewerkschaften im Betrieb, Köln 1980

Coen, M.	Der Kündigungsschutz im Konzern, RdA 1983/348 ff.
ders.	Das Recht auf Arbeit und der Bestandsschutz des gekündigten Arbeitsverhältnisses, Köln 1979
Corts, J.	Kündigung im Arbeitsverhältnis, in: BlStSozArbR 1982/1 ff.
Chmielewicz, K.-Inhoffen, A.O.	Die Mitbestimmung nach dem BetrVG 1972 aus organisatorischer Sicht, in: DBW 1977 Heft 37 S. 591 – 613
Dammann, K.	Zur rechtlichen Zulässigkeit befristeter Arbeitsverträge, AuR 1978/65
ders.	Mitbestimmung bei Kündigung und Kündigungsschutz, in: BlStSozArbR 1976/321 ff.
Danzer-Vanotti, Ch.	Möglichkeiten und Grenzen der Lohnsenkung durch Änderungskündigung, DB 1986/1390 ff.
Deutsche Angestellten-Gewerkschaft	Personalplanung zum § 92 BetrVG, Hamburg 1972
Deutscher Gewerkschaftsbund	Das neue BetrVG, in: Quelle 1972 S. 55 f.
ders.	Personalplanung – Vorschlag für eine Verfahrensordnung, in: Der Betriebsrat 1972/352 ff.
Deutsche Gesellschaft für Personalführung e.V., Düsseldorf	Die personalpolitischen Konsequenzen des neuen BetrVG, Ende 1971/Anfang 1972
Dietz-Richardi	Kommentar zum Betriebsverfassungsgesetz, 6. Aufl., 1981/1982, München-Berlin
Dirx-Klebe	Auswahlrichtlinien, Die Mitbestimmung des Betriebsrats nach § 95 BetrVG, Hrsg. von der IG-Metall-Gewerkschaft, Vorstand, Frankfurt 1984
Domsch, M.	Die Planung des Personalbedarfs, in: ZfbF 1978/111 ff.
ders.	Personaleinsatzplanung, in: Gaugler HWP Sp. 1513, Stuttgart 1975
Drumm, H.J.	Theorie und Praxis der Personalentwicklungsplanung, in: ZfbF 1982/50 ff.
Drumm-Scholz	Personalplanung, Bern und Stuttgart 1983
Dudenbostel, K.	Vergleichbarkeit und Leistungsbeurteilung bei der sozialen Auswahl nach § 1 Abs. 3 KSchG, DB 1984/826 ff.
ders.	Verhandlungsmaxime und Amtsprüfung bei der Sozialauswahl nach § 1 Abs. 3 KSchG, DB 1986/1175 ff.
Dütz, W.	Einstweiliger Rechts- und Interessenschutz in der Betriebsverfassung, ZfA 1972/247 ff.
Eich, R.A.	Das Anhörungsverfahren nach § 102 BetrVG, DB 1975/603
ders.	Befristung von Arbeitsverträgen aus arbeitsmarkt- und wirtschaftspolitischen Gründen? DB 1978/1785
ders.	Verfahrensrechtliche Implikationen des Weiterbeschäftigungsbeschlusses des Großen Senats des BAG vom 17.2.1985, DB 1986/692 ff.
Eisner, E.	Widerspruch gegen Kündigung und Weiterbeschäftigung, DB 1975/365 ff.

End, Th. — Die Beteiligungsrechte des Betriebsrats bei der Einstellung und Entlassung von Arbeitnehmern, Diss. jur. Würzburg 1974

Erdmann, E.G. — Die Bedeutung der Mitbestimmung des Betriebsrats für die unternehmerische Entscheidung: Der Weg zur Überparität? RdA 1976/87 ff.

ders. — Auswirkungen der Arbeitsrechtsprechung auf die wirtschaftliche Unternehmensführung, DB 1985/41 ff.

Erdmann-Jürging-Kammann — Kommentar zum BetrVG, Neuwied 1972

Etzel, G. — Der besondere Kündigungsschutz für Betriebsratsmitglieder und andere Arbeitnehmer, die Aufgaben der Betriebsverfassung wahrnehmen, in: BlStSozArbR 1972/86 ff.

ders. — Die Rechtsprechung zum BetrVG, Neuwied

Fabricius-Kraft-Thiele-Wiese — Gemeinschaftskommentar zum BetrVG, Neuwied

Falkenberg, R.D. — Betriebsvereinbarungen als Mittel zur Verschlechterung von Arbeitsbedingungen, DB 1984/875 ff.

ders. — Die Darlegungs- und Beweislast in Kündigungsschutzprozessen um betriebsbedingte Kündigungen, DB 1984/1984

Färber, P. — Die horizontale und vertikale Vergleichbarkeit von Arbeitnehmern im Rahmen der Sozialauswahl, NZA 1985/175 ff.

Faude, M. — Vorzeitiges Ausscheiden älterer Mitarbeiter (sog. 59er-Modell), in: DB 1981/2075 und in ZRP 1982/80

Feichtinger, P. — Die Beteiligungsrechte des Betriebsrats bei Kündigung, HBV Gruppe 5, S. 26 ff., Heft 4 (1982) Freiburg

ders. — Die Weiterbeschäftigung während des Kündigungsschutzprozesses, DB 1983/939 ff.

Fischer, F.W. — Kernprobleme des Personalabbaus, DB 1983/284 ff.

Fitting-Auffarth-Kaiser — Betriebsverfassungsgesetz mit Wahlordnung, 14. Aufl. München 1984

Franz, W. — Zur Zustimmungsverweigerung des Betriebsrats (§ 99 Abs. 2 BetrVG und des Personalrats (§ 77 Abs. 2 BPersVG), DB 1981/422 ff.

Frauenkron, K.P. — Betriebsverfassungsgesetz mit Wahlordnung, Stuttgart 1972

Freese, J.W. — Muß eine ohne Anhörung des Betriebsrats ausgesprochene Kündigung in der Frist nach § 4 KSchG angefochten werden? BB 1973/665

Frey, H. — Was ist „Personalplanung" i.S. von § 92 BetrVG? BB 1973/388 ff.

ders. — Die Zustimmung des Betriebsrats zu personellen Maßnahmen, BB 1972/923

Föhr, H. — Vorlage von Unterlagen des Arbeitgebers an Betriebsrat und Wirtschaftsausschuß, DB 1976/1376

Friedrichs-Scherpf-Witte — Die Organisation des Personalwesens in einem modernen Unternehmen, hrsg. von der Deutschen Gesellschaft für Personalführung e.V., Düsseldorf, Neuwied-Berlin 1973

von Friesen, J. — Zustimmungsverweigerung des Betriebsrats/Personalrats als auflösende Bedingung des Arbeitsvertrages, BB 1984/677

Fritz, H.R. — Die Auswahlrichtlinien bei der Kündigung gem. § 95 BetrVG, Diss. jur. Gießen 1978

Frohner, S. — Zum Begriff des sonstigen Nachteils i.S.d. § 99 Abs. 2 Ziff. 3 BetrVG, AuR 1978/365

Fuchs, R. — Zur vorläufigen Weiterbeschäftigung des Arbeitnehmers nach § 102 Abs. 5 BetrVG, AuR 1973/174

ders. — Der Konzernbetriebsrat, Funktion und Kompetenz, Bern-Frankfurt 1974

Gaede, V. — Freiheit und Bindungen des Arbeitgebers bei der Neueinstellung von Arbeitnehmern, Diss. jur. Erlangen-Nürnberg 1975

Gagel, A. — Darlegungslast bei betriebsbedingten Kündigungen (Urt. Anm.), BB 1983/444

Galperin-Löwisch — Kommentar zum Betriebsverfassungsgesetz, Bd. I und II, 6. Aufl. 1981/82, Heidelberg

Gamillscheg, F. — Kündigung und Versetzung der Vertreter der Arbeitnehmer, ZfA 1977/65 und 143 ff.

ders. — Betriebsrat und Kündigung, BAG-FS 1979, S. 117 ff.

Gaugler, E. — Handwörterbuch des Personalwesens, Stuttgart 1975

Gaul, D. — Der Widerruf einer Zustimmungserklärung des Betriebsrats bei Kündigungen, RdA 1979/267

ders. — Mitbestimmungsrechte des Betriebsrats bei Eingruppierungen im übertariflichen Bereich, BB 1981/193

ders. — Freiheit und Grenzen einer kollektivrechtlichen Gestaltung von Betriebsvereinbarungen, BB 1984/931

Gemählich, R. — Auswahlrichtlinien nach § 95 BetrVG, Diss. jur. Erlangen-Nürnberg 1983

Gesamtverband der metallindustriellen Arbeitgeberverbände e.V., Köln — Muster von Auswahlrichtlinien vom 10.1.1973 – internes Rundschreiben an ihre Mitgliedsfirmen

Gester-Zachert — Betriebsverfassungsrechtliche Elemente des Kündigungsschutzes, in: ArbRdGegw. 1974/87

Gieffers-Müller-Münsterberg — Reduzierung der Personalkosten, Möglichkeiten und Maßnahmen im Vorfeld von Kündigungen und Sozialplan, Heidelberg 1985

Gift, E. — Mitbestimmung und soziale Auswahl zu Entlassender, ZfA 1974/123 ff.

Gnade-Kehrmann-Schneider-Blanke — Kommentar zum BetrVG, Köln 1985

Gola, P. — Zur Mitbestimmung des Betriebsrats beim Einsatz von Personalinformationssystemen, DSWR 1974/282

ders. — Die Mitwirkung des Datenschutzbeauftragten bei der Personalauswahl, Durchführung und rechtliche Konsequenzen, BB 1979/581

ders.	Rechtliche Grenzen für Personalinformationssysteme, BB 1980/584
Gola-Hümmerich	Vertrauenshaftung des Arbeitgebers bei unterbliebener Einstellung von Bewerbern, BB 1976/795
Goosens, F.	Die langfristige Planung des Personalbedarfs und die Entwicklung des Arbeitsmarktes, Personal 1962/41
Gragert, T.	Das neue BetrVG und die Personalpolitik, in: Management script Bd. 2, 1973
Grassl, G.	Die Versetzung – eine arbeitsrechtliche Delikatesse, in: Personal 1985/32 ff.
Gröninger	Betriebsinhaberwechsel und Kündigungsschutzklage, FS für Herschel 1982/163
Großmann, H.G.	Widerspruchsrecht des Betriebsrats und einstweilige Verfügung zur Befreiung des Arbeitgebers von der Weiterbeschäftigungspflicht bei verhaltensbedingten Kündigungen, DB 1977/1363 ff.
Grunski, W.	Der Anspruch des gekündigten Arbeitnehmers auf Beschäftigung, NJW 1979/86 ff.
Gumpert, J.	Kündigung und Mitbestimmung, BB 1972/47
ders.	Weiterbeschäftigung während des Kündigungsschutzprozesses (Anm. zu Beschl.), BB 1985/1978
Habbel-Posth	Personalabbau, in: Gaugler, HWB, Sp. 1455 ff.
ders.	Personalfreisetzung, in: HWB, Sp. 1556 ff.
Haberkorn, K.	Mitbestimmungsrechte des Betriebsrats in personellen und sozialen Angelegenheiten, Gernbach 1978
ders.	Auswahl und Einstellung von Personal, Gernbach (ohne Datum)
Hahn, R.E.	Was sind personelle Auswahlrichtlinien?, Quelle 1972, S. 516 ff. und 567 ff.
Halberstadt, G.	Die Zuständigkeit des Gesamtbetriebsrats nach § 50 Abs. 1 BetrVG, BB 1975/843 f.
ders.	Mitbestimmung und Kündigung – Problem einer Betriebsvereinbarung nach § 102 Abs. 6 BetrVG, BB 1973/1442
Hagemeier, Ch.	Personalabbau in wirtschaftlichen Krisenzeiten. Personalpolitische, arbeits- und sozialrechtliche Fragestellungen, BB 1984/1100
Hanau, P.	Praktische Fragen zur Neuregelung der Mitbestimmung in personellen Angelegenheiten, BB 1972/451
ders.	Zwangspensionierung der Arbeitnehmer mit 65? RdA 1976/24
ders.	Die Weiterbeschäftigungsentscheidung des BAG – unerlaubte Rechtsfortbildung im Rückfall? ZIP-Kolumne 1986/3
Heinze, M.	Personalplanung, Einstellung und Kündigung. Die Mitbestimmung des Betriebsrats bei personellen Maßnahmen, Stuttgart 1982
ders.	Bestandsschutz und Beschäftigung trotz Kündigung? DB 1985/111
ders.	Das befristete Arbeitsverhältnis zwischen Gesetz und Tarifvertrag, DB 1986/2327

Hentschel, B.	Personalinformationssysteme in Unternehmen, DB 1984/186
Hermstädt, H.	Zum Begriff des Teilbetriebs, BB 1982/729
Herschel, W.	Betriebsbezogenheit des arbeitsrechtlichen Kündigungsschutzes und ganzheitliche Abwägung, in: FS für Schnorr von Carolsfeld, 1972/157 ff.
Herschel-Löwisch	Kommentar zum Kündigungsschutzgesetz, 6. Aufl., Heidelberg 1984
Hess-Schlochauer-Glaubitz	Kommentar zum Betriebsverfassungsgesetz, 3. Aufl., Neuwied 1986
Hetzel, W.	Die Beteiligung des Betriebsrats an der Personalplanung, Diss. jur. Köln 1975
ders.	Die Beteiligung des Betriebsrats an der Personalplanung, in: HBV Heft 4, Gruppe 5, S. 423, Freiburg 1983
Hillebrecht, W.	Dringende betriebliche Erfordernisse (§ 1 Abs. 2 KSchG) zur Kündigung von Arbeitsverhältnissen durch den Konkursverwalter, ZIP 1985/257 ff.
Hoppe, G.	Alle Umstände bei der Sozialauswahl berücksichtigen – Länge der Betriebszugehörigkeit, BlStSozArbR 1976/294
von Hoyningen-Huene G.	Betriebsverfassungsrecht, München 1983
ders.	Der Schutz des Individualwillens in der Betriebsverfassung, ZRP 1978/181 ff.
ders.	Die Rechtstellung des Arbeitnehmers bei betriebsverfassungswidrigen personellen Einzelmaßnahmen, RdA 1982/205 ff.
ders.	Fehlerhafte Betriebsvereinbarungen und ihre Auswirkungen auf Arbeitnehmer, DB 1984/Beil. Nr. 1
Hörnig, F.H.	Auswahl der Arbeitnehmer bei betriebsbedingten Entlassungen, BlStSozArbR 1955/283 ff.
Hoechst, O.	Das Widerspruchsrecht des Betriebsrats bei der Kündigung, AuR 1973/318
Hromadta, W.	Mitbestimmung bei Versetzungen. Zum Begriff der Versetzung nach Betriebsverfassungsrecht, DB 1972/1532
Hueck, G.	Kündigungsschutz und Mitwirkung des Betriebsrats in der Rechtsprechung des BAG, BAG-FS 1979 S. 243
Hueck-Hueck	Kündigungsschutzgesetz, Kommentar München, 10. Aufl. 1980
Hümmerich, K.	Betriebsverfassungsrechtliche Anforderungen an die Personalinformationssysteme, DB 1978/ 1932
Hümmerich-Gola	Personaldatenrecht im Arbeitsverhältnis, Heidelberg 1975
Hunold, W.	Leitfaden der Personalplanung, Herne 1976
ders.	Die Mitbestimmung des Betriebsrats in allgemeinen personellen Angelegenheiten, DB 1976/98 ff.
ders.	Das Recht der Personalanpassung nach den Grundsatzentscheidungen des BAG vom 22.5.1979, BB 1980/1750 ff.
ders.	Personalanpassung in Recht und Praxis, München 1981
ders.	50 bewährte Musterbetriebsvereinbarungen zwischen Arbeitgeber und Betriebsrat, Bad Kissing 1981

ders.	Ungelöste Probleme im Recht der Personalanpassung, BB 1984/2275
ders.	Zustimmungsersetzung bei befristeter Einstellung (Anm. zu BAG vom 16.7.1985 – 1 ABR 35/83 –), BB 1986/527 ff.
IG-Metall	Muster einer Betriebsvereinbarung über Auswahlrichtlinien gem. § 95 BetrVG (ohne Datum)
ders.	Die Mitbestimmung des Betriebsrats nach § 95 BetrVG, Frankfurt 1984
ders.	Eine ohne Anhörung des Betriebsrats ausgesprochene Kündigung ist unwirksam – Kündigung, Versetzung, Umgruppierung, 2. Aufl. 1977
IG-Chemie-Papier-Keramik	Muster einer Betriebsvereinbarung über Auswahlrichtlinien gem. § 95 BetrVG, in: Der Betriebsrat, Januar 1973
Inhoffen, A.	Personalabbau ohne Entlassung, Alternativen im Vorfeld der Entlassung, DB 1979/1997 ff.
Jakobs-Fuchs	Planung der Personalfreisetzung, München 1978
Janssen	Ist die Nichtvorlage der Bewerbungsunterlagen ein Zustimmungsverweigerungsgrund i.S.d. § 99 Abs. 2 Ziff. 1 BetrVG? BlStSozArbR 1975/12
Jobs, F.	Sozialauswahl bei betriebsbedingter Kündigung, DB 1986/538
Jobs-Bader	Der befristete Arbeitsvertrag, DB 1981/Beil. Nr. 21
Justen, R.	Personalauswahl, in: HWB des Personalwesens, Sp. 1478, Stuttgart 1975
Kallmeyer, H.	Änderungskündigung und Mitbestimmung des Betriebsrats, BB 1973/1970
Kammann-Hess-Schlochauer	Kommentar zum BetrVG, 2. Aufl. 1979, Neuwied
Kampschulte, F.	Muß Rationalisieren zum Verlust von Arbeitsplätzen führen? BB 1984/730
Kehrmann, K.	Der Beschäftigungsanspruch des gekündigten Arbeitnehmers, AuR 1979/267
Kempff, G:	Weiterbeschäftigungsanspruch des gekündigten Arbeitnehmers ohne Widerspruch des Betriebsrats? DB 1976/2111 f.
ders.	Verhältnis von Kündigung und Änderungskündigung – der ultima-ratio-Gedanke im Kündigungsschutzrecht, DB 1978/1400 ff.
ders.	Befristetes Arbeitsverhältnis und zwingender Kündigungsschutz, DB 1976/1576
ders.	Der Gleichbehandlungsgrundsatz im Kündigungsrecht, DB 1977/1413
ders.	„Treuepflicht" und Kündigungsschutz, Gemeinschafts- und Treuegedanke – eine Ideologie?, DB 1979/790

Kerschner-Zimmermann	Die Betriebsvereinbarung, Berlin 1981
Kilian, W.	Arbeitsrechtliche Probleme automatisierter Personalinformationssysteme, JZ 1977/481 ff.
ders.	Personalinformationssysteme in deutschen Großunternehmen, Ausbau, Stand und Rechtsprobleme, Berlin 1982
ders.	Auswirkungen des BDSG auf das BetrVG, RdA 1978/201
Kittner, M.	Die Zuständigkeit des Gesamtbetriebsrats, BlStSozArbR 1976/232 ff.
Kitzelmann, R.	Schränkt das neue BetrVG den Kündigungsschutz ein? AuR 1973/303
Kleemann, G.	Zum Weiterbeschäftigungsanspruch gekündigter Arbeitnehmer, DB 1981/2276
Klebe, Th.	Das Widerspruchsrecht des Betriebsrats bei personen- und verhaltensbedingten Kündigungen, BB 1980/838
Klees, B.	Kündigungsschutz – Anspruch und Wirklichkeit in der Bundesrepublik Deutschland, BlStSozArbR 1978/177 ff.
Kleiner-Wittke	Die Beteiligungsrechte des Betriebsrats im personellen Bereich, Berlin 1978
Knorr-Bichlmeier-Kremhelmer	Die Kündigung und andere Möglichkeiten zur Beendigung von Arbeitsverhältnissen, München-Münster 1984
Koch, H.	Die Zulässigkeit befristeter Arbeitsverhältnisse, BB 1978/1218
Kraft, A.	Beschäftigungsanspruch und Weiterbeschäftigungsanspruch, ZfA 1979/123 ff.
Kunisch, P.	Personalreduzierung, Stuttgart 1983
Kunkel, M.	Kündigungsauswahl in der Praxis, BB 1952/379 f.
Lepke, A.	Zum Inhalt der sog. Weiterbeschäftigungspflicht nach § 102 Abs. 5 S. 1 BetrVG 1972, DB 1975/498
Lichtenstein, K.	Auswahlrichtlinien nach § 95 BetrVG, in: Der Betriebsrat 1973/3 ff.
Linder, G.W.	Probleme der rechtlichen Zulässigkeit von befristeten Arbeitsverträgen, DB 1975/2082
Löwisch, M.	Schutz und Förderung der freien Entfaltung der Persönlichkeit der im Betrieb beschäftigten Arbeitnehmer (§ 75 Abs. 2 BetrVG 1972), AuR 1972/359 ff.
ders.	Die Verknüpfung von Kündigungsschutz und Betriebsverfassung nach dem BetrVG 1972, DB 1975/349
ders.	Die Weiterbeschäftigung des Arbeitnehmers während des Kündigungsrechtsstreits, DB 1978/Beil. Nr. 7
ders.	Möglichkeiten und Grenzen der Betriebsvereinbarung, AuR 1978/97 ff.
ders.	Betriebsverfassungsgesetz, Taschenkommentar, Heidelberg 1985
Lüke, G.	Das Arbeitsverhältnis während des Kündigungsschutzprozesses, NJW 1980/2170 ff.

Maase-Mendius	Zur Verbreitung von Personalplanungsausschüssen und die Beteiligung des Betriebsrats, WSI Mitbestimmung. 1976/523 ff.
Mag, W.	Hemmnisse und Fortschritte bei der Entwicklung der Personalplanung in der Bundesrepublik Deutschland, in: ZfbF 37 (1/1985) S. 3 ff.
Mager-Wißkirchen	Betriebsverfassungsgesetz mit Erläuterungen, Bergisch-Gladbach 1979
Matthes, H.C.	Die Rechtstellung des ohne Zustimmung des Betriebsrats angestellten Arbeitnehmers, DB 1974/2007
ders.	Die Rechtstellung des ohne Zustimmung des Betriebsrats versetzten, eingruppierten und umgruppierten Arbeitnehmers, DB 1975/1651
Matthes-Bleistein	Einstellung – Urlaub – Kündigung, 1981
Mayer-Maly, Th.	Weiterbeschäftigung nach Kündigung, DB 1979/1601
Meisel, P.	Dringende betriebliche Erfordernisse und Berücksichtigung von Leistungsgesichtspunkten bei betriebsbedingter Kündigung, BB 1963/1058 ff.
ders.	Die Mitwirkung und Mitbestimmung des Betriebsrats in personellen Angelegenheiten, 5. Aufl. Heidelberg 1984
ders.	Neue Entwicklung in der Rechtsprechung des Bundesarbeitsgerichts zur sozialen Rechtfertigung einer Kündigung, ZfA 1985/213 ff.
Mohr, A.	Personalplanung und Betriebsverfassungsgesetz, Beteiligungsmöglichkeiten des Betriebsrats, Köln 1977
Moll, W.	Die außerordentliche betriebsbedingte Änderungs-Kündigung zwischen unternehmerischer Organisationsfreiheit und Arbeitsplatzschutz, DB 1984/1346
Monjau, H.	Die Kündigung aus dringenden betrieblichen Erfordernissen, DB 1952/18 ff.
ders.	Die Auswahl bei betriebsbedingter Kündigung, RdA 1959/8 ff.
ders.	Die betriebsbedingte Kündigung, BB 1967/1211
ders.	Soziale Auswahl bei betriebsbedingter Kündigung, BB 1967/1381 ff.
Moritz, H.P.	Kündigungsschutz in der betrieblichen Praxis, AuR 1983/10
ders.	Voraussetzungen und Grenzen der Verpflichtung zur Umsetzung auf einen anderen Arbeitsplatz bei verhaltensbedingten Kündigungen, DB 1985/229
Müller, G.	Die personen- und verhaltensbedingte sowie die betriebsbedingte Kündigung nach der Rechtsprechung des Bundesarbeitsgerichts, ArbRdGegw. 3. Bd. 1 (1963) S. 19, ebenso in DB 1963/450 über die personen- und verhaltensbedingte Kündigung
ders.	Gegenstand und Verwirklichung des betriebsverfassungsrechtlichen Mitbestimmungs- und Mitwirkungsrechts in personellen Angelegenheiten, RdA 1969/227 ff.
ders.	Zum Bereich der sozialen Auswahl nach § 1 Abs. 3 KSchG, DB 1956/565

ders.	Die betriebsbedingte Kündigung nach der Rechtsprechung des Bundesarbeitsgerichts, BB 1962/1338 ff. und 1570 ff.
ders.	Gedanken zum arbeitsrechtlichen Kündigungsrecht, ZfA 1982/475
Müller, Wigo	Die betriebsbedingte Kündigung im Kündigungsschutzprozeß, DB 1975/2130
Müller-Bader	Konflikt und Leistung, München 1977
Müllner, W.	Beteiligungsrechte des Betriebsrats bei Personalinformationssystemen, BB 1984/475
Neef, K.	Vorlage von Bewerbungsunterlagen an den Betriebsrat, BB 1973/988 ff.
Neumann-Duesberg	Arbeitgeberkündigung bei Betriebsübergang (§ 613 a BGB), NJW 1972/666
Neyses, W.	Arbeits- und Sozialrecht für die betriebliche Praxis, Stuttgart, 1983
ders.	Abgrenzung der Zuständigkeit zwischen Gesamtbetriebsrat und Einzelbetriebsrat bei Versetzungen, BlStSozArbR 1976/371 ff.
ders.	Auswahlkriterien, Auswahlschema und Auswahlrichtlinien bei betriebsbedingter Kündigung, DB 1983/2414 ff.
Nickel, E.	Abschied von der fristlosen Kündigung, AuR 1975/2130 ff.
Niedenhoff, H.U.	Praxis der betrieblichen Mitbestimmung, Köln 1979
Niederalt, W.	Die Individualrechte des Arbeitnehmers nach dem BetrVG 1972, Diss. jur. München 1975
Notter, N.	Die Sicherung des Rechts auf den Arbeitsplatz, DB 1976/772 ff.
ders.	Kündigungsschutz nur auf dem Papier?, BlStSozArbR 1978/182
Ohl, H.	Zum Abfindungsrecht bei betriebsbedingtem Verlust des Arbeitsplatzes, AuR 1980/108 ff.
Olk, J.	Personalinformationssysteme, Technische Einrichtungen zur Überwachung der Arbeitnehmer, Diss. jur. Trier 1984
Ossberger, K.F.	Betriebliche Kontrolle, ihre Voraussetzungen und Grenzen, Köln-Berlin-Bonn-München 1981
Otte, C.J.H.	Zeitverträge und Kündigungsschutz. Eine Untersuchung zur Zulässigkeit befristeter Arbeitsverträge, Diss. Bielefeld 1980
Otto, H.J.	Einschränkung des individuellen Kündigungsschutzes zugunsten der Mitwirkung des Betriebsrats, DB 1972/671
ders.	Eingriffe in die Organisationsgewalt und Personalhoheit des Arbeitgebers, in: Rechtswissenschaft und Rechtsentwicklung, hrsg. von U. Immenga, Göttingen 1980 S. 227
Ohlendorf, G.	Die Weiterbeschäftigung während des Kündigungsschutzprozesses auf Wunsch des Arbeitgebers, AuR 1981/109
Palme	Versetzung und Umsetzung von Arbeitnehmern, BlStSozArbR 1976/305

Pauli, H.J. — Zum Umfang der Informationspflicht des Unternehmers bei Einstellungen von Arbeitnehmern gem. § 99 BetrVG, BB 1981/501

Peiseler, M. — Rechtswirksame Verlängerung der Wochenfrist des § 102 Abs. 2 BetrVG durch Vereinbarung zwischen Arbeitgeber und Betriebsrat, DB 1977/2383

Peltzer, M. — Personalplanung, innerbetriebliche Stellenausschreibung, Personalfragebogen und Auswahlrichtlinien (§§ 92 ff. BetrVG), DB 1972/1164

Pfarr-Struck — Äquivalenzstörungen im Arbeitsverhältnis durch zahlreiche Lohnpfändungen und Kündigungsschutz, BlStSozArbR 1982/189

Plander, H. — Der Betriebsrat als Hüter zwingenden Rechts, Baden-Baden 1982

ders. — Der befristete Arbeitsvertrag – ein Notbehelf zur Milderung der Arbeitslosigkeit, DB 1984/2091 und 2139

Ponnep, F. — Wandlungen in der Personalpolitik der Unternehmen, DB 1976/867 ff.

Popp, R. — Materiell- und prozeßrechtliche Probleme der betriebsbedingten Kündigung, DB 1981/2611

Posth, M. — Personalabbau in der Unternehmung, Personal 1975/114

Pramann, G. — Zum Begriff der Einsichtnahme in betriebsverfassungsrechtliche Vorschriften, DB 1983/1922

ders. — Die Anrechnung von (Vor-) Dienstzeiten auf die Betriebszugehörigkeit im KSchG, BetrVG, Gesetz für die betriebliche Altersversorgung (BetrAVG), DB 1978/2476

Preis, B. — Abschied von der Ausgleichsquittung? AuR 1979/97

ders. — Rahmen und Grenzen der Sozialauswahl, DB 1984/2244

ders. — Sozialdaten und Beurteilungsspielraum, DB 1986/746

Pulte, P. — Änderung des Kündigungsschutzes bei Massenentlassungen, BB 1978/1268

Raatz, G. — Personalleitung und Betriebsverfassung, DB 1972/Beil. Nr. 1

Rappenecker — Die Unternehmerentscheidung im Kündigungsschutzprozeß, BB 1958, 47

Rasch, Th. — Zur Darlegungs- und Beweislast für die Richtigkeit der sozialen Auswahl bei der betriebsbedingten Kündigung unter kündigungs- und datenschutzrechtlichen Gesichtspunkten, DB 1982/2296

Rehhahn, H. — Auswahlrichtlinien nach dem BetrVG, in: Der Betriebsrat 1972 S. 498 ff., auch als Broschüre der IG-Bergbau und Energie erschienen wie vor.

ders. — Zur praktischen Durchführung der Personalplanung nach dem neuen BetrVG, in: Mitbest.-Gespr. 1972 S. 167

ders. — Die Aufstellung von Auswahlrichtlinien nach dem BetrVG, in: Mitbest.-Gespr. 1973 S. 30 ff.

ders. — Die Personalplanung nach dem BetrVG 1972, AuR 1974/65

Rehhahn, C. — Zur Kritik der herkömmlichen Personalplanung, in WSI Mitt. 1978/214 ff.

Ribbert, F. Die gerichtliche Nachprüfung von Arbeitgeber- und Unternehmerentscheidungen bei der betriebsbedingten Kündigung, Diss. jur. Köln 1967

Richardi, R. Die Mitbestimmung des Betriebsrats in personellen Angelegenheiten, ZfA 1972/1 ff.

ders. Mitbestimmung und unternehmerische Handlungsfreiheit, in: Zur Konzeption des BetrVG 1972, Verband der Textilindustrie Westfalen, Schriftreihe Heft 9, Münster 1973

ders. Das Widerspruchsrecht des Betriebsrats bei personellen Maßnahmen nach §§ 99, 100 BetrVG, DB 1973/378 ff. und 428 ff.

ders. Der Mitbestimmungsgedanke in der Arbeitsrechtsordnung, in: dArbRRdGegw. 1976/19 ff.

ders. Änderungskündigung und Versetzung nach dem neuen BetrVG, DB 1974/1285 und 1335

RKW-Handbuch, Praxis der Personalplanung, 1978

Roemheld, B. Zur Zustimmung des Betriebsrats nach § 99 BetrVG bei personellen Einzelmaßnahmen, BB 1972/1330

Röhsler Die Kündigung und der Grundsatz der Gleichbehandlung im Arbeitsrecht, DB 1957/992

Rost, F. Die Sozialauswahl bei betriebsbedingter Kündigung, ZIP 1982/165

Rummel, Ch. Die Beteiligung des Betriebsrats an der Personalplanung und personellen Einzelmaßnahmen, Schriftenreihe der IG-Metall, Bd. 70, 1978

Rumpff, K. Betriebsverfassung und Personalplanung, Mitbest.-Gespr. 1972/91

ders. Betriebsverfassungsrecht und Personalplanung, Mitbest.-Gespr. 1972/160

ders. Betriebsverfassung und Personalplanung, Der Betriebsrat, 1972/75

ders. Die mitbestimmungsrechtliche Lage bei Verlegung von Arbeitnehmern von einem Betrieb zu einem anderen Betrieb desselben Unternehmens, BB 1973/707

ders. Mitbestimmung in wirtschaftlichen Angelegenheiten, Heidelberg 1978

Rüthers-Hacker Das Betriebsverfassungsgesetz auf dem Prüfstand, Stuttgart 1983

Säcker, F.J. Zehn Jahre BetrVG 1972 im Spiegel höchstrichterlicher Rechtsprechung, Köln 1982

Schäcker, H. Unternehmen und Betrieb, Unternehmer und Arbeitgeber, in: Arbeit und Sozialpolitik 1963/46 ff.

Schäfer, H. Inhalt und praktische Konsequenzen der Weiterbeschäftigungsentscheidung des Großen Senats, NZA 1985/691 ff.

Schäfer-Berkowski Zum Weiterbeschäftigungsangebot des Arbeitgebers während des Kündigungsschutzprozesses, DB 1982/902

Schaub, G. Handbuch des Arbeitsrechts, München 1983

ders. Der Betriebsrat, München 1984

ders. Die Freiheit der Meinungsäußerung im Individualarbeits- und Betriebsverfassungsrecht, RdA 1979/137 ff.

ders. Aktuelle Fragen zum Kündigungsschutzrecht unter besonderer Berücksichtigung der betriebsbedingten Kündigung, RdA 1981/371 ff.

Schellhas, H.M. Die Weiterbeschäftigung des gekündigten Arbeitnehmers während des Kündigungsschutzprozesses – eine ökonomische Analyse, DB 1979/2189

ders. Ein ökonomischer Vergleich finanzieller und rechtlicher Kündigungserschwernisse, ZfA 1984/139 ff.

Schlochauer, U. Zum Mitbestimmungsrecht des Betriebsrats bei der ordentlichen Kündigung nach § 102 BetrVG 1972, RdA 1973/147

Schneider, W. Die Personalplanung im System der Beteiligungsrechte des Betriebsrats, BlStSozArbR 1973/60

Schmid, K.H. Zur rechtlichen Zulässigkeit der Verhaltensbeurteilung bei der Bewerberauslese, BB 1980/1865

Schmidt, K. Mitbestimmungsrechte des Betriebsrats bei der Verwendung psychologischer Testverfahren, DB 1974/1910

Scholz Der Grundsatz der Gleichbehandlung der Kündigung eines Arbeitsverhältnisses, Diss. Frankfurt 1979

Schrumpf, E. Ausschreibung von Arbeitsplätzen, Auswahlrichtlinien, Personalfragebogen, in: HBV (Freiburg) 1979 Gruppe 5, S. 155 ff.

Schukai, M. Praktische Konsequenzen des Beschlusses des Gr.-Sen. des BAG zum Weiterbeschäftigungsanspruch vom 27.2.1985, DB 1986/482

Schumacher, B. Personalplanung in der Praxis, Heidelberg 1984

Schumann, M. Das Recht auf Beschäftigung im Kündigungsschutzprozeß, NZA 1985/688 ff.

Schwerdtner, P. Unternehmen, Betrieb, Eigentum und freie Entfaltung der Persönlichkeit, BlStSozArbR 1972/33

ders. Kündigungsschutzrechtliche und betriebsverfassungsrechtliche Probleme der Änderungskündigung, BAG-FS 1979 S. 555

ders. Abschied vom befristeten Probearbeitsverhältnis? ZfW 1983/406

ders. Offene Probleme des Kündigungsschutzes bei betriebsbedingter Kündigung, ZIP 1984/10 ff.

ders. Erfahrungen des Bestandschutzes von Arbeitsverhältnissen, DB 1979/Beil. Nr. 12

Söllner, A. Zur Beteiligung des Betriebsrats und die Zuständigkeit der Einigungsstelle bei Einführung und Auswertung von Personalinformationssystemen, DB 1984/1243

Stahlhacke, E. Das personelle Mitbestimmungsrecht des Betriebsrats nach dem BetrVG 1972, BlStSozArbR 1972/51 ff.

ders. Kündigung und Kündigungsschutz im Arbeitsverhältnis, Neuwied 1982

ders. Probleme der betriebsbedingten Kündigung, BlStSozArbR 1983/33

Stege, D.	Versetzungen und Umsetzungen des Arbeitnehmers, DB 1975/1506 ff.
ders.	Umfang und Grenzen des Widerspruchsrechts des Betriebsrats bei Kündigungen nach § 102 Abs. 3 BetrVG, RdA 1978/74
Stege-Weinspach	Betriebsverfassungsgesetz, Handkommentar für die betriebliche Praxis, 5. Aufl. 1984, Köln
Steigerwald, F.	Die personelle Beteiligung des Betriebsrats an der Versetzung von Arbeitnehmern, Diss. jur. Würzburg 1975
Stoltenberg, H.	Fragebögen, Beurteilungsgrundsätze und Auswahlrichtlinien. Diss. jur. Trier 1984
Stuhl, B.	Auswahlgrundsätze und Auswahlrichtlinien bei betriebsbedingten Entlassungen, in: Personalbüro, Heft Nr. 11 vom 5.11.1975
Sturn, H.	Mitwirkung des Betriebsrats bei der Personalplanung und bei Einstellungen, HAWP 1973/2 S. 22
Tschöpe, U.	Die Darlegungs- und Beweislast für eine zu treffende Sozialauswahl bei betriebsbedingter Kündigung, NJW 1983/1890 ff.
Ulrich-Staerkle	Personalplanung, Köln und Opladen 1965
Vogt, A.	Sozialgerechte Auswahl bei Massenentlassungen, DB 1967/380 ff.
ders.	Zum Begriff der „Abfindung" in der Rechtsordnung, BB 1975/1581 ff.
ders.	Zur Vorlagepflicht von Unterlagen bei der Erteilung wirtschaftlicher Informationen an Wirtschaftsausschuß und Betriebsrat, BB 1978/1125 ff.
ders.	Zum Lagebericht des Arbeitgebers/Unternehmers und zur Vorlagepflicht von Unterlagen in der Betriebsverfassung, BlStSozArbR 1979/193 ff.
ders.	Personaleinschränkungen im Rahmen betriebsbedingter Kündigungen und sozialplanpflichtiger Betriebsänderungen, DB 1981/1823 ff.
ders.	Umfang und Grenzen der Leitungs- und Entscheidungsbefugnis von Arbeitgeber/Unternehmer in der Betriebsverfassung, RdA 1984/140
ders.	Soziale Auswahlkriterien und betriebliche Bedürfnisse bei betriebsbedingter Kündigung, DB 1984/1467 ff.
ders.	Aktuelle Probleme bei Massenkündigungen und -entlassungen, BB 1985/1141 ff.
ders.	Sozialpläne in der betrieblichen Praxis, 2. Aufl. Köln 1981
ders.	Personalabbaumaßnahmen und neues Sozialplanrecht nach dem Beschäftigungsförderungsgesetz 1985, BB 1985/2328 ff.
ders.	Zur gesetzlichen Neuregelung des Sozialplanrechts im Jahre 1985, Personal, Heft 5/1986
Vossen, R.	Die betriebsbedingte Kündigung durch den bisherigen Arbeitgeber aus Anlaß des Betriebsübergangs, BB 1984/1557 ff.
Wächter, H.	„Planung im Personalbereich", in: BFuP 1970/287 ff.

ders.	Praxis der Personalplanung, Herne-Berlin 1974 und in DB 1972/1737
ders.	Langfristige Personalplanung unter der Erwartung schrumpfender Betriebsgröße, in: BFuP 26 (1974) S. 123 ff.
ders.	Die einvernehmliche Auflösung des Arbeitsverhältnisses, FS für Floretta, 1983
Wagener, W.	Beschränkt das neue BetrVG den individuellen Kündigungsschutz?, BB 1972/1373
Weber, H.	Die Verpflichtung zur Weiterbeschäftigung eines gekündigten Arbeitnehmers gem. § 102 Abs. 5 BetrVG, BB 1974/698
Wegener	Entzug des Arbeitsplatzes durch nicht nachprüfbare Unternehmerentscheidung, AiB 1981/6
Weiß, M.	Betriebsverfassungsgesetz, Kommentar für Studium und Praxis, Baden-Baden 1980
Weißleder, W.M.	„Soziale Auswahl" bei betriebsbedingter Kündigung in der Gerichtspraxis, Diss. Kiel 1981
Weitnauer, H.	Die unverzichtbare Handlungsfreiheit, FS für F. Weber, 1975/429 ff.
Weller, B.	Betriebliche und tarifvertragliche Regelungen, die sich auf die soziale Auswahl nach § 1 Abs. 3 KSchG auswirken, RdA 1986/222 ff.
Weng, R.	Die soziale Auswahl bei der betriebsbedingten Kündigung, DB 1978/884
Wenning-Morgenthaler, M.	Soziale Auswahl und tarifvertragliche „Unkündbarkeit", BlSt-SozArbR 1985/193 ff.
Wenzel, B.	Personalplanung im Gesamtplansystem der Unternehmung, DB 1972/1736
ders.	Der Kündigungsschutz des Arbeitnehmers, MDR 1977/453 ff.
Wiedemann, H.	Aufgaben und Grenzen der unternehmerischen Mitbestimmung der Arbeitnehmer, Festvortrag anläßlich der Eröffnung des Seminars für Arbeits-, Sozialversicherungs- und Lohnsteuerrecht der Akademie für Erwachsenenbildung im Haus der Begegnung in Köln am 26.10.1977 – Sonderdruck – und in BB 1978/5 ff.
ders.	Zur Typologie zulässiger Zeitarbeitsverträge, FS für Lange, 1970/5 ff.
Wiese, G.	Das Initiativrecht nach dem Betriebsverfassungsgesetz, Neuwied 1979
Wiesner, H.	Personalplanung – eine Herausforderung unserer Zeit, in: Personal 1983/126 ff.
Winter, H.W.	Das Betriebsverfassungsgesetz – Ein Leitfaden für die Praxis unter Berücksichtigung des Mitbestimmungsgesetzes 1976, Stuttgart 1977
Wlotzke, O.	Betriebsverfassungsgesetz mit Wahlordnung, München 1984
Wlotzke-Lorenz	Weiterbeschäftigung während des Kündigungsschutzprozesses – eine Regelungsaufgabe für den Gesetzgeber, AuR 1980/1 ff.
Wohlgemuth	Betriebsrat und Personaldatenverarbeitung, AiB 1981/164

Wolter, J. — Der Schutz des Arbeitnehmers vor betriebsbedingter Kündigung. Die Wirksamkeit des geltenden individualrechtlichen Kündigungsschutzes und Überlegungen zu einer verbesserten Handhabung, Diss. Hamburg 1980

Wünnenberg — Die Berücksichtigung sozialer Gesichtspunkte bei betriebsbedingter Kündigung, DB 1956/665

Zehner, K. — Telefondatenerfassung und Benachrichtigungspflicht, DB 1984/666 ff.

Zöllner, W. — Auswahlrichtlinien für Personalmaßnahmen, in FS für G. Müller, Berlin 1981 S. 665 ff.

I. Einführung

Schon bald nach der Neugestaltung des Betriebsverfassungsgesetzes 1972 und seiner verstärkt geregelten Mitwirkungs- und Mitbestimmungsrechte des Betriebsrats vor allem in personellen Angelegenheiten setzten die ersten Bemühungen zu einer praktischen Verwirklichung von Auswahlrichtlinien i.S.d. § 95 BetrVG zur Vervollständigung einer Personalplanung in den Betrieben ein.

Zur Erleichterung ihrer Gestaltung gingen diesen einige beachtenswerte Hinweise und teilweise auch sehr ausführlich kommentierte Muster von entsprechenden Betriebsvereinbarungen seitens der Arbeitgeberverbände, der Gewerkschaften und der Wissenschaft voraus, die beachtliche Patenstellungen beim Betreten dieses Neulandes geleistet haben. Eine Übersicht der wichtigsten Beiträge und Muster sowie ihrer ersten Verwirklichung der betrieblichen Praxis in zeitlicher Reihenfolge mögen dies verdeutlichen[1].

---

1 Arbeitgeberverbände der hessischen Metallindustrie e.V. und Vereinigung der hessischen Arbeitgeberverbände e.V., Frankfurt: „Hinweise für die Ausarbeitung von Auswahlrichtlinien"; bereits vor Inkrafttreten des BetrVG 1972; Deutsche Gesellschaft für Personalführung e.V., Düsseldorf, Erarbeitung eines Beispiels für eine Richtlinie Betriebsvereinbarung zu Auswahlrichtlinien gem. § 95 BetrVG durch einen Arbeitskreis, in: Die personalpolitischen Konsequenzen des neuen BetrVG, Ende 1971/Anfang 1972; R.E. Hahn: „Was sind personelle Auswahlrichtlinien?" in: Quelle, 1972 S. 516 ff. und S. 567 ff.; Rehhahn: „Auswahlrichtlinien nach dem BetrVG", in: Der Betriebsrat, Okt. 1972 S. 498 ff., auch als Broschüre der IG-Bergbau und Energie veröffentlicht, ders. „Die Aufstellung von Auswahlrichtlinien nach dem BetrVG", in: Mitbest.-Gespr. 1973 S. 30 ff.; Vorschlag einer Betriebsvereinbarung über Auswahlrichtlinien seitens der IG-Chemie-Papier-Keramik, in: Der Betriebsrat, Jan. 1973 Heft 1; Muster einer Betriebsvereinbarung über Auswahlrichtlinien gem. § 95 BetrVG der IG-Metallindustrie (ohne Datum); die ersten praktizierten Auswahlrichtlinien bei der Firma Ford-Werke AG, in Köln vom 11. Dez. 1972, etwas später gefolgt von der Firma Audi-NSU Auto Union AG, Ingolstadt vom 1.7.1975, die eine starke Verwandtschaft zu den vorher genannten aufweisen, in: Jakobs-Fuchs, Planung der Personalfreisetzung, München 1978 Anhang XIII – XXII; Muster von Auswahlrichtlinien des Gesamtverbandes der metallindustriellen Arbeitgeberverbände e.V., Köln vom 10.1.1973 – internes Rundschreiben an alle Mitgliedsverbände); Auswahlrichtlinien der Firma Rosenthal AG, Selb vom 26. Sept. 1973, in: Der Betriebsrat, 1974 S. 187 ff. (weitgehende Berücksichtigung der Vorschläge von Rehhahn, a.a.O. und die der IG-Chemie-Papier-Keramik a.a.O.); Betriebsvereinbarung „für Bodenpersonal/Deutschland betr.: „Allgemeine Auswahlrichtlinien für Einstellungen, Versetzungen, Umgruppierungen und Kündigungen vom 27. Juli 1973, „Betriebsvereinbarung über Zusammenarbeit vom 1.12.1974" und auf der Grundlage dieser Vereinbarungen „Betriebsvereinbarung für Boden-

So gab als erste die Automobilindustrie, soweit nachvollziehbar, bereits Ende 1972 infolge Einbruchs ihres Nachfragebereichs die ersten Hinweise zu einem geplanten Ablauf eines gezielten Personalabbaues und vereinbarten mit ihren Gesamtbetriebsräten entsprechende Auswahlrichtlinien in jeweils getrennten Vereinbarungen über Entlassungen und Versetzungen, über Umgruppierungen und Kündigungen. Gleiche Initiativen entwickelten sich aber etwas später auch in anderen Wirtschaftsbereichen, vornehmlich allerdings in Großbetrieben, und setzte sich diese Entwicklung vielleicht auch bis etwa Ender der 70er Jahre fort, aber mit nachlassender Tendenz. Die Auswahlrichtlinien i.S.d. § 95 BetrVG sind in den letzten Jahren aber auch in der Rechtsprechung vereinzelt bei Einstellungen und Versetzungen, vermehrt jedoch gerade bei Kündigungen aus betriebsbedingten Gründen und ihrer geforderten sozialen Auswahlgrundsätze häufiger Gegenstand streitiger Auseinandersetzungen gewesen[2] und auch dort zu einer inzwischen besonderen Aktualität herangewachsen.

---

personal/Deutschland, betr. Spezielle Auswahlrichtlinien „Verkauf und Verkehr" der Außenorganisation „Deutschland" vom 3.4.1975 der Deutschen Lufthansa AG, Köln; Stuhl: Auswahlgrundsätze und Auswahlrichtlinien bei betriebsbedingten Entlassungen, in: Das Personalbüro, Heft Nr. 11 vom 5.11.1975; Personalplanung und BetrVG, Köln 1977 S. 203 ff.; Rummel: Die Beteiligung des Betriebsrats an der Personalplanung und an personellen Einzelmaßnahmen, in: Heft Nr. 35, Köln 1978 S. 185 ff.; Schrumpf: Ausschreibung von Arbeitsplätzen, Auswahlrichtlinien, Personalfragebogen, in: HBV (Freiburg), 1979, Gruppe 5 S. 155 ff.; Zöllner: Auswahlrichtlinien für Personalmaßnahmen, betriebsverfassungsrechtliche Bemerkungen unter besonderer Berücksichtigung der durch die elektronische Datenverarbeitung ausgeworfenen Probleme, in: FS für G. Müller, Berlin 1981 S. 665 ff.; Schaub: Muster von Auswahlrichtlinien, in: Arbeitsrechtl. Formularsammlung und Arbeitsgerichtsverfahren, 1982 S. 199 ff.; ders., a.a.O., Muster eines Interessenausgleichs mit Auswahlrichtlinien, § 28 S. 213 ff.; Kammann-Hess-Schlochauer, Kom. zum BetrVG, 1979, Anhang 21 (analog den Vorschlägen der Arbeitgeberverbände in Hessen, a.a.O., in: Hess-Schlochauer-Glaubitz, 1985 nicht mehr enthalten); Stege-Weinspach, BetrVG, Handkom. 6. Aufl. 1985, Köln, Anlage 7 S. 1016; Hunold: 50 bewährte Musterbetriebsvereinbarungen zwischen Arbeitgeber und Betriebsrat, Bad Kissing, 1981, S. 127 ff., ders., a.a.O., S. 130 f.; Dirx-Klebe: Auswahlrichtlinien, Die Mitbestimmung des Betriebsrats nach § 95 BetrVG, hrsg. von der IG-Metallindustrie für die Bundesrepublik Deutschland, Vorstand, Frankfurt 1984.

2 BAG vom 11.3.1976 – 2 AZR 43/75 –, BB 1976/883, DB 1976/1470, vom 7.11. 1977 – 1 ABR 55/75 –, BB 1978/1166, DB 1978/447, vom 18.11.1980 – 1 ABR 63/78 –, BB 1981/1463, DB 1981/998, vom 24.3.1983 – 2 AZR 21/82 –, BB 1983/ 1665, DB 1983/1822, vom 31.3.1983 – 1 ABR 6/80 –, DB 1983/2311, vom 13.9.1983 – 1 ABR 32/81 –, BB 1983/2051, DB 1983/2470, vom 20.10.1983 – 2 AZR 211/82 –, BB 1984/671, vom 21.12.1983 – 7 AZR 421/82, DB 1984/2303, vom 31.1.1984 – 1 ABR 63/81 –, BB 1984/915, DB 1984/1199, vom 10.4.1984 – 1 ABR 67/82 –, DB 1984/2198, vom 3.5.1984 – 6 ABR 68/81 (Fordwerke Köln) – DB 1984/2413, vom 18.10.1984 – 2 AZR 543/83 –, BB 1985/1263, DB 1985/1983.

Diese Schrift setzt sich mit dem rechtlich zulässigen Inhalt und den Grenzen von Auswahlrichtlinien bei allen personellen Maßnahmen, ob im allgemeinen oder in Einzelbereichen bei Einstellungen, Versetzungen, Umgruppierungen und Kündigungen auseinander und analysiert eine Anzahl bestehender Auswahlmuster und betrieblicher Auswahlrichtlinien in ihren Einzelheiten.

Vor allem werden die Möglichkeiten und Grenzen der rechtlichen Zulässigkeit derartiger Auswahlrichtlinien und ihr entsprechender Einflußbereich bereits im Vorfeld der allgemeinen personellen Maßnahmen, nämlich dem der Personalplanung und vor allem der Sicherstellung des gegenwärtigen und zukünftigen Personalbedarfs und ihrer Deckung aufgezeichnet. Ferner werden die Zusammenhänge zwischen den kollektivrechtlichen Instrumentarien der Personalplanung i.S.d. § 92 BetrVG und den Auswahlrichtlinien i.S.d. § 95 BetrVG einmal untereinander und den individualrechtlichen Bestimmungen zueinander herausgestellt. Das gilt besonders im Rahmen des Kündigungsschutzes i.S.d. § 1 KSchG und ihrer danach zu berücksichtigenden sozialen Auswahlgesichtspunkte und ihre Gewichtung unter Abwägung mit den betrieblichen Bedarfsaspekten i.S. einer Weiterbeschäftigungsnotwendigkeit oder -verpflichtung.

Vordergründig geht es allerdings darum, aus einer Anzahl vorliegender Hinweise und Muster von Betriebsvereinbarungen mit ihren jeweiligen besonders herausgestellten Akzenten und aus einer Anzahl existenter betrieblicher Auswahlvereinbarungen Erkenntnisse über ihre verschiedenen und teilweise auch sehr unterschiedlichen Auswahlgrundsätze und -kriterien i.S.d. § 95 BetrVG zu gewinnen und auf ihre rechtliche Zulässigkeit, mehr aber noch auf ihre Brauchbarkeit zu untersuchen.

Gegenstand dieser Arbeit ist die Frage, welche Bedeutung diesen Auswahlrichtlinien i.S.d. § 95 BetrVG bereits heute schon in der betrieblichen Praxis, vor allem aber in der Zukunft beizumessen ist.

II. Rechtshistorischer Rückblick auf Begriff und Inhalt von Auswahlrichtlinien i.S.d. § 95 BetrVG bei Personalmaßnahmen

Das Betriebsverfassunggesetz vom 4.2.1920[3], das in Erfüllung des Gesetzesauftrags aus Art. 165 der Weimarer Verfassung – der sogenannte Räteartikel – erging, räumte erstmals im Laufe der historischen Entwicklung in § 74 dem Betriebsrat in seiner Form als Arbeiter- und Angestelltenrat in allen Betrieben

3 BGBl. 1920 S. 147.

mit mindestens 20 Arbeitnehmern ein Beratungsrecht bei geplanten Masseneinstellungen und -entlassungen sowie in §§ 78 Ziff. 9 und 84 – 90 bei Einzelkündigungen ein starkes Mitwirkungsrecht ein. Außerdem sah dieses Gesetz in § 78 Ziff. 8 eine Vereinbarung über Richtlinien zwischen Arbeitgeber und Betriebsrat vor, die allerdings auf Einstellungen von Arbeitnehmern begrenzt waren. Dieses Gesetz vom 4.2.1920 enthielt auch Regelungen über die Folgen bei einem Verstoß gegen die Richtlinien in den §§ 81 – 83 BRG.

Bei Kündigungen seitens des Arbeitgebers enthielt dieses Gesetz in § 84 zunächst ein Einspruchs- oder Vetorecht des einzelnen Arbeitnehmers durch Anrufung des Arbeiter- und Angestelltenrates, der lediglich eine Vermittlerposition einnahm und bei Nichteinigung das Arbeitsgericht zu entscheiden hatte (§ 86 BRG).

Die damit erstmals gesetzlich geregelten Mitwirkungsrechte waren bei der Einstellung allerdings äußerst schwach gestaltet und haben in der Praxis keine große Bedeutung erlangt, während sie bei der Entlassung weiter ausgestaltet waren durch das Vetorecht jedes einzelnen Arbeitnehmers bei dem Gruppenrat.

Nach Auflösung der Betriebsräte durch das Gesetz zur Ordnung der nationalen Einheit vom 20.1.1934[4], mit dem das „Führerprinzip" eingeführt und auf alle Betriebe ausgedehnt wurde – der Unternehmer oder Arbeitgeber wurde zum geborenen Führer des Unternehmens deklariert, dessen „Gefolgschaft" die Arbeitnehmer ihm durch Treue verbunden waren –, erfolgte eine erneute Regelung der Beteiliungsrechte des Betriebsrats durch das Kontrollratsgesetz Nr. 22 vom 10.4.1946[5]. Dieses Gesetz enthielt aber nur eine allgemeine für ganz Deutschland geltende Rahmenregelung. In personellen Angelegenheiten räumte dieses Gesetz dem Betriebsrat auf der Grundlage eines Anhörungs- und Beratungsrechts lediglich die allgemeine Befugnis ein, sich mit Einstellungen und Entlassungen von Arbeitnehmern zu beschäftigen. Infolge seiner Unvollständigkeit und der noch verworren geltenden Nachkriegsverhältnisse führten einige Länder in der Zeit von 1947 bis 1950 selbständige Ländergesetze ein, die wieder detailliertere Regelungen personeller Beteiligungsrechte des Betriebsrats enthielten[5a]. Die dadurch eingetretene Rechtszersplitterung wurde schließ-

4 BGBl. I 1934 S. 45.
5 KRAmtsbl. S. 133.
5a Bis auf Nordrhein-Westfalen, Niedersachsen und Hamburg erließen alle anderen Länder eigene Betriebsrätegesetze, die Regelungen über die Beteiligung der Betriebsräte bei personellen Maßnahmen enthielten, wenn auch eine Trennung nach Einstellung und Entlassung, Versetzung und Eingruppierung nicht überall erfolgte. So z.B.:

lich durch das Betriebsverfassungsgesetz vom 11.10.1952[6] beseitigt. Dieses Gesetz räumte dem Betriebsrat in § 60 BetrVG 1952 ein Mitwirkungs- und Mitbestimmungsrecht bei Einstellungen, Umgruppierungen, Versetzungen und Entlassungen ein und beschränkte diese Rechte in den §§ 61 und 63 BRG 1952 bei geplanten Einstellungen, Umgruppierungen, Versetzungen auf eine Informationspflicht des Arbeitgebers an den Betriebsrat über den in Aussicht genommenen Arbeitsplatz und über die betreffende Person. Vor Kündigungen ist gem. § 66 Abs. 1 BetrV 1952 eine Anhörungspflicht des Betriebsrats festgelegt und gem. § 66 Abs. 2 BetrVG 1952 sind Masseneinstellungen und -entlassungen dem Betriebsrat frühzeitig mitzuteilen und mit ihm Art und Umfang der erforderlichen Einstellungen oder Entlassungen sowie die Vermeidung von Härten bei Einstellungen zu beraten. Der Begriff der „Auswahlrichtlinien" erscheint in diesem Gesetz nicht.

Im Schrifttum wurde zunächst zum BetrVG 1952 die Auffassung vertreten, Betriebsvereinbarungen über Einstellungen, Umgruppierungen und Versetzungen seien zwar zulässig, aber über Kündigungen seien solche nicht möglich, da in §§ 61 Abs. 3 a und 63 BetrVG 1952 nur die Folgen eines Verstoßes gegen eine Betriebsvereinbarung über die genannten Maßnahmen, nicht aber über die Kündigung erwähnt seien[7]. Außerdem sei ein über das KSchG hinausgehender Kündigungsschutz durch eine innerbetriebliche Kollektivvereinbarung überflüssig[8]. Über die Verwirklichung dieser verschiedenen gesetzlichen Regelungen im Laufe der Jahrzehnte sind leider keine Erkenntnisse zu gewinnen. Lediglich

– Baden	Gesetz vom 24.09.1948	–	GVBl.	S. 209
– Bayern	Gesetz vom 25.10.1950	–	GVBl.	S. 227
– Bremen	Gesetz vom 10.01.1949	–	GVBl.	S. 7
– Hessen	Gesetz vom 31.05.1948	–	GVBl.	S. 117
– Rheinland-Pfalz LVO	Gesetz vom 15.05.1947	–	VOBl.	S. 258
– Schleswig-Holstein	Gesetz vom 03.05.1950	–	GVBl.	S. 169
– Württemberg-Baden	Gesetz vom 18.08.1948	–	RegBl.	S. 136
– Württemberg-Hohenzollern	Gesetz vom 21.05.1949	–	RegBl.	S. 153.

Diese einzelnen Gesetze waren recht unterschiedlich gestaltet und enthielten alle nur denkbaren Beteiligungsformen. Gemeinsam war ihnen allen eine erhebliche Verstärkung der Beteiligungsrechte des Betriebsrats und damit die demokratische Gestaltung der innerbetrieblichen Verfassung. Lediglich das Land Bayern räumte in § 60 des Gesetzes die Möglichkeit einer Vereinbarung von Einstellungsrichtlinien ein. Dieses Gesetz enthielt in § 64 Abs. 1 auch die im BRG 1920 enthaltenen Regelungen über die Folgen bei einem Verstoß gegen die Richtlinien.

6 BGBl. I 1952 S. 681.

7 Hueck, RdA 1952/368.

8 Hueck, a.a.O., S. 369; Sabel, RdA 1952/291.

Rehhahn[9] weist darauf hin, daß es bereits vor der Neugestaltung des BetrVG im Jahre 1972 in vielen Betrieben, namentlich in Großbetrieben, mündlich vereinbarte oder stillschweigend praktizierte Vorstellungen bzw. Abstimmungen von personellen Planungsmaßnahmen und ihre Umsetzung über bestimmte Auswahlmerkmale bei Einstellungen, Versetzungen und vor allem bei Kündigungen gegeben hat.

Aufgrund der Veränderung der politischen, wirtschaftlichen, technischen und sozialen Verhältnisse in den nachfolgenden Jahren wurde am 10.11.1971 das neue BetrVG 1972 vom deutschen Bundestag verabschiedet, das unter dem 15.1.1972 datiert, am 18.1.1972 verkündet und einen Tag später, also am 19.1. 1972[10] in Kraft trat.

Dieses Gesetz beschreibt insbesondere bei der Regelung der Beteiligungsrechte des Betriebsrats in personellen Angelegenheiten völlig neue Wege. So ist der Betriebsrat in personellen Fragen nicht mehr wie noch nach dem BetrVG 1952 auf eine Mitwirkung und Mitbestimmung bei konkreten entscheidungsreifen Einzelmaßnahmen beschränkt. In einem selbständigen Abschnitt des Gesetzes über allgemeine personelle Angelegenheiten sind seiner Mitsprache vielmehr Bereiche zugänglich gemacht worden, die bereits im Vorraum solcher Einzelmaßnahmen liegen.

III. Systematische Einordnung der Auswahlrichtlinien des § 95 BetrVG in den Bereich mitwirkungs- und mitbestimmungspflichtiger personeller Maßnahmen des Betriebsrats

Das im Jahre 1972 fast völlig neugestaltete BetrVG trennt bei der personellen Mitwirkung und Mitbestimmung des Betriebsrats zwischen „Allgemeinen personellen Angelegenheiten“, worunter es die

- Personalplanung (§ 92 BetrVG)
- innerbetriebliche Stellenausschreibung (§ 93 BetrVG)
- Erstellung von Personalfragebogen und allgemeinen Beurteilungsgrundsätzen (§ 94 BetrVG)

9 Rehhahn, in: Einleitung zu den Auswahlrichtlinien der IG-Chemie-Papier-Keramik, Der Betriebsrat, Nr. 10 vom Okt. 1972 und ders., in: Das Mitbestimmungs-Gespräch 2/3 1973 S. 30.

10 BGBl. I S. 13.

und schließlich

– Auswahlrichtlinien (§ 95 BetrVG)

versteht und personellen Einzelmaßnahmen, worunter

– Einstellungen, Eingruppierungen, Umgruppierungen und Versetzungen (§ 99 Abs. 1 S. 1 BetrVG)
  sowie

– Kündigungen (§§ 102, 103 BetrVG)

fallen. Der personelle Mitwirkungs- und Mitbestimmungsbereich des Betriebsrats im Rahmen des BetrVG ist sozusagen zweigeteilt und löst auch unterschiedliche Auswirkungen aus.

Während die §§ 92 – 95 BetrVG (Ausnahme § 95 Abs. 2 BetrVG) für alle Betriebe ohne eine bestimmte Mindestbeschäftigtenzahl gelten, wird hierbei lediglich einschränkend auf die Existenz eines Betriebsrats abgestellt, d.h. es muß sich nicht nur um einen betriebsratsfähigen, sondern um einen betriebsratsexistenten Betrieb handeln, in dem wenigstens i.d.R. mindestens fünf ständig wahlberechtigte Arbeitnehmer beschäftigt sind, von denen drei das aktive Wahlrecht zum Betriebsrat haben (§§ 1 und 7 BetrVG). Demgegenüber werden bei den personellen Einzelmaßnahmen i.S.d. §§ 99 – 104 BetrVG Betriebe mit i.d.R. mehr als zwanzig wahlberechtigte Arbeitnehmer gefordert, während wiederum bei den Kündigungen i.S.d. §§ 102 – 104 BetrVG auf betriebsratsexistente Betriebe abgestellt wird.

Diese verschiedenen und unterschiedlich gestalteten kollektiven Regelungen der Mitwirkung und Mitbestimmung des Betriebsrats im gesamten personellen Bereich, also nicht nur bei personellen Einzelregelungen, sondern bereits im Vorfeld derselben, wie dies vor allem in § 92 BetrVG durch die Unterrichtungspflicht des Arbeitgebers im Rahmen der Personalplanung, die Beratungspflicht über Art und Umfang der erforderlichen personellen Maßnahmen und vor allem über die Vermeidung von Härten zum Ausdruck kommt, stehen in einem engen Zusammenhang miteinander und sind auch nur in ihren Zusammenhängen richtig zu werten und zu verstehen.

So steht § 92 BetrVG (Personalplanung) im engen Zusammenhang mit § 99 BetrVG (Mitbestimmung bei personellen Einzelmaßnahmen), da z.B. jede Einstellung, Ein-, Umgruppierung und Versetzung von Arbeitnehmern von der Zustimmung des Betriebsrats abhängig ist, und jede Kündigung seitens des Arbeitgebers im Zusammenhang mit § 102 BetrVG, da in diesen Fällen der Betriebsrat von jeder arbeitgeberseitigen Kündigung zu hören ist und dieser durch seine eventuellen Bedenken oder seinen Widerspruch erhebliche negative Rechtsfolgen für den individuellen Kündigungsschutz und die Lage des Arbeitnehmers für die Zeit des Kündigungsschutzprozesses (§§ 1 Abs. 1 S. 2 Ziff. 1–4 KSchG, 102 Abs. 5 BetrVG) auslösen kann[11].

Ebenso ist ein Zusammenhang zwischen den §§ 92 und 95 mit § 111 BetrVG unverkennbar, und zwar dann, wenn z.B. eine Betriebsänderung auch in der Form einer reinen Massenentlassung geplant ist[12]. So erhält der Betriebsrat

---

11 Der Weiterbeschäftigungsanspruch eines gekündigten Arbeitnehmers i.S.d. § 102 Abs. 5 BetrVG ist lange Zeit hindurch sehr umstritten gewesen, vgl. Löwisch, DB 1978/Beil. 7; Schumann, BlStSozArbR 1979/310; Jobs, AuR 1981/16; Kamphausen, BlStSozArb 1982/65; Schaub, NJW 1981/1807; Mayer-Maly, DB 1979/1601; Bötticher, BB 1981/1954; Berkowski, NJW 1982/905; Kleemann, DB 1981, 2276; schon der 2. Sen. des BAG hatte im Interesse der Sicherung einer einheitlichen Rechtsprechung mit Entscheidung vom 26.5.1977 – 2 AZR 632/76 –, BB 1977/849, 1504, DB 1977/2099, 2192 eine Weiterbeschäftigungspflicht eingeschränkt und nur ausnahmsweise z.B. bei einer offensichtlich rechtsunwirksamen oder einer offenbar rechtsmißbräuchlichen oder willkürlichen Kündigung für zulässig gehalten. Dieses Urteil ist im v.g. Schrifttum überwiegend auf Kritik und Widerspruch gestoßen, aber auch von den Instanzgerichten nicht mitgetragen worden – vgl. z.B. LAG Hamburg vom 15.6.1977 – 4 Sa 127/77 –, DB 1978/1292 und vom 7.11.1978 – 1 Sa 40/78 –, BB 1979/991; LAG Düsseldorf vom 9.5.1979 – 6 Sa 130/79 –; LAG Rheinland-Pfalz vom 29.5.1978 – 7 Sa 25/78 –, BB 1978/1414 –. Mit Beschl. des 2. Sen. des BAG vom 18.1.1979 – 2 AZR 662/76 –, BB 1979/524, DB 1979/747 und erneut vom 29.3.1984 – 2 AZR 429/83 –, DB 1984/1887 wurde der Gr. Sen. des BAG wegen der Frage eines Beschäftigungsanspruchs des gekündigten Arbeitnehmers während des Kündigungsrechtsstreits angerufen, der allerdings eine Entscheidung nicht mehr treffen konnte, weil der Kläger die Klage kurz vor dem Entscheidungstermin zurückgenommen hatte (vgl. BB 1979/1770, DB 1979/2380). Inzwischen hatte auch der 7. Sen. des BAG mit Beschl. vom 21.12.1983 – 7 AZR 444/81 –, BB 1984/144, DB 1984/56 den Gr. Sen. des BAG wegen der grundsätzlichen Bedeutung dieser Frage angerufen, der schließlich mit Beschl. vom 27.2.1985 – GS 1/84 –, BB 1985/1978, DB 1985/2197 einen Weiterbeschäftigungsanspruch des Arbeitnehmers nach Zugang der fristlosen Kündigung bzw. nach Ablauf der Kündigungsfrist einer ordentlichen Kündigung während des Kündigungsschutzprozesses grundsätzlich anerkennt. Diese Entscheidung verfällt im Schrifttum überwiegend der Ablehnung, vgl. Gumpert, BB 1985/1978; Berkowski, BB 1986/799; Dänzer-Vanotti, DB 1985/2610; Bengelsdorf, DB 1986/168 und 222; Schukai, DB 1986/482; Schäfer, NZA 1985/691; Schumann, NZA 1985/688 und in AiB 1985/163; Eich, DB 1986/692; Lieb, SAE 1986/48 ff.; ebenso trägt eine der neuesten Entscheidungen des LAG Niedersachsen vom 7.2.1986 – 3 Sa 101/85 – (Revision zugel.), DB 1986/1126 die Entscheidung des Gr. Sen. nicht mit. Inzwischen liegt dem Großen Senat des BAG ein weiterer Vorlagebeschluß des 7. Senats vom 22.6.1984 – 7 AZR 587/83 –, BB 1985/592, DB 1984/2466 (GS 3/84) vor, in dem es um die Frage geht, ob ein befristet eingestellter Arbeitnehmer während des Streits um die Wirksamkeit der Befristung einen Anspruch auf Weiterbeschäftigung geltend machen kann.

12 Bei Massenentlassungen handelt es sich i.a.R. um Kündigungen betriebsbedingter Art und unterliegen diese vordergründig den individualrechtlichen Kündigungsschutz-

im Rahmen der ihm in weitgehendstem Maße eingeräumten Informationsrechte zuerst von solchen geplanten Vorkommnissen im personellen Bereich über den § 92 BetrVG im Rahmen der geforderten Unterrichtung über die Personalplanung und alsdann nochmals über den § 111 BetrVG ebenso unmittelbar von allen geplanten Betriebsänderungen, die wesentliche Nachteile für die Belegschaft oder erhebliche Teile derselben zur Folge haben können, Kenntnis.

Alsdann zeigt sich eine weitere informative Pflicht des Unternehmers in § 106 BetrVG in allen Unternehmen mit i.d.R. mehr als einhundert ständig beschäftigten Arbeitnehmern gegenüber dem Wirtschaftsausschuß als einem besonderen Ausschuß des Betriebsrats, der seinerseits wiederum gem. § 108 Abs. 4 BetrVG dem Betriebsrat einen vollständigen Bericht über jede seiner Sitzungen schuldet. Auch muß der Wirtschaftsausschuß über die Konsequenzen wirtschaftlicher Angelegenheiten auf die Personalplanung i.S.d. § 92 BetrVG unterrichtet werden und schuldet dieser alsdann wiederum gem. § 106 Abs. 2 in Verbindung mit § 108 Abs. 4 BetrVG dem Betriebsrat eine vollständige Auskunft darüber.

IV. Begriff und Zweck der Auswahlrichtlinien des § 95 BetrVG

Gemäß § 95 Abs. 1 BetrVG bedürfen Richtlinien über die personelle Auswahl der Zustimmung des Betriebsrats, und zwar für Einstellungen, Versetzungen, Umgruppierungen und Kündigungen. § 95 Abs. 2 BetrVG gibt dem Betriebsrat darüber hinaus das Recht, in Betrieben mit mehr als 1000 Arbeitnehmern die Aufstellung von Richtlinien über die bei Maßnahme des Abs. 1 S. 1 des § 95 BetrVG zu beachtenden fachlichen und persönlichen Voraussetzungen und sozialen Gesichtspunkte zu verlangen. Neben den in § 95 Abs. 1 BetrVG enthaltenen Begriffen der Einstellung und Umgruppierung sind diese gleichfalls

---

vorschriften (KSchG). Sie greifen aber auch entscheidend in den kollektivrechtlichen Bereich, vornehmlich den des Betriebsverfassungsrechts hinein durch Informations-, Anhörungs-, Beratungs- und Zustimmungsrechte bzw. Widerspruchsrechte des Betriebsrats ein (vgl. z.B. §§ 90, 92, 99, 106, 111 – 113 BetrVG). Bei Massenentlassungen dagegen handelt es sich im wesentlichen im Rahmen des individuellen Kündigungsschutzes um verfahrensrechtliche Vorschriften, wie z.B. Anzeigepflichten an die Arbeitsverwaltung usw., aber auch im Rahmen des kollektiven Schutzrechts um materiell von der Rechtsprechung entwickelte Grundsätze, wie z.B. um Massenentlassungen als sozialplanpflichtige Betriebsänderungen, s. dazu ausführlich Vogt, BB 1985/1141 ff. und 2328 ff.; ders. in Personal 1986, S. 208.

enthalten in § 99 Abs. 1 BetrVG und in §§ 102, 103 BetrVG und decken sich gleichfalls mit ihrem Inhalt. Der Begriff der Entlassung wird nicht verwendet. Der Begriff der Versetzung hat in § 95 Abs. 3 BetrVG eine sehr weitgehende Definition erhalten und ist hierunter die Zuweisung eines anderen Arbeitsbereichs zu verstehen, die voraussichtlich die Dauer von einem Monat überschreitet oder die mit einer erheblichen Änderung der Umstände verbunden ist, unter denen die Arbeit zu leisten ist.

Dem Wortlaut des § 95 Abs. 1 BetrVG kann entnommen werden, daß solche Regelungen des Arbeitgebers der Mitbestimmung des Betriebsrats unterliegen sollen, die die personelle Auswahl bei Einstellungen, Versetzungen, Umgruppierungen und Kündigungen betreffen. Begrifflich fallen somit unter den von § 95 BetrVG erfaßten Bereich personalwirtschaftlicher Maßnahmen sämtliche Bestimmungen des Arbeitgebers, die einer Selektion bei personellen Entscheidungen unterliegen. Von besonderer Bedeutung ist insofern die Tatsache, daß allen personellen Einzelentscheidungen – zumindest in Großbetrieben – eine Vielzahl von Entscheidungen vorausgehen können, die für die zu treffenden Einzelentscheidungen bestimmend sind. Bevor es z.B. zu einer Einstellung kommt, muß bei einer systematisch betriebenen Personalbedarfsplanung grundsätzlich zunächst einmal ein Personalbedarf nach gewissen Kriterien wie nach Quantität, Qualität und zeitlichem Auftreten festgestellt werden. Sodann muß die Deckung dieses Personalbedarfs und die Art und Weise seiner Deckung beschlossen werden, d.h. aus welchen Bereichen ob innerbetrieblich oder außerbetrieblich dieser Bedarf gedeckt und wie dies vorgenommen werden soll. Das kann geschehen durch Stellenausschreibung, durch Inserat, durch Inanspruchnahme der Arbeitsverwaltung usw. Die Personalbeschaffung schließt ab mit der Auswahl des neuen Mitarbeiters, d.h. eine Entscheidung über die Auswahl unter den Bewerbern für eine vakante Stelle im Betrieb. Dabei werden sowohl für den Entschluß über die Art der Personalbedarfsplanung als auch über die konkrete Auswahl von Mitarbeitern als Auswahlprinzipien die personalpolitischen Zielsetzungen des Unternehmens bestimmend sein, so etwa, wenn bei einer Überalterung der Belegschaft möglichst viele junge Mitarbeiter gewonnen werden sollen. Daneben kann aber auch bei der Personalauswahl eine Reihe anderer Feststellungen ihre Bedeutung haben wie z.B. Stellenbeschreibungen und die aus ihnen abgeleiteten Anforderungsprofile, die für die Besetzung der einzelnen Arbeitsplätze aufgestellt werden.

Auswahlrichtlinien haben jeweils bei Einstellungen, Umgruppierungen, Versetzungen und Kündigungen sowohl für den Betrieb als auch für den einzelnen

Arbeitnehmer eine unterschiedliche Bedeutung und auch aus diesem Grunde einen ihnen jeweils anderen angepaßten Inhalt.

Der Betriebsrat ist, wie aus dem Gesetzestext hervorgeht, nur an der Aufstellung von Auswahlrichtlinien bei personalplanerischen Einzelmaßnahmen beteiligt, nicht dagegen an der Auswahlentscheidung in jedem Einzelfall und nicht an der Feststellung der einzelnen Anforderungen jedes einzelnen Arbeitsplatzes[13]. Der Betriebsrat hat also nur ein Recht auf Beteiligung an einer allgemeinen Rahmenplanung. Als Auswahlrichtlinien in diesem Sinne können daher nicht angesehen werden reine Arbeitsplatz- oder Stellenbeschreibungen (Anforderungsprofile), da diese lediglich die Anforderungen des einzelnen Arbeitnehmers an die zu besetzenden Arbeitsplätze fixieren, die jedoch nichts darüber aussagen, nach welchen Grundsätzen für die Besetzung der einzelnen Stelle oder des einzelnen Arbeitsplatzes zu verfahren ist[14]. Die Planung der innerbetrieblichen Arbeitsplatz- und Stellenbeschreibung gehört ebenso wie auch die Personalwerbeplanung nicht zu den gem. § 95 BetrVG zu erstellenden Auswahlrichtlinien, sondern sie werden dem betriebsverfassungsrechtlichen Begriff der Personalplanung i.S.d. § 92 BetrVG zugeordnet und unterliegen dem Informationsanspruch aus § 92 Abs. 1 S. 1 BetrVG und bei ihrer Beachtung unterliegen sie der freien Gestaltung des Arbeitgebers[15]. Auch die Einführung eines Personalinformationssystems ist keine Auswahlrichtlinie i.S.d. § 95 BetrVG[16], da hiermit keine Richtlinie über die personelle Auswahl bei

13 S. Galperin-Löwisch, § 95 Anm. 4.

14 Anforderungsprofile sind keine Auswahlrichtlinien, die der Zustimmung des Betriebsrats nach § 95 Abs. 1 BetrVG bedürfen; so auch Heinze, Rz. 68; Hunold, DB 1976/98 und 102; Meisel, a.a.O., S. 62; Stege-Weinspach, § 95 Anm. 11; BAG vom 31.5.1983 – 1 ABR 6/80 –, BB 1984/275, DB 1984/2311; vom 31.1.1984 – 1 ABR 63/81 –, BB 1984/915, DB 1984/1199; a.A. Dietz-Richardi, § 95 Anm. 15; Fitting-Auffarth-Kaiser, § 95 Anm. 8; Galperin-Löwisch, § 95 Anm. 7; Hunold, DB 1976/102 rechnet sie zur qualitativen Personalplanung i.S.d. § 92 BetrVG; unter bestimmten Voraussetzungen s. Zöllner, FS G. Müller, 1981 S. 667.

15 BAG vom 31.1.1984, a.a.O., unter Fn. 14; Dietz-Richardi, § 95 Anm. 18; Jobs, a.a.O., S. 148; Heinze, a.a.O., Rz. 68; Hess-Schlochauer-Glaubitz, § 95 Anm. 9 b; Kraft, GK-BetrVG § 95 Anm. 21; Hetzel, S. 66; Lichtenstein, Der Betriebsrat, 1973, S. 47; Stege-Weinspach, § 95 Anm. 11.

16 Fitting-Auffarth-Kaiser, § 95 Anm. 2 b; Jobs, S. 149; Müllner, BB 1984/475 (476); Söllner, DB 1984/1243; Zöllner, a.a.O., S. 672 f.; a.A. Klebe-Schumann, AuR 1983/40 (43); Personalinformationssysteme sind nur dann den Auswahlrichtlinien des § 95 BetrVG hin zuzuordnen, wenn die für eine Einstellung, Versetzung, Umgruppierung oder Kündigung in Betracht kommenden Bewerber oder Arbeitnehmer selbständig von diesem System ausgewählt werden, so Galperin-Löwisch, § 95 Anm. 4 a; Fitting-Auffarth-Kaiser, § 95 Anm. 2 b; Brill, BlStSozArbR 1978/165; Hümmerich, DB 1978/1934; Kilian, JZ 1974/486.

Einstellungen, Versetzungen, Umgruppierungen und Kündigungen aufgestellt wird, sondern lediglich eine automatische Erfassung und Speicherung von Arbeitnehmer- und Arbeitsplatzdaten vorgenommen wird. Diese unterliegt ebensowenig dem § 95 BetrVG wie auch die Einzelentscheidung des Arbeitgebers über die einzelne personelle Maßnahme selbst. Sie unterliegen dem § 95 BetrVG nur ausnahmsweise und in ganz eng gezogenen Grenzen.

Unter Auswahlrichtlinien i.S.d. § 95 Abs. 1 BetrVG sind also nur die personellen Auswahlgrundsätze und -kriterien zu verstehen, nach denen sich die betriebliche Entscheidung bei einer dieser personellen Maßnahmen einer Einstellung, einer Versetzung, einer Umgruppierung oder schließlich einer Kündigung richtet.

So steht z.B. in Betrieben mit bis zu 1000 Arbeitnehmern die Initiative für die Einführung von Auswahlrichtlinien allein dem Arbeitgeber zu. Entscheidet sich dieser für eine solche Richtlinie, so benötigt er dazu die Zustimmung des Betriebsrats. Im Falle der Nichteinigung hierüber obliegt es allein dem Arbeitgeber, seinerseits die Einigungsstelle anzurufen, um hierüber einen verbindlich geltenden Spruch der Einigungsstelle herbeizuführen, allerdings in der Erwartung, daß die Einigungsstelle auch seinem Wunsche folgt. Von dieser Absicht, Auswahlrichtlinien nur mit der ausdrücklichen Zustimmung des Betriebsrats einführen zu können, kann der Arbeitgeber zu jeder Zeit wieder zurücktreten.

Der Betriebsrat kann also in den Betrieben mit i.d.R. bis zu 1000 beschäftigten Arbeitnehmern seinerseits nicht die Aufstellung und Einführung von Auswahlrichtlinien verlangen und durchsetzen. Dagegen kann der Betriebsrat in Betrieben mit mehr als 1000 beschäftigten Arbeitnehmern aus eigener Initiative die Aufstellung und Einführung von Auswahlrichtlinien gem. § 95 Abs. 2 BetrVG verlangen und auch mittels der Einigungsstelle durchsetzen, und zwar über die bei Einstellungen, Versetzungen, Umgruppierungen und Kündigungen zu beachtenden „fachlichen und persönlichen Voraussetzungen und sozialen Gesichtspunkte“. Kommt eine Einigung zwischen Arbeitgeber und Betriebsrat über diese Richtlinie oder über ihren Inhalt nicht zustande, entscheidet auch auf Antrag des Betriebsrats hin die Einigungsstelle, die die Einigung zwischen beiden Betriebspartnern damit ersetzt; vorausgesetzt, die Einigungsstelle folgt seinem Antrag.

Sinn und Zweck der in § 95 BetrVG vorgesehenen Auswahlrichtlinien ist es, die Entscheidung des Arbeitgebers auf dem personellen Gebiet mittels derartiger Richtlinien zu verobjektivieren und für die Arbeitnehmer transparenter zu machen[17]; dazu gehört aber auch, Streitigkeiten zwischen Arbeitgeber und Betriebsrat sowie zwischen Arbeitgeber und einzelnen Arbeitnehmern durch objektiv vorgegebene Verhaltensregeln vermeiden zu helfen[18]. Das Entscheidungsrecht des Arbeitgebers wird hierdurch also nicht ersetzt, es wird vielmehr nur an vereinbarte Richtlinien und ihre darin geregelten Einzelheiten gebunden. Insoweit verbleibt die eigentliche Entscheidungsfreiheit in allen personellen Einzelfällen für den Arbeitgeber weitgehend frei; es sei denn, die Einigungsstelle zwingt ihn zu einer Einengung seines eigenen Handlungs- und Entscheidungsspielraumes.

Nun kann der Betriebsrat nach § 99 Abs. 2 Ziff. 1 – 6 BetrVG zwar jeder Einstellung, Eingruppierung, Umgruppierung und Versetzung und nach § 102 Abs. 3 Ziff. 1 – 5 BetrVG auch einer ordentlichen Kündigung widersprechen, wenn diese personellen Maßnahmen gegen eine Richtlinie nach § 95 BetrVG verstoßen. Es empfiehlt sich daher, derartige Auswahlrichtlinien klar und einfach und verständlich zu fassen und sie nur auf wesentliche Grundsätze und Kriterien zu beschränken, damit ihre Einhaltung ohne Schwierigkeiten überprüfbar ist und die Funktionsfähigkeit des gesamten Personalwesens dadurch nicht beeinträchtigt wird.

Zum maßgeblichen Inhalt von Auswahlrichtlinien i.S.d. § 95 BetrVG zählen nicht nur die Regelung materieller Auswahlgrundsätze und -kriterien und ihre Gewichtung, sondern gleichfalls gehören auch dazu formelle Verfahrensfragen, zu denen die Festlegung verwertbarer Unterlagen bei allen Auswahlentscheidungen wie z.B. Personalfragebogen, Schulzeugnisse, Zeugnisse früherer Arbeitgeber, Lehrzeugnisse, Personalakten, u.U. Eignungsurteile von Ärzten und Psychologen in bestimmten zulässigen Fällen usw. zählen, die der Beurteilung bei allen personellen Entscheidungen dienen; es gehören dazu auch Fragen der Informationskompetenzen auf Arbeitgeber- und Betriebsratsseite, Fragen der Organisation der gegenseitigen Informationsverpflichtungen, Fragen der Durchführung der im Rahmen der Personalplanung getroffenen Entscheidungen, Fragen der Geltungsdauer der Richtlinien und ihre Kündigungsmöglichkeiten unter Festlegung entsprechender Kündigungsfristen.

---

17 S. BT-Drucksache VI 1786 S. 50; zur Funktion und zum Zweck von Auswahlrichtlinien vgl. auch Rehhahn, Mitbest.-Gespr. 1973/30 ff.; Stoltenberg, S. 111.

18 Bobrowski-Gaul. O XIII Anm. 36 S. 660; Fitting-Auffarth-Kaiser, § 95 Anm. 1; Galperin-Löwisch, § 95 Anm. 1; Gemählich, S. 17; Hunold, DB 1976/98 (102).

V. Rechtsnatur der Auswahlrichtlinien i.S.d. § 95 BetrVG

Das Gesetz selbst gibt keinen Aufschluß über die Rechtsnatur der Auswahlrichtlinien i.S.d. § 95 BetrVG, die auch heute noch recht umstritten ist. Obwohl der Gesetzgeber ganz im Gegensatz zu den zwingend geltenden Betriebsvereinbarungen i.S.d. § 77 Abs. 2 BetrVG, die eines gemeinsamen Beschlusses zwischen Betriebsrat und Arbeitgeber und einer schriftlichen Abfassung und Unterzeichnung bedürfen, den Begriff der Betriebsvereinbarung in § 95 BetrVG nicht verwendet und gleichfalls auch auf eine Schriftform verzichtet und nur den allgemein gefaßten Begriff von Richtlinien enthält, kann nicht ohne weiteres auch allein aus dem Begriff der Zustimmung gefolgert werden, daß die Auswahlrichtlinien der Schriftform bedürfen und eine Betriebsvereinbarung darstellen. Betriebsvereinbarungen i.S.d. § 77 Abs. 2 BetrVG sind nur dann von der Schriftform befreit, wenn diese auf einem Spruch der Einigungsstelle beruhen. Das wäre also rechtlich ohne Bedenken zulässig bei Auswahlrichtlinien i.S.d. § 95 Abs. 2 BetrVG, und zwar dann, wenn diese Auswahlrichtlinien auf einem Spruch der Einigungsstelle beruhen.

Werden nun derartige Auswahlrichtlinien schriftlich zwischen Arbeitgeber und Betriebsrat oder Gesamtbetriebsrat abgefaßt oder beruhen sie gem. § 95 Abs. 2 S. 3 BetrVG auf einem Spruch der Einigungsstelle, so kann es sich dabei nicht um Betriebsvereinbarungen im eigentlichen Sinne des § 77 Abs. 2 BetrVG handeln. Das erhellt einmal aus § 99 Abs. 1 und 2 BetrVG, nach denen der Betriebsrat seine Zustimmung zu einer Einstellung, Ein-, Umgruppierung und Versetzung verweigern kann, wenn die personelle Maßnahme gegen eine Bestimmung in einer Betriebsvereinbarung oder gegen eine Auswahlrichtlinie verstoßen würde. Das erhellt ebenso aus § 102 Abs. 3 Ziff. 1 und 2 BetrVG, nach denen der Betriebsrat einer ordentlichen Kündigung widersprechen kann, wenn der Arbeitgeber bei der Auswahl der zu kündigenden Arbeitnehmer soziale Gesichtspunkte nicht oder nicht ausreichend berücksichtigt hat oder auch die Kündigung gegen eine Auswahlrichtlinie nach § 95 BetrVG verstößt.

Gegen den Rechtscharakter der Auswahlrichtlinien als Betriebsvereinbarung dürfte ferner § 77 Abs. 6 BetrVG sprechen, da diese Richtlinien als Betriebsvereinbarungen i.S.d. § 77 Abs. 2 BetrVG eine Nachwirkung auslösen würden, und zwar auch im Falle des § 95 Abs. 1 BetrVG, da hier der Spruch der Einigungsstelle die Einigung zwischen Arbeitgeber und Betriebsrat ersetzt. So würden z.B. Betriebe i.S.d. § 95 Abs. 1 BetrVG mit unter 1000 Arbeitnehmern gezwungen sein, Auswahlrichtlinien beizubehalten, wenn sie auch nur einmal solche erstellt haben. Von einigen Autoren wird daher mit Recht eine solche

Nachwirkung von Auswahlrichtlinien wie bei Betriebsvereinbarungen abgelehnt. Mangels dieser normativ geltenden Nachwirkung scheidet demnach eine solche nach § 95 Abs. 2 BetrVG bei Betrieben mit mehr als 1000 Arbeitnehmern aus, obwohl diese sogar erzwingbarer Art sind.

Ebensowenig wie aus § 76 Abs. 6 BetrVG kann auch aus § 76 Abs. 4 BetrVG, der den Betriebsvereinbarungen eine unmittelbare und zwingende Wirkung beilegt, eine solche Wirkung nicht bei den Auswahlrichtlinien i.S.d. § 95 Abs. 1 und 2 BetrVG hergeleitet werden. Eine normative Wirkung in dem Sinne, daß z.B. eine personelle Maßnahme bei einem Verstoß gegen die Richtlinien unwirksam wäre, kommt den Auswahlrichtlinien nicht zu. Während die geforderten Voraussetzungen in fachlicher und persönlicher Hinsicht nur in § 95 Abs. 2 BetrVG gefordert werden, ist kein überzeugender Grund ersichtlich, diese Auswahlmerkmale auf Betriebe unter 1000 Arbeitnehmern i.S.d. § 95 Abs. 1 BetrVG ausschließen zu wollen. Dieser Unterschied zwischen § 95 Abs. 1 und 2 BetrVG ist allerdings wohl eher als eine Präzisierung oder Konkretisierung, denn als eine Einschränkung aufzufassen; denn es lassen sich kaum Auswahlrichtlinien in der Praxis erstellen, in denen auch andere als diese drei grundlegenden Gesichtspunkte berührt werden[19].

Nach h.M. werden die Auswahlrichtlinien als Vereinbarungen besonderer Art angesehen, die auch seitens der Vertragsparteien jederzeit kündbar sind[20]. Eine Nachwirkung in den Fällen des § 95 Abs. 1 BetrVG verfällt der Ablehnung, weil nur der Arbeitgeber ein Initiativrecht hat[21].

VI. Maßnahmen der Personalplanung i.S.d. § 92 BetrVG – Voraussetzungen der Auswahlrichtlinien i.S.d. § 95 BetrVG

Die Funktion der Auswahlrichtlinien bei allen personellen Maßnahmen i.S.d. § 95 Abs. 1 BetrVG ist am besten zu verstehen im Zusammenhang aller mitwirkungs- und mitbestimmungspflichtiger personeller Regelungen. Dabei

19 Vgl. Peltzer, DB 1972/1166; Gaede, 1975 S. 135.

20 Dietz-Richardi, § 95 Anm. 58; Fitting-Auffarth-Kaiser, § 95 Anm. 4; Galperin-Löwisch, § 95 Anm. 17; Kraft, GK-BetrVG § 95 Anm. 15; Heinze, a.a.O., Rz 61.

21 Dietz-Richardi, § 95 Anm. 59; Fitting-Auffarth-Kaiser, § 95 Anm. 25; Kraft, GK-BetrVG § 95 Anm. 15; gegen eine Nachwirkung nach Kündigung bestehen bei § 95 Abs. 2 BetrVG keine Bedenken, sofern die regelmäßige Arbeitnehmerzahl nicht unter 1001 sinkt, Galperin-Löwisch, § 95 Anm. 25; Dietz-Richardi, § 95 Anm. 59; Fitting-Auffarth-Kaiser, § 95 Anm. 4; Kraft, GK-BetrVG § 95 Anm. 15; zutreffend Meisel, a.a.O., S. 65; Hess-Schlochauer-Glaubitz, § 95 Anm. 32.

nimmt zunächst die Personalplanung i.S.d. § 92 BetrVG einschließlich seiner detaillierten oder immanenten Untergliederungen – Bedarfs-, Deckungs- und Freisetzungsplanungen – sozusagen im eigentlichen Vorfeld der Mitwirkungs- und Mitbestimmungsrechte eine dominierende Stellung ein, die sinngemäß eine Voraussetzung der Auswahlrichtlinien i.S.d. § 95 BetrVG setzt[22]; denn die Personalplanung einschließlich seiner Untergliederungen gibt dem Betriebsrat schon sehr frühzeitig eine umfassende Informationsbasis für die Ausübung seiner Mitbestimmungsrechte bei den personellen Einzelmaßnahmen i.S.d. §§ 99 ff., 102 ff. BetrVG und geht diesen stets voraus, d.h. sie hat stets vor dem Zeitpunkt der Einstellung, Ein- und Umgruppierung und Versetzung i.S.d. § 99 Abs. 1 BetrVG zu erfolgen, aber auch vor dem Zeitpunkt der eigentlichen Kündigung i.S.d. § 102 BetrVG. Die Personalplanung und seine immanenten Gliederungen sind damit rein präventiver Art; denn wo eine Personalplanung betrieben wird, fallen bereits in ihrem Rahmen die personalpolitischen Grundsatzentscheidungen, auf denen die späteren Einzelmaßnahmen beruhen und die deshalb für die Arbeitsverhältnisse der Arbeitnehmer des Betriebes präjudizierende Bedeutung haben[23].

Die Auswahlrichtlinien i.S.d. § 95 BetrVG sind also nicht Bestandteil der Personalplanung i.S.d. § 92 BetrVG, sie verstärken vielmehr das nach § 92 BetrVG eingeräumte Mitberatungsrecht des Betriebsrats bei der Personalbedarfs- oder -deckungsplanung, wozu auch die Personalfreisetzungsplanung gehört, in einem für die Arbeitnehmer des Betriebes besonders wichtigen Punkt, nämlich bei der Erstellung von Auswahlrichtlinien. Diese sind im Rahmen der bestehenden Mitbestimmungsrechte des Betriebsrats bei den allgemeinen personellen Angelegenheiten von grundsätzlicher Bedeutung und hier ganz besonders die Abs. 1 und 2 des § 95 BetrVG, während die Versetzung i.S.d. § 95 Abs. 3 BetrVG systematisch eher zu den in §§ 99 ff. geregelten personellen Einzelmaßnahmen zählt und nur schwerlich unter die Überschrift „Auswahlrichtlinien" des § 95 BetrVG zu subsumieren ist.

Diese Auswahlrichtlinien des § 95 BetrVG bedeuten aber keine Erweiterung der Mitwirkungs- und Mitbestimmungsrechte des Betriebsrats im Rahmen der Personalplanung i.S.d. § 92 BetrVG; diese sind allein in § 92 BetrVG normiert, der die eigentliche unternehmerische Personalentscheidung enthält, an die die

22 Fitting-Auffarth-Kaiser, § 95 Anm. 1; Heinze, a.a.O., Rz. 56, 59; Meisel, a.a.O., S. 63; anders Richardi, DB 1971/621 (630) und Hanau, DB 1969/1497 (1498 f.).

23 Dietz-Richardi, § 92 Anm. 2; Hetzel, a.a.O., S. 7; Kehrmann-Schneider, Mitbest.-Gespr. 1973/23; Kraft, a.a.O., § 92 Anm. 2; Marienhagen, BB 1971/1010; Richardi, ZfA 1972/1.

Auswahlrichtlinien i.S.d. § 95 BetrVG gebunden sind und von ihnen weder ergänzt, abgeändert oder auch nur ersetzt werden können, sondern lediglich in eine auf die betriebliche Praxis bezogene Anwendungsform gegossen werden können[24]. § 95 BetrVG kann deshalb in seiner eigenen Bedeutung nur im Zusammenhang mit diesen Bestimmungen verstanden werden. Falls z.B. eine Einstellung, Eingruppierung, Umgruppierung und Versetzung i.S.d. § 99 Abs. 1 S. 1 BetrVG gegen eine Auswahlrichtlinie nach § 95 BetrVG verstoßen würde, kann der Betriebsrat seine erforderliche Zustimmung gem. § 99 Abs. 2 BetrVG unter den dort aufgeführten Beispielen verweigern oder, falls eine Kündigung gegen eine solche Auswahlrichtlinie verstoßen würde, kann der Betriebsrat ihr widersprechen mit der Folge, daß die Maßnahme nicht und im Falle des § 100 BetrVG nur als eine vorläufige durchgeführt werden kann und der Arbeitgeber gem. § 99 Abs. 4 BetrVG eine gerichtliche Ersetzung der Zustimmung beantragen kann mit der Folge, daß die negativen Auswirkungen des § 102 BetrVG eintreten[25].

Im Rahmen des § 92 Abs. 1 BetrVG hat der Arbeitgeber dem Betriebsrat gegenüber seiner Unterrichtungspflicht zu genügen durch eine rechtzeitige und umfassende Auskunft „an Hand von Unterlagen"[26] und hat er gleichfalls mit dem Betriebsrat über Art und Umfang der erforderlichen personellen Maßnahmen und über die Vermeidung von Härten zu beraten. Ob der Betriebsrat in diesen Fällen ein Recht auf Vorlage der Unterlagen zur Einsicht hat, ein Einsichtsrecht ohne Vorlagepflicht oder keine dieser Rechte, sondern nur ein Anspruch darauf besteht, daß die Personalplanungsunterlagen für den Arbeitgeber greifbar sind, um etwaigen Fragen des Betriebsrats in Zusammenhang mit der Unterrichtung erschöpfend beantworten zu können[26], ist nach wie vor

24 Wie hier Fitting-Auffarth-Kaiser, § 95 Anm. 1; Heinze, a.a.O., Rz. 56; Meisel, a.a.O., S. 63; anders Richardi, DB 1971/621 (630) und Hanau, DB 1969/1497 f.

25 S. unter Fn. 11.

26 Ob dem Betriebsrat ein Recht auf Vorlage der Unterlagen zur Einsicht – so Kraft, GK-BetrVG § 92 Anm. 25; Meisel, a.a.O., S. 65; Galperin-Löwisch, § 92 Anm. 13 b, § 106 Anm. 29; Hess-Schlochauer-Glaubitz, § 92 Anm. 26; Kraft, GK-BetrVG § 92 Anm. 25; Gnade-Kehrmann-Schneider-Blanke, § 92 Anm. 2; Brecht, § 92 Anm. 2; Stege-Weinspach, § 92 Anm. 15; Vogt, Sozialpläne in der betrieblichen Praxis, Köln 1981, S. 69, ders. in BB 1978/1125 ff. und BlStSozArbR 1979/193 ff.; ob der Betriebsrat nur ein Einsichtsrecht ohne eine Vorlagepflicht von den Unterlagen hat, so Dietz-Richardi § 92 Anm. 27; ebenso Rumpff, Mitbestimmung in wirtschaftlichen Angelegenheiten, S. 95 f.; wohl auch Fitting-Auffarth-Kaiser, § 92 Anm. 9; oder ob dem Betriebsrat die Personalplanungsunterlagen für den Arbeitgeber lediglich greifbar sein müssen, um etwaige Fragen des Betriebsrats erschöpfend beantworten zu können, so Peltzer, DB 1972/1164 f.; einen Anspruch auf Vorlage zur Einsicht bejaht Hetzel, a.a.O., S. 121.

umstritten. Eine Parallelregelung begegnet in § 106 Abs. 2 BetrVG im Rahmen der wirtschaftlichen Mitwirkung durch den Wirtschaftsausschuß, gem. der die Unterrichtung über die wirtschaftlichen Angelegenheiten „unter Vorlage der erforderlichen Unterlagen" zu erfolgen hat (vgl. ebenso § 99 Abs. 1 S. 1 BetrVG).

Ein Überlassungsanspruch im Hinblick auf Personalplanungsunterlagen wird im Schrifttum überwiegend abgelehnt[27]. Die vorhandenen Unterlagen sind dem Betriebsrat lediglich bekanntzugeben und zur Einsicht vorzulegen.

Die Unterrichtungs- und Beratungspflicht nach § 92 Abs. 1 BetrVG kommt allerdings nur in Betrieben zur Anwendung, in denen eine Personalplanung bereits durchgeführt wird. In den Betrieben, in denen eine solche Personalplanung bisher nicht besteht, kann der Betriebsrat gem. § 92 Abs. 2 BetrVG für deren Einführung und Durchführung lediglich Vorschläge machen, durchsetzen oder auch eventuell zwangsweise herbeiführen kann er diese jedoch nicht.

1. Zum Begriff und zum Inhalt der Personalplanung, seinen verschiedenen immanenten Arten und insbesondere der Personalfreisetzungsplanung

Zunächst stellt sich die Frage nach dem Begriff der Personalplanung und dem der Personalfreisetzungsplanung, deren Definition sich der Gesetzgeber in § 92 BetrVG enthält.

Das BetrVG erwähnt die Personalplanung außer in § 92 BetrVG noch in den §§ 96 Abs. 1 und 106 Abs. 2 BetrVG, § 96 Abs. 1 und verpflichten Arbeitgeber und Betriebsrat, im Rahmen der betrieblichen Personalplanung und in Zusammenarbeit mit den für die Berufsausbildung zuständigen Stellen die Berufsbildung zu fördern. Nach § 106 Abs. 2 BetrVG hat der Unternehmer den Wirtschaftsausschuß rechtzeitig und umfassend über die wirtschaftlichen

27 Ein Überlassungsanspruch im Hinblick auf Personalplanungsunterlagen wird im Schrifttum abgelehnt, so Dietz-Richardi, § 92 Anm. 27; Rumpff, Mitbest.-Gespr. 1972/163; GK-BetrVG § 92 Anm. 10; Rehhahn, AuR 1974/72; § 92 Abs. 1 S. 1 BetrVG ist zu § 80 Abs. 2 S. 1 BetrVG ein lex spezialis und findet letzterer hier keine Anwendung, ebenso Galperin-Löwisch, § 92 Anm. 13 b; Hess-Schlochauer-Glaubitz, § 92 Anm. 26; Kraft, GK-BetrVG § 92 Anm. 35; Hetzel, a.a.O., S. 126; a.A. Fitting-Auffarth-Kaiser, § 92 Anm. 13; Peltzer, DB 1972/1164; Schaub, ArbRH § 238 II; zu den Begriffen „zur Verfügung stellen" – „Einblick nehmen" – „einsehen" – „unter Vorlage von Unterlagen unterrichten" vgl. BAG vom 15.6.1976 – 1 ABR 116/74 –, BB 1976/1223, DB 1976/1773, vom 3.12.1981 – 6 ABR 8/80 –, BB 1982/653, vom 20.11.1984 – 1 ABR 64/82 –, zu § 106, BB 1985/917, DB 1985/924.

Angelegenheiten des Unternehmens „unter Vorlage der erforderlichen Unterlagen“ zu unterrichten und die sich daraus ergebenden Auswirkungen darzustellen.

Während die bisher zum Begriff der Personalplanung vorliegende Literatur fast unübersichtlich ist und im wesentlichen von der betriebswirtschaftlichen Seite aus erfolgte, blieb auch die betriebsverfassungsrechtliche Disziplin nicht untätig und versuchte, diesen Begriff von dieser Seite aus zu interpretieren und gesetzeskonform auszulegen. Überwiegend wird auch auf eine abstrakte Bestimmung des Begriffs der Personalplanung verzichtet und versucht man diesen Begriff in einzelne Teilplanungsbereiche aufzugliedern und vor allem in die beiden Planungselemente, nämlich die Personalbedarfs- und Personaldeckungsplanung, also die Ermittlung des gegenwärtigen und des künftigen Personalbedarfs. Zur Personalbedarfs- und -deckungsplanung gehören:

- die Personalbeschaffungsplanung
- die Personalentwicklungsplanung mit der Planung der Berufsbildung und der Nachwuchsförderung
- die Personalbedarfs- und Personalbestandsplanung und die
- Personalfreisetzungsplanung.

Am Anfang jeder Planung im personellen Bereich steht immer die Personalbedarfsplanung, die die benötigte Personanzahl anhand vorliegender Auftragslage usw. nach quantitativen, qualitativen, zeitlichen und örtlichen Gesichtspunkten ermittelt. Dies geschieht überwiegend mit Hilfe der Stellenplanung und der Erfassung der einzelnen Arbeitsplätze hinsichtlich ihrer Anforderungen usw. Nach Feststellung des jeweils benötigten Personalbedarfs hat eine Personaldeckungsplanung zu erfolgen, aus der sich alsdann eine Personalunterdeckung ergibt und zu einer Personalbeschaffung führt, und im negativen Sinne eine Personalüberdeckung, die zu vorübergehenden oder u.U. auch zu längerfristigen personellen Maßnahmen führt, also in diesen Fällen zu einer Personalfreisetzung bzw. einem Personalabbau.

Der Begriff „Personalfreisetzung“ oder auch „Personalfreisetzungsplanung“ ist ein allgemeiner und auf's engste verbunden mit den Begriffen „Personalbedarf“ bzw. „Personalbedarfsplanung“ im Sinne einer Sicherstellung desselben und einer laufenden Anpassung an die betrieblichen Gegebenheiten der Kapazitätsausnutzung, der Auftragslage, ihrer zukünftigen Beurteilung usw. Es geht hierbei also zunächst um die Sicherstellung des jeweils dringend benötigten Personals nach Quantität, Qualität, Zeitpunkt und Ort im Rahmen der gesamten Unternehmens- oder Absatzplanung, aber auch um eine laufende Anpassung und Abstimmung beider Bereiche, die sich allein auf dem personellen Sektor in Einstellungen, Ver- oder Umsetzungen, in Personalkostensenkungen, in Personaleinschränkungen oder -freistellungen mit und ohne Personalabbaumaßnahmen beziehen. Der Begriff „Personalfreisetzung" oder auch „Personalfreisetzungsplanung" ist demnach auf's engste verbunden mit dem Begriff der „Personalüberschüsse" oder des „Personalüberhanges" und der „Personalüberschußplanung" oder „Personalüberhangsplanung", die bei entsprechendem Produktionsrückgang oder bei entsprechender Kapazitätseinschränkung nicht mehr zielgerecht und produktiv eingesetzt werden können. Sie sind also meist die Folge von unerwarteten Absatz- und Produktionsrückgängen oder von Absatz- und Produktionsveränderungen[28]. Will die Personalfreisetzungsplanung möglichst Personalsituationen vermeiden, in denen für Arbeitnehmer Härten entstehen[29], so muß sie bei denjenigen Maßnahmen ansetzen, welche die Arbeitnehmer in der erwarteten Situation am wengisten hart treffen. Deshalb ergibt sich als Reihenfolge der Gegenstände der Personalfreisetzungsplanung etwa folgende:

- Abbau von Überstunden
- Änderung des Urlaubsplanes
- Einstellungssperre als Ausnutzung der natürlichen Fluktuation
- Kurzarbeit
- Einzelkündigung
- Massenentlassung.

Freisetzungen können unterschiedliche Ursachen haben. Schließt man einmal Fusionen, Betriebsverlagerungen, -einschränkungen, -stillegungen aus, so waren z.B. die Einführung neuer Technologien neben allgemeinen Absatzverlusten bis in die Gegenwart wichtigste Ursache der Personalfreisetzung[30]. Sie alle sind

---

28 Vgl. Friedrichs-Scherpf-Witte, Die Organisation des Personalwesens in einem modernen Unternehmen, Deutsche Gesellschaft für Personalführung e.V., Neuwied-Berlin 1973 S. 28 f.; Gragert, Das neue Betriebsverfassungsgesetz und die Personalpolitik, in: Management Script Bd. 2, 1973, S. 80 ff.; Hahn, in: Quelle 1972, S. 411; Hetzel, S. 84; Rumpff, Mitbest.-Gespr. 1972/94; Schneider, BlStSozArbR 1973/62 f.; Posth, Personal, 1975/116.

29 Gnade-Kehrmann-Schneider-Blanke, § 92 Anm. 5; Schneider, BlStSozArbR 1973/63.

30 Vgl. Gaugler, 1974, S. 209, 214; Habbel-Posth, 1975 Sp. 1457 f.; Drumm, 1979 Sp. 291; Drumm-Scholz, 1983, S. 146; Jakobs-Fuchs, München 1978/31; vgl. auch zu den Begriffen Personalüberschuß, Personalüberhang, Personalunterdeckung Meyer, Betriebliche Personalplanung – Grundlagen und Praxis, Wiesbaden 1968; s. auch Ulrich-Staerkle, Personalplanung, Köln 1965 S. 9; Müller-Bader, Konflikt und Leistung, München 1977; auch Bidlingmaier, Unternehmerische Zielkonflikte und Ansätze zu ihrer Lösung, ZfB 1968/149 ff.

ausnahmslos gerade im Laufe der letzten Jahre bei zunehmender Massenarbeitslosigkeit und einem Überangebot von Arbeitnehmern zu einem primären und schon fast beängstigendem Symptom unserer gesamten Volkswirtschaft geworden.

Personalfreisetzungen in ihren verschiedenen Formen sind in einer freien und sozialen Marktwirtschaft nicht zu vermeiden; sie gehören sozusagen als Grundelemente zu jeder Art freier und sozialer Marktwirtschaft und lösen stets konfliktäre Folgen aus[31].

Personaleinschränkungen durch einseitige Kündigungsmaßnahmen versucht zunächst jeder sozial eingestellte Arbeitgeber grundsätzlich innerbetrieblich durch technische oder oragnisatorische, durch gesellschaftsrechtliche oder kapitalmäßige Änderungen, durch Umstrukturierungen, durch Fusionen und dergleichen, aber auch durch mögliche Subventionsleistungen, aber auch durch bestimmte Arten verschiedener innerbetrieblicher Arbeitsstreckungsmaßnahmen wie z.B. durch Abbau von Überstunden, durch Freistellung von Fremdarbeitern, durch Einführung von Kurzarbeiten, durch Umsetzungen, durch Einstellungsstoppmaßnahmen, durch frühzeitigere Verrentungen, durch Aufforderungen zu frühzeitigerem Ausscheiden, durch vorübergehende Aussetzungen usw. aufzufangen. Erst dann, wenn sich diese verschiedenen Ausweich- oder Überbrückungsmaßnahmen als nicht ausreichend oder sogar als unzumutbar und schließlich Kündigungen als „Ultima-Ratio-Lösungen" als unumgänglich erweisen, hat eine besonders sorgfältige Auswahl unter den zu kündigenden Arbeitnehmern zu erfolgen, und zwar im Interesse jedes einzelnen Betriebes, um dessen Existenz und damit die Erhaltung anderer verbleibender Arbeitsplätze zu sichern.

Für jedes Unternehmen und jeden einzelnen Betrieb gleich welcher Größe und Branche ist es daher naheliegend, sich abzeichnende Einstellungsbedürfnisse ebenso wie Einsparungsnotwendigkeiten auch auf dem Personalsektor so frühzeitig zu erkennen und zu erfassen und alle möglichen Überlegungen und Planungen zur Bewältigung derartiger Situationen vor allem bei Einsparungsmaßnahmen eintretende soziale Härten vorauszuplanen. Gegenstand einer Personalfreisetzungsplanung ist demnach die Erfassung und Gestaltung kurz- oder längerfristiger Personalüberschüsse oder -überhänge und die Beherrschung sozialer Härtefolgen, so daß damit eine Personalfreisetzung nicht nur darauf abzielen muß, Personal zu entlassen[32] – Personalfreisetzung ist also keineswegs identisch mit Personalentlassung –, sondern alle sonstigen Milderungsmöglich-

31 S. unter Fn. 30, vor allem Müller-Bader.
32 Jakobs-Fuchs, a.a.O., S. 31.

keiten oder -maßnahmen in Erwägung zu ziehen, Entlassungen von Arbeitnehmern zunächst noch solange zu verhindern, bis sich diese Übergangsmaßnahmen als erschöpft und unzumutbar für den Betrieb erweisen. Das gilt vor allem in Großbetrieben, wenn eine große Anzahl von Arbeitnehmern oder ganze Betriebe von Maßnahmen dieser Art betroffen werden, wenn diese auch gegenüber vielen anderen Betrieben vielseitigere Ver- oder Umsetzungsmaßnahmen treffen können.

2. Personelle Planungsmaßnahmen als Gestaltungsmöglichkeiten eines Härteausgleichs

Gem. § 92 Abs. 1 S. 2 BetrVG hat der Arbeitgeber mit dem Betriebsrat über Art und Umfang der erforderlichen Maßnahmen i.S.d. S. 1 und über die Vermeidung von Härten zu beraten. Dieses Beratungsrecht erstreckt sich nicht auf die Personalplanung insgesamt, sondern nur auf gewisse Teilbereiche derselben. So wird z.B. überwiegend der Begriff der Personalplanung in zwei besondere Elemente aufgegliedert, und zwar in die Personalbedarfs- und Personaldeckungsplanung[33]. Zu der Personaldeckungsplanung werden gerechnet die

- Personalbeschaffungsplanung
- Personalentwicklungsplanung
  mit Berufsbildungsplanung und Planung der Nachwuchsförderung
- Personalfreisetzungsplanung u.a.

Das Beratungsrecht erstreckt sich aber nur auf die Personalbedarfs- und Personaldeckungsplanung[34], aus denen heraus Härten erwachsen können. Diese Beratungspflicht basiert zwar auf der Grundlage der Personalplanung schlechthin, sie bezieht sich aber auf Art und Umfang der sich daraus ergebenden erforderlichen Maßnahmen. Vordergründige Aufgabe des Betriebsrats im Rahmen der Beratungsrechte innerhalb der verschiedenen Personalplanungsbereiche wird es daher sein, für die Vermeidung von Härten zu sorgen und diese entweder überhaupt zu verhindern oder wenigstens so gering wie möglich zu halten. Im Vordergrund dieser Beratungspflichten steht demnach die soziale Absicherung

---

33 Vgl. Wächter, a.a.O., S. 18 ff. und in BFuP 1970/295 ff.; Wenzel, a.a.O., S. 16 und in: DB 1972/1737; Goosens, Personal 1962/41; ZfbF 1964/304 ff.; Hetzel, a.a.O., S. 46 ff.

34 Ähnlich Dietz-Richardi, § 92 Anm. 29 und 30; Galperin-Löwisch, § 92 Anm. 15; Hess-Schlochauer-Glaubitz, § 92 Anm. 29; Kraft, GK-BetrVG § 92 Anm. 28; a.A. Fitting-Auffarth-Kaiser, § 92 Anm. 5; Rumpff, Mitbest.-Gespr. 1972/164 und Mitbestimmung in wirtschaftlichen Angelegenheiten, 1977, S. 97.

der Arbeitnehmer, was insbesondere bei einem Personalabbau akut wird, aber auch bei Ver- oder Umsetzungen sowie bei Umgruppierungen von Arbeitnehmern. Hier geht es vordergründig darum, über Anpassungsmaßnahmen in derartigen Fällen zu beraten, zu denen z.B. Maßnahmen wie Einstellungsstoppmaßnahmen, Abbau von Überstunden und dergleichen, auch evtl. Auswahl eines beschränkten Personenkreises oder sozial besser gestellter Arbeitnehmer usw. zählen. Diese Beratung mit dem Betriebsrat ist allerdings nur dann möglich und erfolgversprechend, wenn sie auf einer lückenlosen Information über die Planung der Personalfreisetzung aufbauen kann; denn gerade die vorausschauende Personalfreisetzungsplanung ist besonders geeignet, Entlassungen und andere Härten durch rechtzeitig ergriffene mildere Maßnahmen abzufangen.

Soweit also eine Information und Beratung von Gegenständen der Personalfreisetzungsplanung nicht notwendige Bestandteile der sozialen Mitbestimmung nach § 87 Abs. 1 Ziff. 3 und 5 BetrVG sind, ist diese Personalfreisetzungsplanung dem Personalplanungsbegriff und dem Informationsrecht des Betriebsrats aus § 92 Abs. 1 S. 1 BetrVG zuzuordnen.

3. Auswahlrichtlinien als Gestaltungsmittel eines Interessenausgleichs

Die Gründe für eine eintretende Personalüberdeckung oder eines Personalüberhanges und damit Anlaß für eine Personalfreisetzungsplanung sind nun verschiedener Art. Sie resultieren im allgemeinen aus rein wirtschaftlichen Gegebenheiten, also aus Gründen außerbetrieblicher Art, wie z.B. aus konjunkturellen Schwankungen, technologischem Wandel usw. Ihre Ursachen können aber auch rein innerbetrieblicher Natur sein, wie z.B. ein Arbeitgeber gibt seinen Betrieb durch Verkauf, Verpachtung, oder aus anderen Gründen gänzlich auf oder er stellt ihn ein[35]. Auf alle diese etwa eintretenden Gegebenheiten kann jedenfalls der Betriebsrat ohnehin keinen entscheidenden Einfluß etwa in der Art nehmen, die daraus entstehenden sozialen Härten grundsätzlich zu unterlassen und zu vermeiden, wie z.B. auf die Planung von Rationalisierungs- und Automatisierungsmaßnahmen, auf Betriebseinschränkungen, -stillegungen und Änderungen des Betriebszwecks (z.B. Umstrukturierungsmaßnahmen usw.) zu verzichten. Diese Maßnahmen bewegen sich im wirtschaftlichen Mitwirkungsbereich des Betriebsrats gem. den Regelungen in den §§ 106 – 113 BetrVG und erwachsen hieraus die entsprechenden Einsatzmöglichkeiten und Forderungen des Betriebsrats zu einem Interessenausgleich und ggf. zu einem

35 S. Vogt, DB 1974/237 ff. und in: Sozialpläne in der betrieblichen Praxis, Köln 1981, S. 29 ff., m.w.N.

Sozialplan, die auch zur Erreichung gewisser Milderungs- oder gar Ausgleichsleistungen führen. Sie setzen auch entsprechende informative und beratende Pflichten des Unternehmers gegenüber Wirtschaftsausschuß und Betriebsrat voraus, eine zusätzliche Informationspflicht hierüber im Rahmen des § 92 Abs. 1 S. 1 BetrVG scheidet jedoch aus, da diese Bereiche selbst keine Personalplanung i.S.d. § 92 BetrVG darstellen, sondern eine Personal-Freisetzungs-Planung erst auslösen[36].

Aus denjenigen Maßnahmen, welche auf den wirtschaftlichen Gegebenheiten und Daten aufbauend auch Gegenstand einer Personal-Freisetzungs-Planung selbst sind, ordnet das BetrVG zunächst einen Teil den sozialen Angelegenheiten i.S.d. § 87 BetrVG zu, so vor allem Anordnung und Abbau von Überstunden, Änderung von Urlaubsgrundsätzen und -plänen, Kurzarbeiten und dergleichen Maßnahmen dieser Art sind also gleichfalls keine Probleme einer Personalplanung einschließlich seiner verschiedenen Modifikationen i.S.d. § 92 Abs. 1 Ziff. 3 und 5 BetrVG.

Schließlich haben Arbeitgeber und Betriebsrat nach § 92 Abs. 1 S. 2 BetrVG über die Vermeidung von Härten zu beraten, die bei einer personellen Maßnahme aufgrund der Personalplanung eintreten können. Gerade hier zeigt sich so z.B. eine gründliche und umfassende Personalfreisetzungsplanung als geeignet, Entlassungen und andere eintretende Härten durch mildere Maßnahmen frühzeitig abzufangen und die sozialen Folgen für die Arbeitnehmer möglichst gering zu halten[37]. Es geht hier also um einen Härte- oder besser gesagt um einen Interessenausgleich, der gleichfalls eine unmittelbare Parallele mit einem Interessenausgleich i.S.d. § 112 BetrVG enthält. Dieser Interessenausgleich betrifft alle Fragen geplanter Betriebsänderungen i.S.d. § 111 BetrVG, wozu auch Massenentlassungen in einem bestimmten Umfang zählen[38]. Wenn so z.B. der Betriebsrat mit einer seitens des Unternehmers geplanten Betriebsänderung nicht einverstanden ist, haben beide zunächst über einen Interessenausgleich im Geiste einer vertrauensvollen Zusammenarbeit (§ 74 Abs. 1 BetrVG) zu verhandeln. Bei diesen Verhandlungen soll eine Klärung über die Bestimmung des Zeitpunktes, also des „Wann“, der Modalitäten, also des „Wie“ und der Auswahlkriterien der infolge der Betriebsänderung notwendig

36 S. Hetzel, Die Beteiligung des Betriebsrats an der Personalplanung, in: HBV, Heft 4, Gruppe 5, S. 423, Freiburg 1983.

37 Vgl. hierzu RKW-Handb. Teil IV mit Hinweisen und Planungsmethoden; so auch Fitting-Auffarth-Kaiser, § 92 Anm. 7 a.

38 S. Vogt, BB 1985/1141 ff. und 2328 ff., ders. in: Personal, Heft 5/1986, S. 208 ff.

werdenden Kündigungen, also des „Ob“[39] erzielt werden. Dabei obliegt es vor allem dem Betriebsrat, die wirtschaftlichen und sozialen Interessen der Belegschaft oder erheblicher Teile derselben, denen bei Durchführung der geplanten betriebsändernden Maßnahmen Nachteile drohen, gegenüber dem Unternehmer zu vertreten und für einen Ausgleich der unterschiedlichen Interessen zu sorgen. Dieser Ausgleichsversuch des Betriebsrats wird i.a.R. zu einem Sozialplan[40] führen, der wirklich eintretende wirtschaftliche Nachteile für die Arbeitnehmer ausgleichen soll. Während dieser Sozialplan im Falle einer nicht zu erzielenden Einigung durch einen verbindlich geltenden Spruch der Einigungsstelle zwangsweise herbeigeführt werden kann (§ 112 Abs. 4 BetrVG), scheidet eine solche Möglichkeit bei einem Interessenausgleich aus. Dagegen ist aber der Unternehmer zwecks vollständiger Ausschöpfung aller Einigungsmöglichkeiten, um zu einem Interessenausgleich zu kommen, zur Vermeidung evtl. Nachteilsausgleichsverpflichtungen gem. § 113 Abs. 3 BetrVG verpflichtet, den Versuch eines Interessenausgleichs bis zur Einigungsstelle als letzter Vermittlungsinstanz fortzusetzen[41].

Inhalt eines Interessenausgleichs i.S.d. § 112 BetrVG kann alles sein, was nicht dem Sozialplan zugeordnet ist. Dazu gehören auch die wegen einer geplanten Betriebsänderung erforderlichen Einzelmaßnahmen, also auch die Bestimmung des Zeitpunktes, der Modalitäten und der Auswahlkriterien der infolge der Betriebsänderung notwendig werdenden Um-, Versetzungen und Kündigungen[42]. Gegenstand dieses Interessenausgleichs ist also die seitens des Unternehmers geplante betriebsändernde Maßnahme selbst und damit auch der Inhalt dieser unternehmerischen Entscheidung. Es soll also zur Diskussion stehen, ob die geplante betriebsändernde Maßnahme tatsächlich auch so durchgeführt werden soll und welche Modifizierungen möglich sind, um den Interessen der betroffenen Arbeitnehmer Rechnung zu tragen. Eine Verhinderung dieser Maßnahmen ist dem Betriebsrat dagegen nicht möglich und kann er die geplanten Maßnahmen lediglich durch materielle Forderungen im Rahmen des Sozialplanes erschweren. Der Interessenausgleich kann sich aber auch auf die zukünftige Personalplanung und auf die Vornahme der als Folge der Betriebsänderung notwendigen personalen Einzelentscheidungen erstrecken.

---

39 S. Vogt, Sozialpläne in der betrieblichen Praxis, Köln 1981, S. 71 f.; Fitting-Auffarth-Kaiser, § 112 Anm. 4; Galperin-Löwisch, § 112 Anm. 2.

40 Fitting-Auffarth-Kaiser, § 112 Anm. 13 ff.; Galperin-Löwisch, § 112 Anm. 17 ff.; Vogt, a.a.O. (unter Fn.39), S. 72 ff.

41 BAG vom 18.12.1984 – 1 AZR 176/82 –, BB 1985/55 und 1394, DB 1985/1293.

42 Hess-Schlochauer-Glaubitz, § 95 Anm. 7, § 112 Anm. 16 f.

Sowohl der Interessenausgleich zur Vermeidung von Härten i.S.d. § 92 Abs. 1 S. 2 BetrVG bei dem Abbau von Personalüberhängen als auch die Gestaltungsmöglichkeiten von Auswahlrichtlinien i.S.d. § 95 BetrVG und der Interessenausgleich i.S.d. § 112 BetrVG im wirtschaftlichen Mitwirkungsbereich des Betriebsrats greifen stets ineinander und können nicht isoliert betrachtet werden. Sie sind besonders geeignet, die betrieblichen und sozialen Probleme im Rahmen einer Vorausschau so zu regeln, daß möglichst keine Härten eintreten. Sie können allerdings die Probleme des jeden Arbeitnehmer stets ausgesetzten Arbeitsplatzrisikos und des jeden Unternehmer treffenden Unternehmensrisiko bei z.B. plötzlich eintretenden strukturellen Änderungen oder bei konjunkturellen Einbrüchen keineswegs beseitigen, wohl können sie geeignete Grundlagen dafür schaffen, den Betriebsrat und vor allem die betroffenen Arbeitnehmer von der Notwendigkeit auch personeller Schrumpfungsmaßnahmen besser zu überzeugen, die ansonsten zahlreiche Gespräche und Verhandlungen auch gepaart mit Emotionen und Störaktionen ausgelöst hätten.

Auswahlrichtlinien sind also nichts anderes als Entscheidungshilfen oder Instrumentarien, die dazu beitragen sollen, die personellen Einzelmaßnahmen wie vor allem Einstellungen, Versetzungen, Umgruppierungen und Kündigungen mehr oder weniger zu versachlichen und allen Beteiligten auch verständlicher zu machen.

Um dieses Ziel zu erreichen, ist es daher geboten, gerade derartige Personalfreisetzungen, ob mit oder ohne Entlassungen verbunden, intensiv vorzubereiten; desto leichter fällt schließlich auch die Entscheidung über die Qualität, über die Quantität und über den Zeitpunkt und Umfang des evtl. abzubauenden Personenkreises, der in erster Linie vom Anlaß des bestehenden und/oder zu erwartenden Personalüberhanges (saisonale Schwankungen, horizontale branchenstrukturelle Absatz-, Produktionsrückgänge, Rationalisierungsmaßnahmen, Konzentrationen, Fusionen usw.), von der vermuteten Dauer und von dem Umstand derartiger Entscheidungen abhängig ist. Daraus ließen sich unterschiedliche Abbauaktionen in einzelnen Betriebsbereichen ableiten, ob diese z.B.:

– im produktiven Bereich
– in unproduktiven Sektoren
  oder
– in der Verwaltung

erfolgen sollen[43].

43 So Posth, in: Personal 1975, S. 114 ff. (115).

Will darüber hinaus z.B. eine Personalfreisetzungs-Planung evtl. eintretende Härten für Arbeitnehmer vermeiden oder gar mildern helfen, muß sie im Rahmen eines gebotenen Personalabbaus bei den Maßnahmen ansetzen, die die Arbeitnehmer in der erwarteten Situation am wenigsten hart treffen. Auch daraus ergibt sich eine gewisse Reihenfolge in der Verhinderung bzw. Milderung entstehender Härten wie z.B.:

– Ausschöpfung aller nur möglichen und vertretbaren Arten von Arbeitsstreckungsmaßnahmen
– alsdann zuerst Einzelkündigungen
  und schließlich
– Massenentlassungen.

Zu einer Personalfreisetzungs-Planung gehört ferner die Planung von Freisetzungs-Richtlinien, insbesondere von Versetzungs- und Kündigungsrichtlinien. Außerdem gehört zu ihr die Gestaltung und Festlegung eines Interessenausgleichs oder auch eines Sozialplanes, die als Milderungs- oder Ausgleichselemente mit jeder Freisetzung verbunden sind.

Allerdings sind die Mitwirkungsbefugnisse des Betriebsrats auf der Ebene und in der Form von Informations-, Beratungs-, Anhörungs- und Vorschlagsrechten i.S.d. §§ 92, 95, 99, 112 BetrVG insgesamt so schwach ausgestaltet, daß ein effektiver Schutz für die Arbeitnehmer und auch für den Betriebsrat daraus allein nicht erwachsen kann. Es verwundert daher auch nicht und mag auch ein wenig erklärbar sein, daß z.B. vor allem die §§ 92 und 95 BetrVG durch die §§ 111 ff. BetrVG etwas in den Hintergrund getreten sind, wie vielfach behauptet wird[44]. Wenn sich diese These als richtig erweisen sollte, hat zu einem großen Teil auch hierzu die Rechtsprechung erheblich beigetragen durch eine teilweise weitgehende Ausdehnung gewisser gesetzlicher Begriffe wie Betriebsänderungen usw. Nicht minder haben aber dazu auch beigetragen die Arbeitgeber selbst dadurch, daß sie durch Animierung zu frühzeitigerem Ausscheiden aus dem Betriebe durch lukrative Angebote im Rahmen von gegenseitigen Aufhebungsverträgen, durch enorme Zahlungen von Abfindungen, durch frühzeitige Verrentungen, Inanspruchnahme der Vorruhestandsregelung durch erhebliche Reduzierungen der ansonsten bestehenden Lebensjahre von 60, 63 und 65 Jahren bis zu 55 Lebensjahren und darunter als Ausscheidungsdaten angeboten haben. Die Ausnutzung der natürlichen Fluktuationserschei-

44 S. Wiesner, H.: Personalplanung – eine Herausforderung unserer Zeit, in: Personal 1983/126 – 129; auch Mag, W.: Hemmnisse und Fortschritte bei der Entwicklung der Personalplanung in der Bundesrepublik Deutschland, in: ZfbF 37 (1/185), S. 3 ff.

nungen taten ein übriges. Diese Beendigungstatbestände in ihren verschiedenen Formen sind in den letzten Jahren mehr und mehr die dominierenden Bereiche personeller Veränderungen geworden. Trotz aller dieser Erscheinungen haben aber die Personalplanung im Vorraum der Auswahlrichtlinien und auch die Auswahlrichtlinien selbst m.E. keineswegs an Bedeutung verloren, sie dürften vielmehr in Zukunft noch an Bedeutung gewinnen[45]. Ihre Schwerpunkte mögen sich vielleicht ein wenig verlagern, indem sie zunehmend mehr und mehr existenzsicherndere und beruhigendere Instrumente für Unternehmen und Betriebsräte werden können.

VII. Allgemeine Grundsätze und -regeln in vorliegenden Hinweisen und Mustern von Betriebsvereinbarungen zur Gestaltung von Auswahlrichtlinien i.S.d. § 95 BetrVG

Während eine Unzahl von Hinweisen und Mustern an Auswahlrichtlinien mit ausführlichen Kommentierungen für Einstellungen, Umgruppierungen, Versetzungen und Kündigungen seitens verschiedener Interessengruppen mit unterschiedlichen Zielvorstellungen, aber auch von Arbeitsrechtlern bestehen, die Anregungen und Hilfestellung zu einer praxisnahen und zielentsprechenden Verwirklichung gegeben haben, sind diese teilweise weit ausgeprägt formuliert. Sie lassen aber auch verständlicherweise unterschiedliche Grundauffassungen erkennen, teilweise decken sie sich weitgehend und lassen in ihrer jahrelangen Entwicklung auch eine gewisse Anpassung an betriebliche Erfahrungen und Rechtsprechung erkennen, so daß manche ältere Formulierungsvorschläge sich inzwischen als rechtlich nicht mehr haltbar erweisen. Das verleiht ihnen jedoch keine Schmälerung in ihrer Bedeutung.

Alle vorliegenden Muster und Hinweise enthalten zunächst ausnahmslos gewisse allgemein geltende materiell-rechtliche Grundsätze über Auswahlgesichtspunkte bei allen personellen und zustimmungspflichtigen Einzelmaßnahmen, teilweise auch gewisse verfahrensmäßige formelle Regelungen wie z.B. über Personalkompetenzen, vor allem über detaillierte Vorschläge speziell getrennt nach den jeweiligen Besonderheiten bei Einstellungen, Umgruppierungen und trennt bei Versetzungen und insbesondere bei Kündigungen im allgemeinen zwischen personen-, verhaltensbedingten und betriebsbedingten Umständen. Hierzu zählen auch Regelungen zur Beilegung von Meinungs-

45 S. Wiesner, a.a.O., s. unter Fn. 44.

verschiedenheiten über die Auslegung und Anwendung von Richtlinien durch die Einigungsstelle, Vereinbarungen über Kündigungsmöglichkeiten und -fristen derselben. In einigen Mustern von Arbeitsrechtlern begegnen Vorschläge über Verbindungen und Zusammenhänge von Regelungen eines Interessenausgleichs i.S.d. §§ 111, 112 BetrVG und den Auswahlrichtlinien des § 95 BetrVG, aber auch gewisse soziale Auswahlindikatoren mit den entsprechenden Bewertungsfaktoren.

So werden z.B. bei den Vorschlägen seitens der Arbeitgeberverbände und einzelner ihnen nahestehender Kommentatoren zum BetrVG Anregungen und Hinweise zu einer personellen Auswahl bei Einstellungen, Versetzungen, Umgruppierungen und vor allem schwerpunktmäßig bei Kündigungen gegeben, die fachliche und persönliche Voraussetzungen und ebenso soziale Gesichtspunkte enthalten. So gelten z.B. gewisse Auswahlkriterien wie äußerer Eindruck, Gewandtheit, Anpassungsfähigkeit, Mobilität, Kreativität, gesundheitliche Eignung usw. als Mittel zur Feststellung von Eignung vor allem bei Einstellungen und Versetzungen. Soziale Gesichtspunkte wie Alter, Betriebszugehörigkeit, unterhaltsberechtigte Personen, Familienstand, Gesundheitszustand usw. werden dagegen fast ausschließlich bei Kündigungen in Anwendung gebracht, und zwar beziehen sich diese im wesentlichen auf Kündigungen betriebsbedingter Art.

Während sich die Hinweise bei Kammann-Hess-Schlochauer[46] fast vollständig mit den in den Arbeitsunterlagen enthaltenen Richtlinien der hessischen Arbeitgeberverbände[47] weitgehend decken, weisen die vom Gesamtverband der metallindustriellen Arbeitgeberverbände e.V. durch internes Rundschreiben herausgegebenen Muster von Auswahlrichtlinien vom 10.1.1973 vor allem bei Einstellungen von Auszubildenden auf ihre Geeignetheit zu einer bestimmten Berufsausbildung hin und auf die Beschäftigung ausländischer Arbeitnehmer bereits bezüglich ihrer Anwerbungsmaßnahmen hin. Stege-Weinspach[48] setzen sich ausführlicher mit den Kündigungsrichtlinien auseinander. Hier wird zunächst der Kreis der in eine soziale Auswahl einzubeziehender Arbeitnehmer unter den Gesichtspunkten der Gleichartigkeit und Austauschbarkeit herausgestellt. Aus diesem Kreis hat alsdann eine soziale Auswahl zu erfolgen zunächst nach dem Grad der Härte der jeden Arbeitnehmer treffenden Kündigung, wobei alle maßgebenden Umstände zu berücksichtigen sind, die dem Arbeitgeber entweder

46 S. Kammann-Hess-Schlochauer, 1979, Anhang 21.
47 S. unter Fn. 1.
48 S. unter Fn. 1.

bekannt oder ihm durch den Arbeitnehmer oder den Betriebsrat vor Ausspruch der Kündigung bekanntgegeben worden sind. Dazu gehören insbesondere die Dauer der Betriebszugehörigkeit, das Lebensalter, der Familienstand und die Zahl der unterhaltsberechtigten Kinder und Angehörigen.

Die von Gewerkschaftsseite ausgearbeiteten Vereinbarungsmuster und auch die teilweise von den mit ihnen sympathisierenden Arbeitsrechtlern entwickelten Muster beteiligen den Betriebsrat gleichberechtigt und voll verantwortlich an allen Auswahlentscheidungen, sogar bei allen personellen Einzelmaßnahmen. So hat z.B. als erste die IG-Chemie-Papier-Keramik[49] – analog ebenso die IG-Bergbau und Energie – ein Muster einer Betriebsvereinbarung über Auswahlrichtlinien bereits im Jahre 1972 herausgegeben, das sie Anfang 1973 neu überarbeitet, teilweise vervollständigt und ergänzt hat, das sie aber auch insgesamt stärker gestrafft und auch für kleinere Betriebe brauchbarer gestaltet hat[50]. Infolge der frühzeitigen Initiative dieser Gewerkschaft gebührt ihr Anerkennung für ihre Bemühungen, den Gedanken der Auswahlrichtlinien stärker in den Vordergrund zu schieben. Die von ihr erarbeiteten ersten Muster haben auch zu einer ersten praktischen Verwirklichung bei der Firma Rosenthal AG, Selb[51] seiner Zeit geführt und ebenfalls auf weitere Betriebsvereinbarungen aus jener Zeit einen entscheidenden Einfluß ausgeübt.

Eine weitere gewerkschaftsseitige Veröffentlichung eines ausgiebig erarbeiteten Musters einer Betriebsvereinbarung über Auswahlrichtlinien gem. § 95 BetrVG erfolgte seitens der IG-Metall offensichtlich Anfang des Jahres 1972 (ein Datum wird nicht angegeben), das gleichfalls erhebliche Auswirkungen auf die Praxis ausgeübt haben dürfte. Eine weitere Veröffentlichung eines solchen Musters von Auswahlrichtlinien erfolgte von Mohr[52] im Jahre 1977 und nach längerer Zeit stellte erneut die IG-Metall[53] im Jahre 1984 im Auftrage des Vorstandes ein ausgiebig erarbeitetes Muster einer Betriebsvereinbarung über Auswahlrichtlinien i.S.d. § 95 BetrVG ihren Mitgliedern und vor allem den Betriebsräten zur praktischen Anwendung in den Betrieben zur Verfügung. Getrennt von diesem Muster speziell für Auswahlrichtlinien wurde eine eigene Mustervereinbarung seitens der gleichen Gewerkschaft herausgegeben, die sich ausschließlich mit dem Problem der Mitbestimmung der Betriebsräte bei Kündigungen auseinandersetzt.

---

49 S. unter Fn. 1.
50 S. unter Fn. 1.
51 In: Der Betriebsrat, 1974, S. 187 ff.
52 S. unter Fn. 1.
53 S. unter Fn. 1.

Auf arbeitsrechtlichem Gebiet sind u.a. die Muster von Auswahlrichtlinien i.S.d. § 95 BetrVG speziell bei Einstellungen, Versetzungen, Umgruppierungen und Kündigungen ausgearbeitet worden, die auch zum Teil kombiniert wurden mit dem Muster eines Interessenausgleichs i.S.d. § 112 BetrVG von Schaub[54] und Hunold[55]. Diese letzteren sind besonders erwähnenswert, weil sie versuchen, einen gewissen ausgewogeneren und auch rechtlich haltbareren Weg zum Abschluß derartiger Vereinbarungen in den Betrieben einzuschlagen.

VIII. Analyse von bestehenden Auswahlrichtlinien in Anwendungsbeispielen aus der Betriebspraxis

1. Die unterschiedlichsten Inhaltsbestandteile der gem. § 95 BetrVG 1972 zuerst praktizierten Auswahlrichtlinien

Das Anfang des Jahres 1972 neugestaltete BetrVG griff den bereits vom BRG vom 4.2.1920 geprägten Begriff der „Richtlinien" (§ 78 Ziff. 8) wieder auf, gab ihm allerdings einen wesentlich anders geprägten Inhalt, indem gem. § 95 BetrVG 1972 Richtlinien über die personelle Auswahl bei Einstellungen, Versetzungen, Umgruppierungen und Kündigungen der Zustimmung des Betriebsrats bedurften. Unter der Geltung des § 95 BetrVG 1972 wurden die ersten schriftlich abgefaßten Auswahlrichtlinien in der Automobilindustrie bereits Ende des Jahres 1972 und Anfang 1973 bekannt. Sie vereinbarten offensichtlich als erste die Ford-Werke AG, in Köln[56] mit ihren Gesamtbetriebsräten Richtlinien, die sich einmal auf die Auswahl bei Versetzungen und Umgruppierungen und getrennt davon auf die Auswahl bei Kündigungen bezogen. Es wurde also nicht nach Arbeitnehmerkategorien speziell getrennt, sondern eine Aufteilung erfolgte nur nach den entsprechenden personellen Entscheidungen. Diese Richtlinien beschränkten sich vor allem bei Versetzungen und Umgruppierungen auf gewisse fachliche, persönliche und auch soziale Absicherungen bei jedem Arbeitsplatzwechsel, ob mit höherer-, geringerer- oder gleichwertiger Einstufung verbunden. Erschöpfen sich diese Versetzungsmöglichkeiten innerhalb des Betriebes, so erfolgt eine Auswahl gem. den Richtlinien zur Auswahl bei „Entlassungen", die sich verstärkt um einen besonderen Kündigungsschutz bemühten. Sie setzen sich zunächst mit der Erfassung des

54 S. unter Fn. 1.
55 S. unter Fn. 1.
56 In: Jakobs-Fuchs, a.a.O., Anhang XIII f. und XV – XVII.

Kreises zu kündigender Arbeitnehmer auseinander und fassen alle Arbeitnehmer, deren Arbeitsplätze entfallen, zu „Auswahlgruppen"[57] zusammen, die evtl. einen Arbeitsplatzaustausch erlaubten und in die soziale Auswahl einbezogen wurden. Dabei wurde einmal auf die Aufgabenstellung, die Verantwortung und die sonstigen Arbeitsbedingungen abgestellt, die einen Austausch von Arbeitnehmern erlaubten und die daher auf freie Arbeitsplätze versetzt werden konnten. Bei diesen Arbeitnehmern erfolgte sodann eine soziale Auswahl gem. den speziellen Richtlinien über die Auswahl bei „Versetzungen und Umgruppierungen" mit der Maßgabe, daß Mitarbeiter mit einer hohen Punktezahl vorrangig zu berücksichtigen sind. Von Einstellungsrichtlinien ist nicht die Rede, desgleichen auch nicht von Eingruppierungsrichtlinien. Zu den Auswahlkriterien bei Entlassungen von Mitarbeitern einer Auswahlgruppe werden folgende Voraussetzungen gezählt:

– Betriebszugehörigkeit	jeweils mit Punkten bewertet
– Alter	wie auch
– Familienstand	bei Versetzungen

Zu den fachlichen Voraussetzungen zählen Berufserfahrung, besondere Fachkenntnisse und der Nachweis der fachlichen Qualifikation. Betriebliche Interessen, die eine Weiterbeschäftigung gewisser Arbeitnehmer durch betriebstechnische, wirtschaftliche oder sonstige berechtigte betriebliche Erfordernisse bedingt sind, erhalten eine vorrangige Bewertung.

In der Richtlinie eines anderen Automobilwerkes, der AUDI-NSU-AUTO-UNION[58], die eine starke Verwandtschaft zu dem des zuerst genannten Automobilwerkes aufweist, sind zunächst fachliche und persönliche Voraussetzun-

57 Diesem Begriff vorausgehend: „Berufsgruppen", so Kunkel, BB 1952/379 f., Hörnig, BlStSozArbR 1955/283 ff. (284); Habbel-Posth, in: Handwörterbuch des Personalwesens (hrsg. von Gaugler) unter „Personalabbau", 1975, S. 1456 (1466) prägen den Begriff „Arbeitsgruppe"; Müller, DB 1956/965 formuliert: In Betrieben mit hoher Belegschaft wird der Kreis der einander auszuwählenden Arbeitnehmer i.d.R. nicht über die einzelnen Betriebsabteilungen hinausgehen. Ist in der Betriebsabteilung selbst eine sehr große Zahl von Arbeitnehmern tätig, kann sogar ein kleinerer Bereich als die Betriebsabteilung in Frage kommen. Nur so kann ggf. der Forderung Genüge geschehen, daß die Auswahl sich nur auf solche Arbeitnehmer erstrecken darf, die ihre Arbeit „in Nachbarschaft zueinander" verrichten. Ähnlich formuliert Monjau, RdA 1959/8 ff. (10): . . . in Großbetrieben ist eine Vergleichbarkeit nur innerhalb der „Nachbarschaft" möglich. Nach Becker-Schaffner, BlStSozArbR 1975/97 ff. (100) ist eine Abwägung nur unter Arbeitnehmern derselben „Berufsgruppen" vorzunehmen. Begriffe wie „Arbeitsgruppen" oder „Berufs- und Beschäftigungsgruppen" besagen gleiches.

58 Veröffentlicht in: Jakobs-Fuchs, a.a.O., Anlage XV – XVIII.

gen und soziale Gesichtspunkte bei Kündigungen gleichberechtigt zu berücksichtigen. Ausgenommen hiervon bleiben jedoch die Belegschaftsmitglieder, deren Weiterbeschäftigung sich aus betriebstechnischen, wirtschaftlichen oder sonstigen berechtigten betrieblichen Bedürfnissen als notwendig erweisen. Als Auswahlkriterien werden Alter, Betriebszugehörigkeit, Familienstand, Ausbildung, Verstöße gegen die Arbeitsordnung und unentschuldigte Fehltage innerhalb der letzten zwei Jahre sowie Doppel- und Mehrfachverdienste und Pfändungen mit jeweils Plus- und Minus-Punkten bewertet.

Diese zuerst in der Automobilindustrie seiner Zeit vereinbarten Auswahlrichtlinien i.S.d. § 95 BetrVG verloren jedoch in einer unverhältnismäßig sehr kurzen Zeit ihre Aktualität und wurden sehr bald nicht mehr angewandt, sondern mehr und mehr entsprechend den jeweiligen betrieblichen Gegebenheiten, ob im produktiven oder unproduktiven, in bestimmten Betriebsbereichen oder -abteilungen, innerhalb bestimmter Arbeitnehmerkreise vor allem nach Jahrgängen usw. von lukrativen Angeboten zu einem freiwilligen Ausscheiden abgelöst. So frühzeitig also diese Werke von den innerbetrieblich vereinbarten Möglichkeiten des Aushandelns von Auswahlrichtlinien Gebrauch gemacht haben, so frühzeitig haben sie sich gleichfalls wiederum von diesen Möglichkeiten getrennt durch andere Methoden freiwilligen Ausscheidens unter Zahlung erheblicher Abfindungsleistungen.

Eine aus dem Jahre 1974[59] resultierende weitere Betriebsvereinbarung enthält Regelungen über Einstellungen, Versetzungen, Umgruppierungen und Kündigungen für den ganzen Konzern einschließlich Auslandsvertretungen. Diese halten sich sehr eng an die beiden von der IG-Chemie-Papier-Keramik entwickelten Auswahlmuster und die entsprechenden kommentierenden Hinweise von Rehhahn, unter stärkerer Betonung der betrieblichen Gegebenheiten. Letztere Anfang 1973 herausgegebenen Muster wurden gegenüber den aus dem Jahre zuvor (1972) erstellten Muster stärker gestrafft und auch mehr auf kleinere Betriebe abgestellt. In diesem neueren Entwurf wurde so u.a. das Auswahlverfahren für die Einstellung der Auszubildenden vereinfacht, die Regelung bei der Einstellung ausländischer Arbeitnehmer durch eine stärkere Beteiligung des Betriebsrats ausgeweitet, der Komplex der Anwerbung ausländischer Arbeitnehmer im Ausland wesentlich eingeschränkt. Auch diese Neuerungen fanden Eingang in die vorbezeichneten Auswahlrichtlinien der Firma Rosenthal AG; sie fanden aber auch gewisse Änderungen aufgrund der inzwischen gewonnenen eigenen Erfahrungen, wie z.B. die Mitbestimmung des Betriebsrats bei Verset-

59 S. unter Fn. 1.

zungen von Arbeitnehmern innerhalb der Rosenthal-Gruppe, die Auszubildenden wurden nach erfolgreichem Abschluß ihrer Ausbildung in ein Arbeitsverhältnis übernommen. Weiter wurde vereinbart, daß alle Personalentscheidungen einvernehmlich mit den einzelnen Betriebsräten zu treffen sind und bei Meinungsverschiedenheiten eine Einigungsstelle entscheidet. Zur Erleichterung der Personalentscheidungen sind in diese Richtlinien auch Verfahrensregeln aufgenommen worden.

Zu den schon Anfang der 70er Jahre für Personalplanungs- und insbesondere für Auswahlrichtlinien aufgeschlossenen Unternehmen gehört auch die Deutsche Lufthansa AG in Köln. Hier erfolgte der Abschluß einer Betriebsvereinbarung über allgemeine Auswahlrichtlinien in Ausfüllung des § 95 BetrVG und des § 12 Schwerbehindertengesetz auf der Basis einer vorhergehenden Betriebsvereinbarung über eine Zusammenarbeit vom 18.4.1973 für ihr Bodenpersonal unter dem 27.4.1973. Sie betrifft Richtlinien für Einstellungen, Versetzungen, Umgruppierungen und Kündigungen, die bei Einstellungen und Versetzungen gewisse Ausnahmefälle festlegten, wie z.B. bei kurzfristigen oder vorübergehenden Vertretungen oder Einsätzen an wechselnden Arbeitsplätzen, bei berufsfördernden Versetzungen usw. Bei Neueinstellungen werden die Richtlinien nach vier Personengruppen differenziert angewandt, und zwar nach dem jeweiligen Grad der beruflichen Vorbildung und den entsprechenden Anforderungen. Bei Versetzungen werden die Auswahlrichtlinien unterschiedlich nach dem Förderungsprinzip nach drei Personengruppen differenziert angewandt, nach höher- und gleichdotierten oder niedriger dotierten Arbeitsplätzen. Bei Kündigungen werden diese Richtlinien nur bei betriebsbedingten Kündigungen angewandt. Ihre Auswahl erfolgt nach folgenden sozialen Kriterien:

– Alter
– wirtschaftliche und familiäre Situation
– Dauer der Betriebszugehörigkeit
– Erwerbsbeschränkungen.

Dieser Betriebsvereinbarung über die allgemeinen Auswahlrichtlinien folgte eine spezielle Auswahlrichtlinie für Mitarbeiter in „Verkauf und Verkehr“ der Außenorganisation Deutschland unter dem 3.4.1975 bei Einstellungen und Versetzungen, die im wesentlichen die fachlichen und persönlichen Anforderungen der einzelnen Tätigkeiten festlegen.

Aus dieser Zeit resultieren ansonsten eine Reihe weiterer existenter Auswahlrichtlinien, allerdings im wesentlichen in Großbetrieben bzw. Unternehmen, in denen der Betriebsrat oder der Gesamtbetriebsrat aufgrund eines Initiativrechts die Vereinbarung derartiger Auswahlrichtlinien erzwingen konnte.

Die Untersuchung und Analyse der dieser Arbeit zugrunde liegenden und bekanntgewordenen vereinbarten Auswahlrichtlinien lassen den Schluß zu, daß Umfang und Inhalt dieser ganz erheblich von einander abweichen. Einige dieser Richtlinien enthalten sehr ausführliche und detaillierte Regelungen, andere sind dagegen ausgesprochen kurz und allgemein formuliert. Soweit ausführliche Regelungen erfolgten, ist eine starke Anlehnung an die seitens der Gewerkschaften ausgearbeiteten Vereinbarungsmuster unverkennbar. Es werden jedoch nicht nur die bei den in § 95 BetrVG aufgeführten personellen Maßnahmen zu beachtenden Auswahlgesichtspunkte, sondern auch das bei der Ermittlung dieser Kriterien anzuwendende Verfahren geregelt. Das wird überwiegend zu Recht für zulässig angesehen[59a]. Die Formulierungen sind zum größten Teil allgemein so abgefaßt, daß dem Arbeitgeber bei der Einzelentscheidung ein wenn auch etwas beschränkter Ermessensspielraum verbleibt[59b].

Eine Aussage über die Verbreitung bestehender und noch praktizierter Auswahlrichtlinien ist mangels vorliegender Untersuchungen leider nicht möglich und verbietet sich daher.

2. Allgemeine Grundsatzregelungen betrieblicher Auswahlrichtlinien und -kriterien in den einzelnen personellen Entscheidungsbereichen

Die dem Verfasser zur Verfügung stehenden betrieblichen Auswahlrichtlinien – ca. 30 – resultieren aus der Zeitperiode 1974 – 1980. Sie sind äußerlich in die Form von Betriebs- oder Gesamtvereinbarungen gekleidet und schriftlich abgefaßt. Sie beruhen ausnahmslos auf einer ihnen jeweils vorausgegangenen oder vorausgehbaren Personalplanung, die entweder auf eine längere Zeit oder auch auf kürzere Zeitperioden abgestellt sind.

Diese Richtlinien enthalten Regelungen über Einstellungen, Umgruppierungen, Versetzungen und Kündigungen und zu Beginn fast ausnahmslos allgemeine Hinweise auf bestehende gesetzliche und tarifliche Schutznormen, die diesen Richtlinien gegenüber absoluten Vorrang genießen und ohnehin zu berücksichtigen sind. Sie bilden nicht den eigentlichen rechtlichen Bestand

59a Dietz-Richardi, § 95 Anm. 8; Gemählich, a.a.O., S. 43; Hanau, DB 1972/452; Stahlhacke, BlStSozArbR 1972/51 (53); ablehnend Zöllner, a.a.O., S. 681.
59b Zum Beispiel Stege-Weinspach, a.a.O., Anlage 7, Muster für Auswahlrichtlinien gem. § 95 BetrVG, S. 1016.

dieser Richtlinien und müssen in ihnen nicht aufgenommen werden. Soweit sie aber darin enthalten sind, haben sie mithin nur reinen deklaratorischen Charakter. Dazu zählen z.B.:

- gemeinsame Überwachungspflicht über die gleiche Behandlung aller im Betrieb tätigen Personen nach den Grundsätzen von Recht und Billigkeit (§ 75 Abs. 1 BetrVG) – Diskriminierungsverbot und Gleichbehandlungsgebot – s. auch § 611 a BGB
- Schutz und Förderung der freien Entfaltung der Persönlichkeit aller im Betrieb beschäftigten Arbeitnehmer (§ 75 Abs. 2 BetrVG)
- Eingliederung und Förderung Schwerbehinderter und sonstiger schutzbedürftiger Personen (§ 80 Abs. 1 Ziff. 4 BetrVG)
- Bereinigung aller strittigen Fragen durch einen freien und ungezwungenen Ausgleich (§ 74 Abs. 1 S. 2 BetrVG)
- vertrauensvolle Zusammenarbeit zum Wohl der Arbeitnehmer und des Betriebes (§ 2 Abs. 1 BetrVG)
- Verbot von Arbeitskampfmaßnahmen und Friedenssicherung (§ 74 Abs. 2 BetrVG)
- keine Beschränkung gewerkschaftlicher Betätigung im Betriebe (§ 74 Abs. 3 BetrVG)
- keine schematische Anwendung der Auswahlrichtlinien: sie sollen ein Instrument des gegenseitigen Interessenausgleichs sein[60].

a) Auswahlrichtlinien und -regelungen bei Einstellungen von Arbeitnehmern in den Betrieb

Der kollektivrechtlich geprägte Begriff der „Einstellung" begegnet zunächst unmittelbar in § 95 Abs. 1 S. 1 BetrVG im Rahmen der Mitwirkungs- und Mitbestimmungsrechte des Betriebsrats bei den allgemeinen personellen Angelegenheiten und in § 99 Abs. 1 S. 1 BetrVG im Rahmen der personellen Einzelmaßnahmen.

Gem. § 95 Abs. 1 S. 1 BetrVG bedürfen Richtlinien über die personelle Auswahl bei Einstellungen, also von Stellenbewerbern bzw. Stellensuchern, der Zustimmung des Betriebsrats. Gem. § 99 Abs. 1 S. 1 BetrVG hat der

60 So bei Mohr, a.a.O., S. 93; s. im übrigen das Beispiel einer Betriebsvereinbarung über Auswahlrichtlinien (§ 95 BetrVG) S. 203, das in Anlehnung an die Betriebsvereinbarung eines Unternehmens der Metallindustrie entwickelt wurde.

Arbeitgeber den Betriebsrat in allen Betrieben mit i.d.R. mehr als zwanzig wahlberechtigten Arbeitnehmern vor jeder Einstellung zu unterrichten, ihm die erforderlichen Bewerbungsunterlagen vorzulegen und Auskunft über die Person der Beteiligten zu geben. Zu diesem Kreis Beteiligter gehören nicht nur der Bewerber selbst, den der Arbeitgeber einstellen will, sondern auch die Bewerber, die er nicht berücksichtigen will[61].

Der Arbeitgeber hat weiterhin gem. § 99 Abs. 1 BetrVG unter Vorlage der erforderlichen Unterlagen Auskunft über die Auswirkungen der geplanten Maßnahme zu geben und die Zustimmung des Betriebsrats zu der geplanten Maßnahme einzuholen. Insbesondere ist der für den Arbeitnehmer in Aussicht genommene Arbeitsplatz und die vorgesehene Eingruppierung mitzuteilen[62].

Unter dem Begriff der Einstellung ist einmal der Abschluß des Arbeitsvertrages über die – i.d.R. zukünftige – Arbeitsaufnahme, aber auch die tatsächliche Eingliederung des Arbeitnehmers in den Betrieb zu verstehen, also die Arbeitsaufnahme an einem bestimmten Arbeitsplatz[63].

Die in § 95 Abs. 1 BetrVG enthaltenen Auswahlrichtlinien über die personelle Auswahl bei Einstellungen, Versetzungen, Umgruppierungen und Kündigungen sind nun nicht Bestandteil einer Personalplanung i.S.d. § 92 BetrVG, sondern diese Auswahlrichtlinien setzen sozusagen eine Personalplanung als Leitmotiv voraus und bauen erst darauf auf. Trotz ihrer unverkennbaren näheren Zusammenhänge ist der Schluß durchaus gerechtfertigt, daß Auswahlrichtlinien keinen Einfluß auf die Personalplanung und damit auch auf personalplanerische und personalpolitische Entscheidungen des Arbeitgebers ausüben können und die unternehmerische Handlungs- und Entscheidungsfreiheit berühren. Der Inhalt von Auswahlrichtlinien bei Einstellungen ist wie auch bei allen anderen personellen Einzelentscheidungen an die im Personalplan enthaltenen oder in der Personalplanung vereinbarten Maßnahmen gebunden[64].

---

61 So BAG vom 6.4.1973 – 1 ABR 13/72 –, DB 1973/1456, bestätigt durch BAG vom 18.7.1978 – 1 ABR 8/75 –, BB 1978/1719, DB 1978/2320, zuletzt vom 3.12.1985 – 1 ABR 72/83 –, DB 1986/917; Dietz-Richardi, § 99 Anm. 55; Fitting-Auffarth-Kaiser, § 99 Anm. 18; Galperin-Löwisch, § 99 Anm. 43; Weiß, § 99 Anm. 6 a; Neef, BB 1973/988 mit anderer Begründung; a.A. Frey, BB 1973/941; Kraft, GK-BetrVG § 99 Anm. 66 ff.; Meisel, a.a.O., S. 91; Pauli, BB 1981/501, die eine Pflicht zur Unterrichtung über einen Bewerber dann annehmen, wenn in dem Betrieb Auswahlrichtlinien bestehen.

62 Galperin-Löwisch, § 99 Anm. 42, 51 und 53; Schaub, a.a.O., § 241 III, 5 S. 1217.

63 h.M. s. Fitting-Auffarth-Kaiser, § 99 Anm. 7; Galperin-Löwisch, § 99 Anm. 10; Kleiner-Wittke, a.a.O., S. 25.

64 So Fitting-Auffarth-Kaiser, § 95 Anm. 4; Heinze, a.a.O., Rz. 56; Meisel, a.a.O., S. 63; a.A. Richardi, DB 1971/621 (630) und Hanau, DB 1969/1497 f.

Richtlinien über die personelle Auswahl bei Einstellungen setzen eine im Rahmen der Personalplanung (§ 92 BetrVG) vorgesehene Stellenbeschreibung einschließlich einer Beschreibung der Aufgaben und Tätigkeiten des Arbeitsplatzes voraus. Einstellungsrichtlinien befassen sich daher ausschließlich damit, welche fachlichen und persönlichen Voraussetzungen und sozialen Gesichtspunkte bei einer Auswahl für die Besetzung eines Arbeitsplatzes oder einer Stelle im Betrieb zu stellen sind, also einer echten Bewerberauswahl dienen[65]. So können z.B. die fachlichen Qualifikationsmerkmale für die angestrebte Tätigkeit erforderlichen schulischen und beruflichen Ausbildung, abgelegte Prüfungen, Grund- und Spezialkenntnisse, Nachweise gewisser Fertigkeiten, entsprechende Erfahrungen, bisher eingenommene Positionen usw. zugrunde gelegt werden. Dabei ist aber entscheidend darauf abzustellen, welche Qualifikation der betreffende Bewerber für die Besetzung des vorgesehenen Arbeitsplatzes besitzt, die überwiegend als gleichwertig angesehen werden kann.

Unter den persönlichen Voraussetzungen werden in Auswahlrichtlinien bei Einstellungen allgemein die Erfordernisse des Arbeitsplatzes an Alter, Geschlecht, gesundheitlicher Qualifikation durch evtl. nachgewiesene amtsärztliche Unbedenklichkeitsbescheinigungen, allgemeiner Gesundheitszustand, weitere Tauglichkeitsuntersuchungen und Tests, Zahl der unterhaltsberechtigten Kinder und Angehörigen, mögliche Betriebs- bzw. Unternehmenszugehörigkeit[66], auch die Eignungmerkmale eines Vorgesetzten verstanden. Der Einkommenswunsch und dessen möglicher Eintrittstermin werden ebenso dazu gezählt, auch gegen Gesichtspunkte wie Gesamteindruck, Neigungen des betreffenden Bewerbers dürften keine rechtlichen Bedenken erhoben werden[67].

Auch soziale Gesichtspunkte können ihre Berücksichtigung finden wie z.B. Lebensalter, Familienstand, Kinderzahl, besondere Schutzbedürftigkeit aufgrund einer körperlichen Behinderung, einer Schwangerschaft, längere Zugehörigkeit zum Betrieb, Beschäftigung älterer Arbeitnehmer oder Eingliederung ausländischer Arbeitnehmer usw. Sinnvollerweise sollten aber vor allem für die Bewertung dieser sozialen Gesichtspunkte Bewertungsskalen oder Punktsysteme usw. festgelegt werden.

Bei Einstellungsrichtlinien stehen allerdings die von dem zu besetzenden Arbeitsplatz geforderten fachlichen und persönlichen Voraussetzungen im

65 So grundlegend Zöllner, FS für G. Müller, 1981, S. 665 ff.

66 Dietz-Richardi, § 95 Anm. 23 ff.; Fitting-Auffarth-Kaiser, § 95 Anm. 8 a; Bobrowski-Gaul, a.a.O., O XIII Ziff. 40, S. 668.

67 Bedenken hiergegen erhebt Gemählich, a.a.O., S. 48.

Vordergrund[68]. Soziale Gesichtspunkte begegnen jedoch bei Einstellungen nur vereinzelt. Allerdings geben auch diese den Ausschlag, wenn gleiche fachliche und persönliche Eignung bei mehreren Bewerbern vorliegen.

In der Regel wird in den Auswahlrichtlinien bei Einstellungen festgelegt, daß bei Bewerbungen das entscheidende Kriterium für die Auswahl die Qualifikation sein muß, daß also der qualifiziertere Bewerber einzustellen ist und nicht der Bewerber, der weniger qualifiziert ist, der aber über gute Beziehungen zu einem bereits Beschäftigten verfügt. Es kann auch vereinbart werden, daß bei gleicher Qualifikation der innerbetriebliche Bewerber den Vorrang verdient.

Endet z.B. ein Arbeitsverhältnis eines älteren Arbeitnehmers mit Ablauf des Monats, in dem er das 60., das 63. oder sogar das 65. Lebensjahr vollendet , und soll das Arbeitsverhältnis alsdann noch eine gewisse Zeit fortgesetzt werden, so wird ein neuer Arbeitsvertrag abgeschlossen und es liegt daher eine zustimmungspflichtige Einstellung vor[69].

Die Regelung von Verfahrensfragen gerade bei der Praktizierung der Auswahlrichtlinien bei Einstellungen kommt eine besondere Bedeutung zu, weil ein geordnetes und objektives Verfahren Voraussetzung für die sachgerechte Feststellung des Vorliegens bzw. Fehlens der einzelnen Auswahlrichtlinien ist. Dabei sind für eine Entscheidungsfindung gewisse Unterlagen von besonderer Bedeutung, wie vorgangs unter den geforderten persönlichen Voraussetzungen angeführt. Auch eingeholte Auskünfte von dritter Seite werden als zulässig und zweckmäßig gehalten, um schließlich eine allseits befriedigende Entscheidung über die richtige Person zu finden.

Wie bereits dargestellt, gehört zur Einstellung auch die erstmalige Eingruppierung, also die erste Festsetzung der für die Entlohnung des Arbeitnehmers maßgebenden Lohn- bzw. Gehaltsgruppe[70].

Die in allen vorliegenden Auswahlrichtlinien im einzelnen enthaltenen Regelungen bei Einstellungen von Arbeitnehmern lassen sich schwerpunktmäßig etwa wie folgt zusammenfassen:

- Bekanntgabe aller Stellenbewerbungen bei der Neubesetzung von Arbeitsplätzen und Vorlage aller Bewerbungsunterlagen[71]

---

68 Dietz-Richardi, § 95 Anm. 18; Galperin-Löwisch, § 95 Anm. 7; Hess-Schlochauer-Glaubitz, § 95 Anm. 7; Kraft, GK-BetrVG § 95 Anm. 21.
69 S. BAG vom 18.7.1978 – 1 ABR 79/75 –, BB 1978/1718, DB 1978/2319.
70 Galperin-Löwisch, § 99 Anm. 29 ff.
71 Vorlage aller vorliegenden Bewerbungsunterlagen, ob der Arbeitgeber diese einstellen will und auch die, die er nicht berücksichtigen will; s. BAG vom 6.4.1973 – 1 ABR

- Bevorzugung grundsätzlich betriebseigener vor betriebsfremden Bewerbern
- Konkretisierung der für die Einstellung in Frage kommenden Auswahlunterlagen (Beurteilungsunterlagen über fachliche und persönliche Fähigkeiten)
- für die Beurteilung der fachlichen und persönlichen Anforderungen dürfen in vielen Vereinbarungen nur bestimmte beschränkte Unterlagen verwendet werden
- beschränkte Zulassung befristeter Arbeitsverträge[72]
- Informationskompetenzen auf Seiten des Betriebsrats ist der Vorsitzende des Betriebsrats bzw. der Sprecher eines Fachausschusses
- Entscheidungen obliegen allein dem Arbeitgeber im Rahmen der getroffenen Auswahlgrundsätze.

Für Einstellungen kommen daher in einer Auswahlrichtlinie zweckmäßigerweise allgemein zu fassende Auswahlmerkmale in Betracht, wie vorgangs vermerkt.

b) Auswahlrichtlinien und -regelungen bei Versetzungen und Umsetzungen von Arbeitnehmern im Betrieb

Gem. § 95 Abs. 1 BetrVG bedürfen Richtlinien bei Versetzungen von Arbeitnehmern der Zustimmung des Betriebsrats, analog den Einstellungen. Als Versetzung in diesem Sinne gilt gem. § 95 Abs. 3 BetrVG die Zuweisung eines anderen Arbeitsbereichs, die voraussichtlich die Dauer von einem Monat überschreitet oder die mit einer erheblichen Änderung der Umstände verbunden ist, unter denen die Arbeit zu leisten ist.

Der Begriff „Arbeitsbereich“ ist nicht näher definiert und nach überwiegender Meinung funktional zu verstehen. Er umfaßt mehr als den Ort der Arbeitsleistung, nämlich die Art der Tätigkeit und die Einordnung des Arbeitsplatzes

---

13/72 –, BB 1973/940, DB 1973/1456, bestätigt durch BAG vom 18.7.1978, s. Fn. 61; Dietz-Richardi, § 99 Anm. 55; Fitting-Auffarth-Kaiser, § 99 Anm. 18; Weiß, § 99 Anm. 6 a; Neef, BB 1973/988 mit anderer Begründung; a.A. Frey, BB 1973/941; Kraft, GK-BetrVG § 99 Anm. 66 ff.; Meisel, a.a.O., S. 91; Pauli, BB 1981/501, die eine Pflicht zur Unterrichtung über einen Bewerber dann annehmen, wenn in dem Betrieb Auswahlrichtlinien bestehen.

72 So Dirx-Klebe, a.a.O., Anm. 1; inzwischen ist eine gesetzliche Neuregelung bez. der bis dahin strittigen Frage über die Zulässigkeit befristeter Arbeitsverträge durch das Beschäftigungs-Förderungsgesetz vom 26.4.1985 (BGBl. I S. 710) erfolgt.

in die betriebliche Organisation[73]. Darunter ist z.B. der Wechsel des Arbeitnehmers aus einer in sich geschlossenen Betriebseinheit in eine andere zu verstehen. Danach liegt eine Versetzung jedenfalls dann vor, wenn dem Arbeitnehmer ein neuer Tätigkeitsbereich zugewiesen wird, so daß der Gegenstand der geschuldeten Arbeitsleistung, also der Inhalt der Arbeitsaufgabe, ein anderer wird und sich deshalb das Gesamtbild der Tätigkeit des Arbeitnehmers ändert[74]. Von dem betriebsverfassungsrechtlich geprägten Begriff der Versetzung werden daher auch solche Maßnahmen erfaßt, die im Individualarbeitsrecht als „Umsetzung" bezeichnet werden[75].

aa) Bei personen- und verhaltensbedingten Versetzungen und Umsetzungen

Fast ausnahmslos wird in allen existenten Auswahlrichtlinien unterschieden, ob z.B. Versetzungen oder Umsetzungen aus personen- oder verhaltensbedingten Gründen erfolgen, während solche aus betriebsbedingten Gründen erfolgten ausgeschlossen bleiben.

Dabei versteht man unter personenbedingten Versetzungen solche, die z.B. wegen Nachlassens der körperlichen Kräfte oder wegen des ärztlichen Verbots, einen Arbeitsplatz auszufüllen, notwendig werden. Diese gelten als sozialer Anlaß i.S.d. Auswahlrichtlinien und begründen gegenüber sonst gleichwertigen Arbeitnehmern einen Vorrang. Das gleiche gilt für Auszubildende, die ihre Ausbildung abgeschlossen haben. Diese sind nach dem Vorschlag der IG-Metall in ein normales Arbeitsverhältnis zu übernehmen[76].

bb) Bei betriebsbedingten Versetzungen und Umsetzungen

Betriebsbedingte Versetzungen und Umsetzungen müssen dem Grunde nach in der Personalplanung besprochen worden sein; Versetzungen oder Umsetzun-

---

73 Vgl. LAG Bremen vom 21.7.1978 – 1 TaBV 20/77 –, BB 1978/1263, DB 1978/2493; ebenso KG-Berlin vom 18.3.1974 – 2 Ws (B) 253/73 –, BB 1974/885; zu den einzelnen Begriffen ausführlich Steigerwald, a.a.O., S. 52 ff.; erstmals gilt auch die Zuweisung eines anderen Arbeitsortes als Versetzung, ohne daß sich seine Arbeitsaufgabe ändert oder in eine andere organisatorische Einheit eingegliedert wird, so BAG vom 18.2.1986 – 1 ABR 27/84 –, BB 1986/2056.

74 BAG vom 27.3.1980 – 2 AZR 506/78 –, BB 1980/1267, DB 1980/1603; vgl. auch BAG vom 25.10.1983 – 1 AZR 47/82 –, ebenso BAG vom 10.4.1984 – 1 ABR 67/82 –, BB 1984/1937, DB 1984/2198.

75 So Schaub, a.a.O., § 239 V, 1 S. 1209 unter Hinweis auf eine Entscheidung des LAG Hamm, vom 28.5.1973 – 8 TaBV 3/73 – DB 1973/1407; vgl. im übrigen auch Boewer, DB 1979/1035 ff.; Hromadtka, DB 1972/1532 ff.; neuerdings Belling, DB 1985/335 ff.; Moritz, DB 1985/229 ff.

76 S. Muster der Auswahlrichtlinien der IG-Metallindustrie, a.a.O., unter Fn. 1.

gen ohne diese vorherige Besprechung in der Personalplanung gelten als Verstoß gegen die Auswahlrichtlinien.

Auf diese Unterscheidung zwischen personen-, verhaltens- und betriebsbedingten Versetzungen und Umsetzungen treffen die gleichen Grundsätze zu wie bei der Kündigung aus personen-, verhaltens- und betriebsbedingten Gründen, auf die noch zurückzukommen sein wird.

Gem. § 99 Abs. 1 bedarf jede Versetzung eines Arbeitnehmers in Betrieben mit mehr als zwanzig wahlberechtigten Arbeitnehmern der Zustimmung des Betriebsrats. Hierbei kommt es nicht darauf an, ob die Versetzung durch einseitige Anordnung des Arbeitgebers aufgrund seines Weisungsrechts oder infolge einer Versetzungsklausel oder auch im Wege einer evtl. Änderungskündigung durchgeführt wird.

c) Auswahlrichtlinien und -regelungen bei Eingruppierungen und Umgruppierungen von Arbeitnehmern

Richtlinien über die personelle Auswahl bei Umgruppierungen bedürfen ebenso wie bei Einstellungen und Versetzungen von Arbeitnehmern der Zustimmung des Betriebsrats. Der Begriff der Eingruppierung und damit auch die Erstellung von Auswahlrichtlinien ist in § 95 BetrVG nicht enthalten. Dagegen bedürfen gem. § 99 Abs. 1 BetrVG Eingruppierungen und Umgruppierungen als personelle Einzelmaßnahmen der Zustimmung des Betriebsrats und ist gem. § 99 Abs. 1 S. 2 BetrVG bei Einstellungen und Versetzungen außer dem Arbeitsplatz auch die vorgesehene Eingruppierung mitzuteilen. Dabei versteht man unter Eingruppierung die Einordnung eines Arbeitsverhältnisses in eine tarifliche oder auch betriebliche Lohn- und Gehaltsgruppe, was i.d.R. bereits mit Abschluß des Arbeitsvertragsverhältnisses geschieht, also gleich mit der Einstellung. Eine gesondert mögliche Richtlinienkompetenz scheidet hier aus, weil es sich dabei um Fragen des Normenvollzugs handelt[77].

Anders ist es dagegen bei Umgruppierungen, sobald hierbei eine Auswahl unter mehreren Arbeitnehmern ansteht, über die alsdann Auswahlrichtlinien i.S.d. § 95 BetrVG zwischen den Betriebspartnern, also zwischen Arbeitgeber und Betriebsrat, abgeschlossen werden können. Dabei ist unter Umgruppierung jede Änderung in der Eingruppierung zu verstehen[78]. Die Umgruppierung ist

77 Vgl. BAG vom 22.3.1983 – 1 ABR 49/81 –, DB 1983/2313.

78 S. Dietz-Richardi, § 95 Anm. 65; Fitting-Auffarth-Kaiser, § 99 Anm. 16; BAG vom 9.10.1970, AP Nr. 4 zu § 63 und vom 5.2.1971, AP Nr. 6 zu § 61 (BetrVG 1952).

also die Folge einer anderen Bewertung der Tätigkeit des Arbeitnehmers. Unter dem Begriff der Umgruppierung ist also nicht die Veränderung der Tätigkeit eines Arbeitnehmers zu verstehen, sondern die Veränderung seiner Stellung in der Vergütungsordnung des Betriebes. Sofern durch die Umgruppierung die Tätigkeitsmerkmale einer höheren tariflichen Lohn- oder Gehaltsgruppe erfüllt sind, wird eine Höhergruppierung vorgenommen, im umgekehrten Falle eine Abgruppierung.

Umgruppierungsrichtlinien kommen in der betrieblichen Praxis nur geringe Bedeutung zu. Einzelne Richtlinien beschränken sich darauf, für Umgruppierungsfälle auf die entsprechende Anwendung der Einstellungs- oder Versetzungsrichtlinien zu verweisen, soweit eine Auswahl stattfindet.

d) Auswahlrichtlinien und -kriterien bei arbeitgeberseitigen Kündigungen von Arbeitnehmern

aa) Allgemeine Grundsatzregelungen

Nach § 1 Abs. 2 S. 1 KSchG sind Kündigungen seitens des Arbeitgebers sozial ungerechtfertigt, wenn sie nicht durch Gründe in der Person oder in dem Verhalten des Arbeitnehmers oder durch dringende betriebliche Erfordernisse, die einer Weiterbeschäftigung des Arbeitnehmers in diesem Betriebe entgegenstehen, bedingt sind. Weiterhin ist gem. § 1 Abs. 2 S. 2 KSchG die Kündigung auch sozial ungerechtfertigt, wenn sie gegen eine Auswahlrichtlinie nach § 95 BetrVG verstößt, der Arbeitnehmer auch an einem anderen freien Arbeitsplatz in demselben Betrieb oder in einem anderen Betrieb desselben Unternehmens weiterbeschäftigt werden kann und der Betriebsrat aus einem der in § 102 Abs. 3 Ziff. 1 – 5 BetrVG aufgeführten Gründe innerhalb einer Frist von einer Woche schriftlich wiedersprochen hat.

Darüber hinaus ist aber auch eine aus betriebsbedingten Gründen zulässige Kündigung dann sozial ungerechtfertigt, wenn der Arbeitgeber bei der Auswahl des/der Arbeitnehmer soziale Gesichtspunkte nicht oder nicht ausreichend berücksichtigt hat. Dieser geforderte Grundsatz der Sozialauswahl tritt allerdings dann zurück, wenn gem. § 1 Abs. 3 S. 2 KSchG betriebstechnische, wirtschaftliche oder sonstige berechtigte betriebliche Bedürfnisse die Weiterbeschäftigung eines oder mehrerer Arbeitnehmer bedingen.

Da nun im Bereich der Kündigung kündigungsschutz- und betriebsverfassungsrechtliche Gesichtspunkte, also individual- und kollektivrechtliche zusammentreffen, stellt sich zunächst die grundlegende Frage des gegenseitig möglichen Inhalts und die Zulässigkeit von Abweichungen, Einschränkungen oder Erweiterung der kündigungsrechtlichen Vorschriften und der Mitwirkungs- und Mitbestimmungsrechte des Betriebsrats im Rahmen der §§ 92 BetrVG (Personalplanung) und 95 BetrVG (Auswahlrichtlinien). Da der individualrechtliche Kündigungsschutz i.S.d. KSchG zwingender Natur ist, verbietet sich ein Ausschluß oder eine Beschränkung oder gar ein Verzicht hierauf im Rahmen einer betrieblichen Regelung entweder zum Nachteil des Arbeitnehmers oder auch gegen den Willen des Arbeitgebers. Auch die ansonsten bestehenden Voraussetzungen für Kündigungen schlechthin können weder im Rahmen einer Personalplanung noch in Auswahlrichtlinien erschwert oder ausgeschlossen werden. Ob und inwieweit eine Erweiterung dieser kündigungsrechtlichen Vorschriften möglich und zulässig ist und in welchem Rahmen sich dies überhaupt ermöglichen läßt, bedarf einer späteren Klärung.

Auf die Frage einer Gestaltung der Mitwirkungs- und Mitbestimmungsrechte des Betriebsrats im Rahmen des BetrVG ist von gleicher rechtlicher Relevanz. Was eine Beschränkung dieser dem Betriebsrat eingeräumten Rechte oder gar ein Verzicht hierauf anbelangt, dürfte nach den gleichen Grundsätzen wie bei dem individuellen Kündigungsschutz zu beurteilen sein und sich diese jedenfalls kollektivrechtlich, also weder durch eine Betriebsvereinbarung noch durch einen Tarifvertrag, als unzulässig erweisen[79]. Ob allerdings diese Rechte erweitert werden können, und zwar materiell und formell, bedarf einer näheren Untersuchung, zumal dies in einem weitgehenden Umfang z.B. in allen Auswahlrichtlinien unverkennbar ist.

Im Vordergrund aller bestehenden Auswahlrichtlinien stehen zunächst Fragen der Weiterbeschäftigungsmöglichkeiten und ihre weitgehende Ausschöpfung bei allen personen- und betriebsbedingten Kündigungen. Dieserhalb wird als eine zwingende Voraussetzung einer Kündigung überhaupt auf eine Beratung und Beschlußfassung in einer vorausgegangenen Personalplanung über die Verminderung der Belegschaft entweder auf bestimmten Arbeitsplätzen oder in bestimmten Betriebsteilen abgestellt. Dabei ist allerdings kaum ein Unterschied in den verschiedenen Einflußbereichen feststellbar, nämlich einmal bei der Prüfung von Weiterbeschäftigungsmöglichkeiten auf anderen freien Arbeitsplätzen desselben Betriebes oder auch eines anderen Betriebes des Unternehmens im Rahmen der sozialen Rechtfertigung einer Kündigung

79 h.M. s. Brecht, § 1 Anm. 23; Dietz-Richardi, § 2 Anm. 83; Fitting-Auffarth-Kaiser, § 1 Anm. 45; Galperin-Löwisch, vor § 92 Anm. 2, 3 und § 87 Anm. 15; Kraft, GK-BetrVG vor § 92 Anm. 12a; Meisel, a.a.O., S. 19.

i.S.d. § 1 Abs. 1 und 2 KSchG und andererseits bei einer Weiterbeschäftigungsnotwendigkeit oder einer Weiterbeschäftigungsverpflichtung im Rahmen der ausreichenden Berücksichtigung sozialer Gesichtspunkte i.S.d. § 1 Abs. 3 KSchG.

In fast allen vorliegenden Auswahlrichtlinien wird als Voraussetzung für die Zulässigkeit vor allem von verhaltens- und betriebsbedingten Kündigungen gefordert, daß sich diese erst dann als zulässig erweisen, wenn in einer vorhergehenden Personalplanung über die Verminderung der Belegschaft oder sonstiger Einsparungsmaßnahmen auf bestimmten Arbeitsplätzen eine Beratung und ggf. auch eine Beschlußfassung in einem Personal-Ausschuß-Gremium stattgefunden hat. Bei einem Unterlassen dieser Beratungspflicht gilt das bereits als ein Verstoß gegen die Auswahlrichtlinien.

Dieser Personalplanung i.S.d. § 92 BetrVG im eigentlichen Vorfeld der Auswahlrichtlinien kommt also infolge ihrer präjudizierenden Bedeutung auf die personelle Einzelentscheidung wie vor allem auf die Kündigung höchste Priorität zu. Der Inhalt aller Auswahlrichtlinien i.S.d. § 95 BetrVG ist ohnehin an die in einem Personalplan enthaltenen unternehmerischen Personalentscheidungen gebunden[80].

Die Auswahlrichtlinien können jedenfalls die im Rahmen der Personalplanung getroffenen Entscheidungen weder abändern noch eigenständig ergänzen, sondern lediglich in eine auf die betriebliche Praxis bezogene Anwendungsform gießen. Die eigentliche Mitwirkung und Mitbestimmung des Betriebsrats ist allein auf den Raum der Personalplanung i.S.d. § 92 BetrVG nominiert. § 95 BetrVG ist auf die Personalplanung des § 92 BetrVG systematisch und teleologisch bezogen, so daß Auswahlrichtlinien bei Kündigungen lediglich die im Rahmen der Personalplanung getroffenen Entscheidungen in Auswahlmaßstäbe der fachlichen und persönlichen Voraussetzungen sowie der sozialen Gesichtspunkte umzusetzen haben[81]. Dieser Personalplanung i.S.d. § 92 BetrVG wird also ausnahmslos in allen Richtlinien gerade bei Kündigungen eine besondere Bedeutung zuteil und begegnen hier in den bestehenden Auswahlrichtlinien die unterschiedlichsten Formulierungen, die häufig auch die Frage der rechtlichen Zulässigkeit nur schwerlich erkennen lassen, wie z.B.:

– Betriebsbedingte Kündigungen sind im Rahmen der Personalplanung mit dem Betriebsrat mit dem Ziel zu beraten, sie auf das notwendigste Maß zu beschränken.

---

80 Fitting-Auffarth-Kaiser, § 95 Anm. 1; Heinze, a.a.O., Rz. 56; Meisel, a.a.O., S. 63; a.A. Richardi, DB 1971/621 (630) und Hanau, DB 1969/1497 (1498 f.).

81 So Heinze, a.a.O., Rz. 73.

- Betriebsbedingte Kündigungen sind mit Hilfe der Personalplanung nach Möglichkeit zu vermeiden.
- Voraussetzung einer betriebsbedingten Kündigung ist die Beratung und Beschlußfassung in der vorausgegangenen Personalplanung.
- Betriebs- und personenbedingte Kündigungen sind – ohne verhaltensbedingt zu sein – grundsätzlich zu vermeiden.
- Sind betriebsbedingte Kündigungen nicht in einer vorausgegangenen Personalplanung beraten und beschlossen worden, gelten sie als Verstoß gegen die Auswahlrichtlinien.
- Einer Kündigungsentscheidung hat die Information und Beratung nach § 92 BetrVG vorauszugehen. Dabei ist zu prüfen, ob Weiterbeschäftigungsmöglichkeiten an anderen Arbeitsplätzen im Betrieb, Unternehmen oder Konzern (nur für Konzerne) bestehen usw.

Soweit nun die eigentliche Entscheidungssphäre des Arbeitgebers/Unternehmers dadurch nicht tangiert wird, ist hiergegen nichts einzuwenden. Jedenfalls wird durch eine weitergehende Einbeziehung des Betriebsrats über den gesetzlich zulässigen Rahmen hinaus in den freien und dispositiven Bereich des Arbeitgebers dessen Mitwirkung und Mitbestimmung in einem entscheidenden Kernbereich erweitert. Ob dies nun im Rahmen der Auswahlrichtlinien i.S.d. § 95 BetrVG oder auch im Rahmen einer vorhergehenden Personalplanung i.S.d. § 92 BetrVG erfolgt, ist dabei gleichgültig, zumal § 92 BetrVG lediglich ein Unterrichtungs- und Beratungsrecht und § 95 BetrVG sogar ein Zustimmungsrecht und in Betrieben mit mehr als 1000 Beschäftigten sogar ein Initiativrecht des Betriebsrats festlegen, allerdings beschränkt auf fachliche und persönliche Voraussetzungen und auf soziale Gesichtspunkte.

Eine Einschränkung oder auch Erweiterung der gesetzlich fixierten Beteiligungsrechte des Betriebsrats bei Kündigungen im Rahmen des § 102 BetrVG verbietet sich ebenso, weil es sich bei den dort vorgesehenen Widerspruchsgründen um eine zwingende und abschließend erfolgte Regelung handelt. Das bezieht sich auch auf die in §§ 99 Abs. 2 und 102 Abs. 3 BetrVG aufgeführten Widerspruchsgründe. Lediglich im Falle des § 102 Abs. 6 BetrVG kann über das Zustimmungserfordernis zu Kündigungen eine Betriebsvereinbarung geschlossen werden, die allerdings zu ihrer Wirksamkeit den Formerfordernissen wie Schriftform und beiderseitige Unterzeichnung wie jede Betriebsvereinbarung entsprechen muß[82].

---

82 BAG vom 14.2.1978 – 1 AZR 154/76 –, BB 1978/1064, DB 1978/1501.

Nach h.M. können nur dort, wo z.B. Unterrichtungsrechte gesetzlich festgelegt sind, deren nähere Gestaltung in Auswahlrichtlinien vereinbart werden. So können z.B. für die Unterrichtung bei der Personalplanung i.S.d. § 92 BetrVG zwar formelle Ausgestaltungsmöglichkeiten näher geregelt werden. Es können auch im Rahmen z.B. eines „Negativkatalogs" nähere Einzelheiten bei der Durchführung personeller Einzelmaßnahmen und vor allem bei Kündigungen festgelegt werden.

Bei der Durchsicht aller vorliegenden Auswahlrichtlinien ist in Übereinstimmung mit der herrschenden Lehre festzustellen, daß überwiegend verhaltensbedingte Kündigungen i.S.d. § 1 Abs. 2 KSchG ausgeschlossen sind, weil von einer derartigen Kündigung jeweils nur ein bestimmter Arbeitnehmer aufgrund seines Verhaltens betroffen wird und es hierbei stets an einer Auswahl zwischen mehreren Arbeitnehmern mangelt[83].

Mit der gleichen Begründung dürften demnach auch Kündigungen aus personenbedingten Gründen ausscheiden. In zahlreichen Richtlinien sind letztere aber trotzdem enthalten, und zwar sind diese an eine bestehende Personalplanung angelehnt, deren Hauptaufgabe doch gerade darin besteht, personenbedingte Kündigungen mit ihrer Hilfe „grundsätzlich" zu vermeiden oder sie sollen mit Hilfe derselben nach Möglichkeit vermieden werden. Hiergegen bestehen grundsätzlich keine rechtlichen Bedenken, vorausgesetzt allerdings, daß sich diese im Rahmen des § 1 KSchG halten, d.h. daß eine ordentliche Kündigung eines Arbeitnehmers durch den Arbeitgeber von einem 6-monatigen Bestehen des Arbeitsverhältnisses abhängig und sozial gerechtfertigt ist. Sozial gerechtfertigt ist diese aber nur, wenn sie verhaltens-, personen- oder betriebsbedingt ist und in letzterem Falle der Arbeitgeber bei der Auswahl des/der zu kündigenden Arbeitnehmer soziale Gesichtspunkte gem. § 1 Abs. 3 KSchG ausreichend berücksichtigt hat. Dieser Kündigungsschutz wird noch ergänzt durch § 1 Abs. 2 und 3 KSchG – analog § 102 Abs. 3 Ziff. 1 – 5 BetrVG –, nach denen die Kündigung auch dann sozial ungerechtfertigt ist, wenn der Betriebsrat Einwendungen oder Widerspruch gegen die Kündigung erhoben hat und einer der Gründe vorliegt, der einen solchen Widerspruch oder solche

---

83 Brecht, § 95 Anm. 2; Galperin-Löwisch, § 95 Anm. 12; Fitting-Auffarth-Kaiser, § 95 Anm. 9; Gnade-Kehrmann-Schneider-Blanke, § 95 Anm. 8; Hess-Schlochauer-Glaubitz, § 95 Anm. 23; Hunold, DB 1976/103; Kraft, GK-BetrVG § 95 Anm. 31; Gemählich, a.a.O., S. 75 und 77; Müller, ZfA 1982/487; Schlochauer, RdA 1973/158; Stahlhacke, BlStSozArbR 1972/54; Stege-Weinspach, § 95 Anm. 19; Zöllner, a.a.O., S. 675; Vogt, DB 1981/1823 ff.; a.A. Dietz-Richardi, § 95 Anm. 37; Fritz, a.a.O., S. 66; Frauenkron, § 95 Anm. 9; Heinze, a.a.O., Rz. 73; LAG Frankfurt, vom 20.10.1976 – 6 SaGa 884/76 –, ARSt 1977/130.

Einwendungen rechtfertigt. Die bei einer betriebsbedingten Kündigung zu beachtenden sozialen Gesichtspunkte für eine Auswahl können nur so festgelegt werden, wie sie im Rahmen des § 1 Abs. 3 KSchG und den in der Rechtsprechung entwickelten Grundsätzen für die soziale Rechtfertigung einer Kündigung eine Rolle spielen[84].

Ein Ausschluß oder eine Beschränkung des Kündigungsschutzes oder ein Verzicht auf ihn kann deshalb arbeitsvertraglich nicht vereinbart werden. Ebenso verbietet es sich, eine bindende arbeitsvertragliche Vereinbarung über bestimmte Gründe zu einer Kündigung abzuschließen, die die Kündigung stets rechtfertigen sollen[85].

Das gleiche gilt auch infolge der zwingenden Wirkung des § 1 KSchG bei Betriebsvereinbarungen und ebenso für Auswahlrichtlinien über die personelle Auswahl bei Kündigungen und gleichfalls für tarifliche Regelungen, da § 1 KSchG nicht zu denjenigen Bestimmungen des Arbeitnehmerschutzes gehört.

Bei Kündigungsauswahlrichtlinien geht es also nicht darum, die einzelnen Kündigungsgründe für die Zulässigkeit verhaltens-, personen- oder betriebsbedingter Kündigungen näher zu bestimmen. Ebensowenig können auch die Voraussetzungen für Kündigungen in Auswahlrichtlinien weder erschwert noch ausgeschlossen werden. Die Auswahlrichtlinie setzt im Bereich der Kündigung dort ein, wo es darum geht, unter mehreren potentiell Betroffenen die zu kündigenden Arbeitnehmer auszuwählen. Ihre Funktion liegt also darin, daß sie die Auswahl unter sozialen Gesichtspunkten bei betriebsbedingten Kündigungen regelt. Die jahrelang bestehende Ungewißheit über das Verhältnis zwischen den Auswahlrichtlinien des § 95 BetrVG und den Kündigungsschutznormen des § 1 Abs. 3 KSchG ist inzwischen durch einige Entscheidungen des BAG[86] insofern geklärt, als § 95 BetrVG die kündigungsschutzrechtlichen Vorschriften des KSchG beachten und sich in ihrem Rahmen halten müssen.

Soweit derartige Regelungen in Auswahlrichtlinien enthalten sind, handelt es sich dabei jedoch keineswegs um rechtsbeständige Auswahlrichtlinien,

---

84 Brede, BlStSozArb 1973/18; Dietz-Richardi, § 95 Anm. 43; Fitting-Auffarth-Kaiser, § 95 Anm. 7; Galperin-Löwisch, § 95 Anm. 13 und 31; Gift, ZfA 1974/138 ff.; Kraft, GK-BetrVG § 95 Anm. 33; Hess-Schlochauer-Glaubitz, § 95 Anm. 26; Hueck, KSchG § 1 Anm. 136.

85 S. LAG Berlin vom 18.8.1980 – 9 Sa 42/80 –, DB 1980/2195.

86 BAG vom 11.3.1976 – 2 AZR 43/75 –, BB 1976/883, DB 1976/1470; vom 24.3. 1983 – 2 AZR 21/82 –, BB 1983/699 und 1665, DB 1983/830 und 1822 (Korrektur der Entscheidung des BAG vom 20.1.1961 – 2 AZR 495/59 –, BB 1961/407, DB 1961/475, vom 20.10.1983 – 2 AZR 211/82 –, BB 1984/671, DB 1984/563).

sondern im Rahmen einer freiwilligen und auch zulässigen Betriebsvereinbarung i.S.d. § 88 BetrVG um eine Beschränkung der personen- und verhaltensbedingten Kündigung im Einzelfall. Arbeitgeber und Betriebsrat sind demnach bei der Gestaltung der Auswahlrichtlinien nicht völlig frei darin, die Grundsätze für die Auswahl festzulegen, sondern sie müssen die Auswahlgesichtspunkte echt an den sozialen Belangen ausüben[87]. Gegenstand der Auswahlrichtlinien bei der Kündigung kann also lediglich ein Katalog von Auswahlgesichtspunkten sein, die bei einer betriebsbedingten Kündigung zu berücksichtigen sind (§ 1 Abs. 3 KSchG).

Da nun kündigungsschutz- und betriebsverfassungsrechtliche Gesichtspunkte stets zusammentreffen, ist auch die Frage einer Gestaltung der Mitwirkungs- und Mitbestimmungsrechte des Betriebsrats von Bedeutung und verbietet sich auch hier eine Erweiterung oder gar Einengung dieser bestehenden gesetzlichen Regelungen durch eine Betriebsvereinbarung oder auch einen Tarifvertrag[88]. Lediglich im Falle des § 102 Abs. 6 BetrVG kann über das Zustimmungserfordernis zur Kündigung eine freiwillige Betriebsvereinbarung geschlossen werden. Diese abschließende und zwingende Regelung bezieht sich auch auf die in §§ 99 Abs. 2 und 102 Abs. 3 BetrVG genannten Widerspruchsgründe, so daß diese weder erweitert noch auch eingeschränkt werden können.

bb) Personen- und verhaltensbedingte Kündigungen

Nach § 1 Abs. 2 KSchG sind Kündigungen seitens des Arbeitgebers sozial gerechtfertigt, wenn sie durch Gründe in der Person oder in dem Verhalten des Arbeitnehmers bedingt sind. Dabei wird abgestellt auf den einzelnen Arbeitnehmer einmal in seiner Person und zum anderen in seinem Verhalten, so daß bei allen Kündigungen dieser Art eine Auswahl zwischen mehreren Arbeitnehmern ausscheidet.

Neben diesen personen- und verhaltensbedingten Kündigungsgründen sind gleichfalls auch betriebsbedingte Kündigungen sozial gerechtfertigt, wenn sie durch dringende betriebliche Erfordernisse bedingt sind, die einer Weiter-

87 S. Gumpert, BB 1972/49.

88 S. Dietz-Richardi, § 1 Anm. 43, § 2 Anm. 82 ff., § 74 Vorbem. 19, § 99 Anm. 5; Fitting-Auffarth-Kaiser, § 99 Anm. 9; Galperin-Löwisch, § 99 Anm. 8 und Vorbem. 8 vor § 92; Hess-Schlochauer-Glaubitz, § 99 Anm. 7; Kraft, GK-BetrVG § 92 Vorbem. 16, 17, § 99 Anm. 4; Säcker, ZfA 1972/47; Buchner, Die Aktiengesellschaft 1971, S. 139; Stege-Weinspach, §§ 99 – 101 Anm. 10, 11; Steigerwald, S. 245 f.; wohl auch Hanau, RdA 1973/293; LAG Berlin vom 10.4.1978 – 10 TaBV 1/78 –, BB 1979/45; a.A. Brecht, § 1 Anm. 30 f.; Gnade-Kehrmann-Schneider-Blanke, § 1 Anm. 1.

beschäftigung des Arbeitnehmers in diesem Betriebe entgegenstehen und der Arbeitgeber bei der Auswahl des/der zu kündigenden Arbeitnehmer soziale Gesichtspunkte nach § 1 Abs. 3 KSchG berücksichtigt hat. Dieser Kündigungsschutz wird noch ergänzt durch § 1 Abs. 2 S. 2 und 3 KSchG – analog § 102 Abs. 3 Ziff. 1 – 5 BetrVG –, nach denen die Kündigung auch dann sozial ungerechtfertigt ist, wenn der Betriebsrat Einwendungen oder Widerspruch gegen die Kündigung erhoben hat und einer der Gründe vorliegt, der einen solchen Widerspruch oder solche Einwendungen rechtfertigt. Nun sind in fast allen Auswahlrichtlinien Regelungen über personen- und verhaltensbedingte Kündigungen in verschiedenen Varianten enthalten und können sich diese allerdings nur auf gewisse Verfahrensregelungen beziehen. Rechtlich ist es jedenfalls unzulässig, die einzelnen Kündigungsgründe für die Berechtigung von Kündigungen, seien sie personen-, verhaltens- oder betriebsbedingter Art, näher zu bestimmen. Soweit z.B. Auswahlrichtlinien Regelungen über das Anhörungsrecht des einzelnen Arbeitnehmers vor der Kündigung zu einer sozialen Auswahl enthalten – lt. § 1 Abs. 3 S. 1 Halbs. 1 und 2 KSchG – hat der Arbeitgeber dem Arbeitnehmer nur auf dessen ausdrückliches Verlangen die Gründe anzugeben, die zu der getroffenen Auswahl geführt haben, können hiergegen keine rechtlichen Bedenken erhoben werden und resultiert diese Möglichkeit aus § 88 BetrVG im Rahmen einer freiwilligen Betriebsvereinbarung[89]. Das gleiche dürfte auch gelten, wenn in einer solchen Regelung festgelegt wird, daß z.B. ein Arbeitnehmer vor einer Kündigung in bestimmten Fällen ein- oder mehrmals abgemahnt sein muß – dies gilt jedoch nur im Leistungsbereich – oder auch, daß ihm die Gründe für die Kündigung und vor allem für die soziale Auswahl auch ohne ein entsprechendes Verlangen mitzuteilen sind.

Auch der Ausschluß einer ordentlichen Kündigung für Arbeitnehmer mit einer langjährigen Betriebszugehörigkeit oder erst ab einem bestimmten Lebensalter kann durchaus Gegenstand einer Regelung im Rahmen von Auswahlrichtlinien sein und ergibt sich ihre Zulässigkeit ebenfalls aus § 88 BetrVG. Im Rahmen dieser personen- und verhaltensbedingten Kündigungen ist ebenso eine Regelung zulässig, daß z.B. eine Erkrankung erst nach einer bestimmten Dauer, die auch nach der Betriebszugehörigkeit gestaffelt sein kann, oder auch nach einer bestimmten Anzahl regelmäßig wiederkehrender Kurzerkrankungen, einen Grund in der Person des Arbeitnehmers darstellt, der eine Kündigung aus einem dieser Gründe zu rechtfertigen vermag. Praktisch würde das jedoch auf eine evtl. Verlängerung der bestehenden Kündigungsfrist hinauslaufen, ohne

89 S. Brill, AuR 1984/140 m.w.N.

allerdings allein auf den eigentlichen Kündigungsgrund abzustellen, der ohnehin einer gerichtlichen Kontrollprüfung unterliegt. Ebenso kann auch festgelegt werden, unter welchen Voraussetzungen die Verminderung der Leistungsfähigkeit als natürliche Folge des Alters nach jahrelang befriedigender Tätigkeit im Betrieb als ein Kündigungsgrund in der Person des Arbeitnehmers gewertet werden kann. Da der Arbeitgeber bei jeder Kündigung dem Betriebsrat alle Kündigungsgründe angeben muß, auf die er seine Kündigung stützt, bestehen auch keine Bedenken gegen eine Vereinbarung, die ein späteres Nachschieben von Kündigungsgründen ausschließt, die bereits zum Zeitpunkt der Kündigung bekannt waren oder hätten bekannt sein können. In einem Kündigungsschutzverfahren können nur die Kündigungsgründe des Arbeitgebers zu Lasten des Arbeitnehmers berücksichtigt werden, die der Arbeitgeber vor der Kündigung auch dem Betriebsrat im Rahmen seines Anhörungsverfahrens mitgeteilt hat. Ein späteres Nachschieben weiterer Gründe vermag eine Kündigung des Arbeitsverhältnisses nicht zu rechtfertigen.

Auch die Einräumung eines Mitwirkungs- und Mitbestimmungsrechts des Betriebsrats in den Bereichen berechtigter oder auch unberechtigter Kündigungsgründe würde praktisch eine Ausweitung der Rechte des Betriebsrats bedeuten. So wäre z.B. eine Regelung sehr bedenklich, wonach die Personalplanung i.S.d. § 92 BetrVG selbst der Zustimmung des Betriebsrats unterliegen würde. Hier würde jedenfalls ein Kernbereich unternehmerischer Dispositionsfreiheit tangiert, so daß ebenso eine Erweiterung der Rechte des Betriebsrats über den Rahmen des § 102 hinaus ausscheidet und verbietet sich eine solche Regelung gleichfalls im Rahmen des § 88 BetrVG, da diese Vorschrift nur auf soziale Angelegenheiten beschränkt ist.

Sowohl im Rahmen des individuellen Kündigungsschutzes als auch im Rahmen der dem Betriebsrat im Rahmen des BetrVG eingeräumten Mitwirkungs- und Mitbestimmungsrechte ist es demnach unmöglich, diese dort geregelten Schutzrechte zu ändern, weder im einschränkenden noch im erweiterten Bereich und sind hier beide Betriebspartner nur auf rein formelle Verfahrensfragen beschränkt, die nur dann auch Gegenstand von Auswahlrichtlinien sein können. Arbeitgeber und Betriebsrat sind also in der Ausübung ihrer Rechte im Rahmen des Kündigungsschutzes wie auch der Betriebsverfassung diesen Beschränkungen unterworfen.

cc) Bei betriebsbedingten Kündigungen

Eine besondere Bedeutung haben in allen vorliegenden Auswahlrichtlinien die betriebsbedingten Kündigungen, sobald hiervon eine Mehrzahl von Arbeitnehmern oder von mehreren Arbeitnehmern auch nur einer betroffen wird. Unter diesen muß alsdann eine soziale Auswahl gem. § 1 Abs. 3 KSchG vorgenommen werden, wenn nicht alle beschäftigten Arbeitnehmer z.B. bei Betriebsschließungen zur Entlassung anstehen.

Das setzt nun voraus, daß sowohl die Anzahl der Arbeitsplätze, die entfallen und sich erübrigen und ebenso auch der betriebliche Bereich festliegen, aus dem heraus sich Kündigungen von Arbeitnehmern als unumgänglich notwendig erweisen.

a) Ermittlung des betrieblich-räumlichen oder technisch-organisatorischen Auswahlbereichs – betrieblicher Auswahlbereich –

Zunächst kommt es darauf an, festzustellen, wie hoch die Anzahl der Arbeitsplätze ist, die entfällt und sich erübrigt und vor allem aber auch, welche Arbeitsplätze nach bestimmten Auswahlkategorien betroffen werden. Es kann sich aber auch infolge technischer Änderungen eine Verdünnung einer Belegschaft innerhalb eines bestimmten betrieblichen Teilbereichs als notwendig erweisen. Es kann sich aber auch nur um eine bestimmte Arbeitnehmergruppe handeln, die sich als überflüssig erweist, je nach Umfang etwa erforderlicher Rationalisierungsmaßnahmen. Das richtet sich nach der jeweiligen Eigenart und Größe eines Betriebes, nach seiner Struktur und Organisation, nach seiner organisatorischen Gliederung in Abteilungen und Bereiche – funktionelle Gliederung – sowie in Verantwortungs-, Anordnungsebenen – hierarchische Gliederung –, aber auch nach der Zusammensetzung der Belegschaft, seinem Altersaufbau usw., aber auch nach den jeweils erforderlichen betrieblichen Belangen, die die Weiterbeschäftigung bestimmter Arbeitnehmer gebieten. Wie bereits ausgeführt, kommt der Personalplanung i.S.d. § 92 BetrVG in allen Auswahlrichtlinien gerade bei betriebsbedingten Kündigungen eine ganz besonders große Bedeutung zu, da alle personell erforderlichen Eingriffe seitens des Arbeitgebers einem entsprechenden Ausschuß gegenüber mitzuteilen sind und Arbeitgeber und Betriebsrat in die gemeinsame Pflicht genommen werden, über Art und Umfang erforderlicher personeller Maßnahmen und vor allem jedoch über die Vermeidung von Härten zu beraten. Dazu zählt als erstes eine sorgfältige Überprüfung aller etwa bestehenden Weiterbeschäftigungsmöglichkeiten in anderen auch evtl. benachbarten oder verwandten Betrieben, Überlegungen zu allen nur möglichen Arbeitsstreckungsmaßnahmen und dergleichen.

β) Ermittlung des Kreises der von Entlassungen betroffenen Arbeitnehmer – personeller Auswahlbereich –

Wohl eine der schwierigsten Probleme im Rahmen betriebsbedingter Kündigungen und seiner geforderten Sozialauswahl ist also zunächst die Festlegung und Ermittlung des Arbeitnehmerkreises der von Kündigungen dieser Art betroffenen Arbeitnehmer, innerhalb dem eine soziale Auswahl vorzunehmen ist. Diese Problematik steht in engstem Zusammenhang mit der Auswahl eines bestimmten betrieblich-räumlichen Bereichs oder auch Teilbereichs, in dem sich Arbeitsplätze erübrigen oder in Wegfall kommen. Es kann sich aber auch um eine allgemeine notwendige Verdünnung des Personalbestandes oder auch um eine sektorale Senkung von Personalkosten in bestimmten organisatorisch-technischen oder produktionstechnischen betrieblichen Bereichen handeln, aber auch um eine reine Reduzierung besonders hoher und drückender Personalkosten über verschiedene Bereiche des Betriebes hinweg oder auch über bestimmte Produktionsabteilungen auch um den Abbau besonders hoch bezahlter Fach- und Spezialarbeiter mit einem besonders hohen Lohnkostenniveau handeln, in dem Arbeitsplatzabbaumaßnahmen und Personalreduzierungen vorgenommen werden müssen.

Personelle Überhänge resultieren zunächst aus dem betrieblich-räumlichen oder betriebstechnisch-organisatorischen Bereich, in dem sich Arbeitsplätze erübrigen oder in Wegfall kommen – eine reine Arbeitsplatzbezogenheit –. Es kann sich aber auch um allgemein notwendige Verdünnungsmaßnahmen des Personalbestandes eines ganzen Betriebes, eines Teilbetriebes oder eines bestimmten Betriebsbereichs handeln, ohne daß Arbeitsplätze überhaupt im einzelnen in Wegfall kommen – eine reine Personenbezogenheit –. Dabei handelt es sich i.a.R. um eine generelle Personalkosteneinsparung innerhalb des ganzen Betriebes, um Einsparungsmaßnahmen in bestimmten sektoralen betrieblichen Bereichen, die z.B. völlig unrentabel arbeiten oder um solche, die durch technische Änderungen bedingt sind. Eine enge Verzahnung zwischen diesen personellen Maßnahmen und den jeweiligen betrieblich-räumlichen, z.B. Haupt- und Zwischenbetrieb oder Nebenbetrieb oder auch Instandhaltungsbereich, im Verwaltungsbereich usw., in denen sich diese personellen Maßnahmen als unumgänglich notwendig erweisen, ist also unverkennbar. Wenn demnach in aller Regel bei der Ermittlung des personellen und betrieblichen Auswahlbereiches, aus dem heraus sich Kündigungen von Arbeitnehmern aus betriebsbedingten Gründen als notwendig erweisen, allein auf den Arbeitsplatzverlust und zudem auf den Begriff „Betrieb“ generell abgestellt wird – also auf eine reine Betriebsbezogenheit –, so dürfte sich das allein als nicht ausreichend erweisen. Der Begriff Betrieb ist schon allein in seiner Sprachverwendung allgemein verwirrend und kennzeichnet auch in der Betriebssprache unter den Arbeitnehmern einen jeweils für sich gegliederten Betriebsteil, und zwar dann, wenn diese betriebliche Untergliederung als jeweils selbständige Betriebseinheit gewertet und bezeichnet wird. Das gilt besonders dann, wenn diese betriebliche Einheit eine geschlossene Organisations- oder Produktionseinheit oder auch eine selbständige kostenrechnerische betriebliche Einheit mit einer jeweils funktionalen Zweckbestimmung darstellt, etwa eine eigenständige Betriebsabteilung oder ein Nebenbetrieb oder Hilfsbetrieb, ein Teil- oder Zubringerbetrieb i.S.d. § 4 BetrVG, in dem Vor- oder Zwischenprodukte hergestellt werden – oder als abfallende Nebenprodukte in eigenen Anlagen verwertbar gemacht werden.

Zu denken ist z.B. an ein Chemieunternehmen, das an einem Ort konzentriert insgesamt aus einer Anzahl selbständiger Betriebe besteht und jeder einzelne dieser Betriebsteile als selbständiger Betrieb angesehen wird oder gleichfalls den Begriff Betrieb in sich verkörpert. Wenn auch in der Regel der Auswahlbereich der Betrieb ist, der in Einzelfällen auch auf bestimmte Untergliederungen zutreffen kann, insbesondere dann, wenn diese eine in sich geschlossene Organisationseinheit mit besonderer funktionaler Zweckbestimmung darstellt – etwa als Betriebsabteilung i.S.d. § 5 BetrVG[90] –, so genügt allein die Auslegung des Begriffes „Betrieb“ im herkömmlichen Sinne nicht den Ansprüchen, die ihm in diesen Zusammenhängen zugemessen werden können. So könnten z.B. keine Bedenken dagegen erhoben werden, wenn im Rahmen der Auswahlrichtlinien bestimmte betriebliche Bereiche oder auch Teilbereiche festgelegt werden, die im Falle notwendiger Personalreduzierungen von einer Sozialauswahl nicht betroffen werden und ausgeschlossen bleiben.

In einer neueren Entscheidung des BAG[91] vom 25.5.1985 – wird z.B. die Auflösung einer bestimmten selbständigen Betriebsabteilung mit der Folge von Massenentlassungen als Betrieb in einem umfassenden Sinne und im Rahmen der sozialen Auswahl i.d.S. § 1 Abs. 3 KSchG gleichfalls als gebotene selbständige Betriebseinheit angesehen, aus der alle von der Schließung der betreffenden Abteilung betroffenen Arbeitnehmer an anderen bestehenbleibenden Arbeitsplätzen einzusetzten sind, unabhängig davon, ob hier Arbeitsplätze frei sind oder nicht, wie es bei der Beurteilung der Betriebsbedingtheit einer

90 So Stuhl, in: Das Personalbüro 13/203 – 210.
91 BAG vom 25.4.1985 – 2 AZR 140/84 –, Pressebericht BB 1985/866, DB 1985/1029, DB 1985/2205.

Kündigung gefordert wird. Diese Voraussetzung nämlich, das Vorhandensein eines anderen freien Arbeitsplatzes wird im Rahmen der sozialen Auswahl i.S.d. § 1 Abs. 3 KSchG nicht vorausgesetzt, so daß damit die Sozialauswahl sich auf einen sehr weitreichenden und schon fast unübersichtlich gewordenen Betriebsbereich auch u.U. auf den gesamten Betrieb beziehen und auch damit der Kreis der in die soziale Auswahl einzubeziehenden Arbeitnehmer erheblich ausgeweitet wird. Dem Gedanken einer als ansonsten geforderten Interessenabwägung bei der betriebsbedingten Kündigung, wie vor allem einer Abwägung zwischen wirtschaftlichen Gesichtspunkten – es wurden in dem vorgenannten Fall zwei Betriebsabteilungen geschlossen – und den sozialen Belangen eines einzelnen Arbeitnehmers ist das Gericht offensichtlich nicht näher getreten. Gerade bei dieser geforderten Abwägung zwischen sozialen und betrieblichen Gesichtspunkten ist vor allem je nach der wirtschaftlichen Situation der eine oder andere Gesichtspunkt stärker zu beachten. Im übrigen ist auch die Anforderung an die Darlegungs- und Beweislast des Arbeitgebers überzogen und sind an diese viel zu hohe Erwartungen geknüpft, zumal es in derartigen Fällen sogar dem Arbeitgeber unmöglich ist, den Wegfall jedes einzelnen Arbeitsplatzes rein zahlenmäßig im einzelnen oder auch ihre Weiterbeschäftigungsnotwendigkeit oder -verpflichtung i.S.d. § 1 Abs. 3 S. 2 KSchG jeweils genauestens nachzuweisen. Hier sollten auch die Anforderungen an die Darlegungs- und Beweislast der Arbeitgeber nicht überfordert werden und könnte im übrigen hier eine gewisse Zurückhaltung das Problem der Sozialauswahl in einem Kündigungsschutzverfahren erheblich entschärfen[92]. Darüber hinaus wäre es gleichfalls für die gerichtliche Kontrollmöglichkeit empfehlenswert, nicht zuvor auf offensichtliche Verletzungen der sozialen Auswahlgrundsätze zu beharren, ehe nicht die Betriebsbedingtheit der Kündigung – die sie sogar zugunsten des Arbeitgebers unterstellen – eindeutig geklärt ist und sich aus ihrer Beurteilung auch am ehesten infolge ihres Verwandtschaftsgrades überzeugende Reflexwirkungen für die Beurteilung der Rechtswirksamkeit der Kündigung herleiten lassen.

Da die Fragen des zahlenmäßigen Umfangs und des betrieblichen Auswahlbereichs, aus dem heraus sich betriebsnotwendige Kündigungen ergeben, ausschließlich der Dispositionsbefugnis des Arbeitgebers vorbehalten sind, würde auch die Einbindung des Betriebsrats in diesen Bereich ein folgenschwerer Eingriff in die unternehmerische Entscheidungsfreiheit bedeuten. Die Entscheidung über diese zunächst erforderlichen Einsparungsmaßnahmen, ob an Zahl

92 S. Rost, Kündigung und Kündigungsschutz in der betrieblichen Praxis, S. 52 f.

oder an Qualität, ebenso die Entscheidung darüber, in welchem Betriebsteil oder dergleichen personelle Einsparungsmaßnahmen sich als notwendig erweisen, obliegt allein dem Arbeitgeber, da es sich bei diesen Fragen um solche rein wirtschaftlicher oder besser gesagt um solche betriebswirtschaftlicher Art handelt, von denen u.U. die Existenz eines Betriebs und damit eine Anzahl gesicherter Arbeitsplätze abhängen. Der Arbeitgeber ist in diesen Bereichen der Auswahl des betrieblichen oder auch personellen Bedarfsbereichs allerdings nur insoweit in seiner Entscheidungsfreiheit eingeschränkt, als es lediglich um die soziale Auswahl der von Entlassungen betroffenen Arbeitnehmer geht, die also erst dann erfolgen kann, wenn die genaue Anzahl und der betriebliche Bereich, aus dem heraus sich diese Maßnahmen zwangsläufig ergeben, festliegen. Dabei muß der Arbeitgeber jedoch das tatsächliche Vorbringen betriebsbedingter Gründe, die einen Personalabbau als notwendig erscheinen lassen, in einem Prozeßverfahren glaubhaft vortragen und auch nachweisen, wie sich die wirtschaftlich erforderlichen Maßnahmen unmittelbar oder mittelbar auf Arbeitsplätze gekündigter Arbeitnehmer auswirken. Zu den mitzuteilenden und auch nachzuweisenden Gründen zur Kündigung gehören bei betriebsbedingten Kündigungen auch diejenigen Umstände, die zur Auswahl der betroffenen Arbeitnehmer geführt haben. Diese Umstände brauchten nach bisheriger Auffassung des BAG jedoch nur auf Verlangen des Betriebsrats mitgeteilt zu werden[93]. Dabei sind die Gerichte bei ihrer Überprüfung in einem Streitverfahren nicht berechtigt, die notwendigen Maßnahmen des Arbeitgebers zur Einsparung von Arbeitsplätzen auf ihre Notwendigkeit oder Zweckmäßigkeit hin zu überprüfen. Sie dürfen nur nachprüfen, ob die unternehmerische Maßnahme offenbar unsachlich, vernünftig oder willkürlich erfolgt ist[94]. Hierbei dürfte allerdings durch die Existenz von entsprechenden Auswahlrichtlinien den Gerichten ein erleichterter Beurteilungsspielraum zukommen, wenn sowohl der zur Entlassung anstehende Personenkreis und auch der betrieblich-räumliche Bereich, in dem die Entlassungen anstehen, zwischen Arbeitgeber und Betriebsrat abgestimmt worden sind.

Da in allen Auswahlrichtlinien dem Begriff der „Personalplanung“ eine besondere Bedeutung zugemessen wird, fragt es sich, ob diese überhaupt ein Hilfsmittel sein kann, Entlassungen selbst für derartige Notsituationen oder

93 BAG vom 6.7.1978 – 2 AZR 810/76 –, BB 1979/627, DB 1978/2367 und 1979/316, inzwischen durch BAG vom 24.3.1984 – 2 AZR 429/83 –, BB 1984/1426, DB 1984/1990 aufgehoben; s. auch Übersicht bei Schulze, in: Personalwirtschaft 4/85, S. 122 ff.

94 BAG vom 24.10.1979 – 2 AZR 940/77 –, DB 1980/1400.

ihre Vermeidung im voraus zu planen. Planungen tragen bekanntlich stets ein bestimmtes Risiko in sich, die man nur erahnen kann.

In allen Auswahlrichtlinien finden sich zwar immer allgemeine Hinweise auf Verhaltensweisen bei notwendig werdenden Entlassungen, jedoch finden sich keine konkreten Regelungen weder über die Ermittlung des jeweils erforderlichen auswahlrelevanten Arbeitnehmerkreises noch über den betrieblichen Bereich, aus dem heraus sich diese Entlassungen als notwendig ergeben, vielleicht verbieten sich diese auch, zumal sie sehr vielseitig und in den verschiedensten zeitlichen und auch betrieblichen Bereichen auch unterschiedlichen Umfanges auftreten können. Im übrigen erweist es sich vielleicht auch als unmöglich, generell in dieser Hinsicht für eine längere Zeitperiode Vorausplanungen z.B. über plötzlich erforderlich werdende Massenentlassungen vorzunehmen, zumal Planungen sich immer nur auf zukünftige Entwicklungen beziehen und diese stets mit dem Makel eines Irrens oder auch eines gewissen Wagnisrisikos verbunden sind. In den Auswahlrichtlinien begegnen daher nur allgemeine Formulierungen über die jeweils erforderlich Ermittlung des Kreises der von betriebsbedingten Kündigungen betroffenen Arbeitnehmer, ein Problem, das sichtbar in der Praxis als ein primäres angesehen wird und auch heute noch völlig ungeklärt ist. Jedenfalls kann die geforderte soziale Auswahl i.S.d. § 1 Abs. 3 KSchG regelmäßig stets erst dann erfolgen, wenn die genaue Zahl wegfallender Arbeitsplätze oder die genaue Zahl der für eine Kündigung erforderlichen Arbeitnehmer festliegen und ebenso auch der betriebliche Bereich, aus dem heraus sich diese Maßnahmen als zwangsläufig ergeben.

Die organisatorische Gestaltung eines Betriebes ist dem Arbeitgeber/Unternehmer stets allein vorbehalten, der auch das unternehmerische Existenzrisiko jeder Fehlentscheidung trägt.

γ) Soziale Auswahlkriterien unter den zur Entlassung anstehenden Arbeitnehmern – sozialer Auswahlbereich und Gewichtung –

Die Auswahlrichtlinien setzen im Bereich der betriebsbedingten Kündigung erst dort ein, wo es darum geht, unter mehreren potentiell von Kündigungen Betroffenen eine soziale Auswahl vorzunehmen. Ihre Funktion liegt also darin, daß sie die Auswahl unter sozialen Gesichtspunkten regeln. Dieser Gedanke der Sozialauswahl wird also vom Grundgedanken beherrscht, daß derjenige zuerst zu entlassen ist, den die Kündigung am wenigsten hart trifft. Die Problematik liegt also darin, hierfür greifbare und geeignete Kriterien aufzustellen. Als solche dürften ganz allgemein folgende gelten:

Lebensalter, Familienzustand, Unterhaltsverpflichtungen, Unterhaltsansprüche, Vermögensverhältnisse einschließlich der Verwertbarkeit des Vermögens und die Zumutbarkeit, Verflüssigung von Vermögensgegenständen, Kreditaufnahme, unverschuldete wirtschaftliche Notlage, Nebeneinkünfte, Doppelverdienste, Dauer der Betriebszugehörigkeit, Abkehrwille, Ortsgebundenheit, bestehende Versorgungsansprüche, schwere Erkrankung von Angehörigen, Unfälle im Betrieb, auch Ehrenämter im Betrieb, eine im Betrieb erlittene Gesundheitsschädigung usw.

Damit dürften die häufig vorkommenden sozialen Kriterien genannt sein. Nicht gekennzeichnet ist allerdings die Wertigkeit oder Gewichtung der einzelnen Kriterien unter- und miteinander.

Arbeitgeber und Betriebsrat sind also bei der Gestaltung der Auswahlrichtlinien nicht völlig frei darin, die Grundsätze für die soziale Auswahl festzulegen, sondern sie müssen die Auswahlgesichtspunkte echt an den sozialen Belangen der betroffenen Arbeitnehmer werten. Die jahrelang bestehende Unsicherheit über das Verhältnis zwischen § 95 BetrVG und § 1 Abs. 3 KSchG ist inzwischen durch mehrere Entscheidungen des BAG jedenfalls teilweise insofern geklärt, als § 95 BetrVG die kündigungsschutzrechtlichen Vorschriften des KSchG beachten und sich in ihrem Rahmen halten müssen.

Teilweise wird versucht, in Auswahlrichtlinien die Auswahl unter den zur Entlassung anstehenden Arbeitnehmern nur nach sozialen Gesichtspunkten vorzunehmen, wie es z.B. die IG-Metallindustrie beabsichtigt. Damit werden praktisch alle personen- und verhaltensbedingten Kündigungsgründe, soweit sie allein noch keine Kündigung sozial rechtfertigen, bei der Sozialauswahl ganz ausgeschlossen. Damit würden aber auch alle Arbeitnehmer von der Sozialauswahl ausgeschlossen bleiben, deren Weiterbeschäftigungsnotwendigkeit für den Betrieb aus betriebstechnischen, wirtschaftlichen oder aus sonstigen berechtigten betrieblichen Erfordernissen erforderlich ist. Es würde damit dem Arbeitgeber das Recht verwehrt, diese Gesichtspunkte betrieblicher Bedarfsaspekte i.S.d. § 1 Abs. 3 KSchG für sich in Anspruch zu nehmen. Diese Arbeitnehmer scheiden aber für eine soziale Auswahl infolge ihrer Weiterbeschäftigungsnotwendigkeit à priori aus. In einer neueren Entscheidung des BAG[95] vom 18.10.1984 erklärt es, daß eine Sozialauswahl, bei der z.B. keine sozialen Gesichtspunkte, sondern ausschließlich betriebliche Belange berücksichtigt

95 BAG vom 18.10.1984 – 2 AZR 61/83 –, DB 1985/803 im Anschluß an eine frühere Entscheidung vom 20.10.1983 – 2 AZR 211/82 –, DB 1984/563.

worden sind, im Ergebnis sozialwidrig ist. Das gleiche dürfte aber auch im ungekehrten Falle gelten, wenn nur auf soziale Gesichtspunkte abgestellt würde.

Die Auswahl des Kreises der von einer betriebsbedingten Kündigung zu erfassenden Arbeitnehmer und der betriebliche Bereich, aus dem heraus sich ein Personalabbau als notwendig erweist, muß nach wie vor Sache des Arbeitgebers sein und bleiben und entzieht sich ihre Notwendigkeit und Zweckmäßigkeit einer richterlichen Nachkontrolle. Die Grenze kann auch nicht durch eine freiwillige Betriebsvereinbarung oder eine Auswahlrichtlinie so eingeschränkt werden, daß der Auswahlspielraum auf Null reduziert wird.

δ) Zu den Fragen der Weiterbeschäftigungsmöglichkeiten und -notwendigkeiten vergleichbarer und austauschbarer Arbeitnehmer im Rahmen dringender betrieblicher Erfordernisse und bei der sozialen Auswahl

Der Frage einer Weiterbeschäftigungsmöglichkeit und einer Weiterbeschäftigungsnotwendigkeit vergleichbarer und austauschbarer Arbeitnehmer wird in den vorliegenden Richtlinien eine besondere Bedeutung zuteil. Dabei werden jedoch beide Begriffe in ihren unterschiedlich geforderten Zusammenhängen vielfach unterschiedlich und oftmals irritierend verwandt und bedürfen daher einer eingehenderen Klarstellung.

Zunächst verwendet der Gesetzgeber den Begriff der Weiterbeschäftigung im individualrechtlichen Kündigungsschutzbereich in § 1 Abs. 2 KSchG im Zusammenhang mit der sozialen Rechtfertigung betriebsbedingter Kündigungen und gleichfalls in § 1 Abs. 2 Ziff. 1 b und 2b sowie in § 1 Abs. 2 S. 3 und in § 1 Abs. 3 S. 2 KSchG. Der gleiche Begriff begegnet alsdann im kollektivrechtlichen Bereich in § 102 Abs. 3 Ziff. 3, 4 und 5 BetrVG und in Abs. 5 S. 1 und Abs. 5 Ziff. 2 BetrVG.

Nach § 1 Abs. 2 S. 1 KSchG kommt es für die soziale Rechtfertigung einer betriebsbedingten Kündigung darauf an, ob die dringenden betrieblichen Erfordernisse der Weiterbeschäftigung eines Arbeitnehmers in diesem Betrieb entgegenstehen. Allein die Tatsache einer mangelnden Weiterbeschäftigungsmöglichkeit in dem Betrieb sagt allein noch nichts über die Betriebsbedingtheit einer Kündigung aus, vielmehr müssen ihre Gründe von einigem Gewicht sein. Die Möglichkeit der Weiterbeschäftigung an einem anderen Arbeitsplatz im selben Betrieb setzt allerdings voraus, daß ein solcher Arbeitsplatz auch tatsächlich frei vorhanden ist und nicht erst freigemacht oder neu geschaffen werden muß[96]. Das gleiche gilt gem. § 1 Abs. 2 Ziff. 1b und 2b KSchG i.V.m. § 102 Abs. 3 BetrVG auch, wenn der Arbeitnehmer an einem anderen Arbeitsplatz entweder im selben Betrieb oder in einem anderen Betrieb des Unternehmens auch unter geänderten Arbeitsbedingungen weiterbeschäftigt werden kann und der Betriebsrat innerhalb einer Woche gem. § 102 Abs. 2 S. 1 BetrVG schriftlich aus einem der dort aufgeführten Gründe widersprochen hat. Das setzt allerdings voraus, daß der Arbeitgeber auch in der Lage ist, die Ernsthaftigkeit seiner Einwendungen über die Unmöglichkeit einer Weiterbeschäftigung nachzuweisen und im Falle entsprechender Einwendungen seitens des Betriebsrats auch dieser in der Lage ist, anderweitig bestehende Beschäftigungsmöglichkeiten konkret aufzuzeigen[97]. Trotz dieses zwar dem Betriebsrat eingeräumten Widerspruchsrechts behält aber der einzelne Arbeitnehmer das Recht, seine Kündigungsschutzgründe in einem Kündigungsschutzprozeß eigenständig geltend zu machen[98]. Bei der Beurteilung der Frage der dringenden betrieblichen Erfordernisse als soziale Rechtfertigung einer betriebsbedingten Kündigung i.S.d. § 1 Abs. 2 S. 1 und § 1 Abs. 2 Ziff. 1 a und 1b und Ziff. 2a und 2 b KSchG geht es also nur darum, festzustellen, ob im selben Betrieb oder auch in einem anderen Betrieb des Unternehmens eine Weiterbeschäftigungsmöglichkeit auf einem dort vorhandenen freien Arbeitsplatz besteht und sich daher eine betriebsbedingte Kündigung als sozial ungerechtfertigt und als rechtsunwirksam erweisen würde, wenn von diesem anderweitigen Einsatz kein Gebrauch gemacht würde.

Ist nun eine solche Möglichkeit einer Weiterbeschäftigung auf einem anderen freien Arbeitsplatz nicht gegeben, etwa weil im einzelnen nicht genau nachweisbar ist, welche einzelnen Arbeitsplätze entfallen müssen und sich daher z.B. eine reine Personalkostensenkung über bestimmte auch größere Teilbereiche eines Betriebes hinaus erstrecken muß, so kann eine allgemeine Personalverdünnung nur unter vergleichbaren und auch austauschbaren Arbeitnehmern erfolgen und hat der Arbeitgeber alsdann eine Kündigung nach § 1 Abs. 3 S. 1 KSchG unter Abwägung sozialer Gesichtspunkte und betrieblicher Bedarfsaspekte vorzunehmen, d.h. der Arbeitgeber muß die soziale Auswahl im Rahmen

96 BAG vom 3.2.1977 – 2 AZR 476/75 –, BB 1977/489, DB 1977/1320, vom 6.9. 1978 – 4 AZR 84/77 –, BB 1979/424, DB 1979/118; ArbG Krefeld vom 27.3.1974 – BV 5/74 –, bei Herschel-Löwisch, KSchG § 1 Anm. 181 angegeben.

97 h.M. Hueck, KSchG § 1 Anm. 142 b; Dietz-Richardi, § 102 Anm. 160; LAG Düsseldorf vom 15.3.1978 – 12 Sa 316/78, BB 1980/810, DB 1978/1282.

98 BAG vom 14.10.1982 – 2 AZR 568/80 –, DB 1983/2635; Löwisch, DB 1975/350; Coen, RdA 1983/350 f.; KR-Becker, § 1 KSchG Anm. 306; Herschel-Löwisch, § 1 KSchG Anm. 184; Stahlhacke, a.a.O., Rz. 507; a.A. Hueck, § 1 KSchG Anm. 114a.

betriebsbedingter Kündigungen so vornehmen, daß die soziale Schutzbedürftigkeit des oder der Arbeitnehmer, die der Zahl der weggefallenen Arbeitsplätze entsprechend zur Entlassung anstehen, nach sozialen Kriterien gewertet und gewichtet wird. Alsdann hat er unter diesen den sozial stärker gestellten Arbeitnehmer vor dem sozial schwächer gestellten Arbeitnehmer zuerst zu entlassen[99]. Dem Betriebsrat ist es auch hier unbenommen, gem. § 102 Abs. 3 Ziff. 1 BetrVG dieser getroffenen sozialen Auswahl durch den Arbeitgeber zu widersprechen, wobei er alsdann genaue Angaben darüber machen muß, welche Arbeitnehmer aus welchen Gründen sozial besser gestellt und daher anstelle des vom Arbeitgeber vorgesehenen Arbeitnehmers auszuwählen[100] und auf welchen Arbeitsplätzen eine Weiterbeschäftigung des zur Kündigung vorgesehenen Arbeitnehmers denkbar oder möglich ist[101].

Bei der vom Gesetzgeber zuerst in § 1 Abs. 2 KSchG geforderten Weiterbeschäftigungsmöglichkeit und seiner Überprüfung für die soziale Rechtfertigung einer betriebsbedingten Kündigung geht es also ausschließlich darum, festzustellen, ob neben den anderen geforderten Voraussetzungen auch die Möglichkeiten einer Weiterbeschäftigung im selben Betrieb oder einem anderen Betrieb desselben Unternehmens bestehen, während es bei den Fragen der Vergleichbarkeit und Austauschbarkeit von Arbeitnehmern ausschließlich um Fragen der sozialen Auswahl i.S.d. § 1 Abs. 3 KSchG geht. Sowohl die Frage nach der sozialen Rechtfertigung einer betriebsbedingten Kündigung i.S.d. § 1 Abs. 2 KSchG als auch die Frage der sozialen Auswahl i.S.d. § 1 Abs. 3 KSchG sind rein sozialer Art, sie beinhalten aber ebenso beide betriebliche Gegebenheiten, daß sie in ihrem Inhalt und vor allem in ihrer Zwecksetzung unterschiedlichen Ausmaßes und Charakters und in ihren unterschiedlichen Zusammenhängen zu werten sind; sie sind also keineswegs identisch.

Erst nach erfolgtem Ausspruch einer betriebsbedingten Kündigung i.S.d. § 1 Abs. 2 KSchG erweist sich diese Kündigung trotz ihrer sozialen Rechtfertigung dann als sozial ungerechtfertigt, wenn der Arbeitgeber bei der Auswahl der Arbeitnehmer i.S.d. § 1 Abs. 3 S. 1 KSchG soziale Gesichtspunkte nicht oder nicht ausreichend berücksichtigt hat. Diese vom Gesetzgeber aus-

---

99 Vgl. BAG vom 12.10.1979 – 7 AZR 959/77 –, BB 1980/1163, DB 1980/502 . . . in –, AP Nr. 15 zu § 1 KSchG (betriebsbedingte Kündigung), vom 11.3.1976 – 2 AZR 43/75 –, BB 1976/883, DB 1976/1470, mit Anm. Peterek in SAE 1977/145 und Gamillscheg in EzA § 95 BetrVG 1972 Nr. 1; Berkowski, in: Personalwirtschaft 1984/78 (79).

100 S. ArbG Bochum vom 7.3.1974 – 2 Ca 2/74 –, DB 1974/729, ArbG Wuppertal vom 8.3.1974 – 4 Ca 5/74 –, DB 1974/1584, BB 1974/649.

101 LAG Düsseldorf vom 5.1.1976 – 9 Sa 1604/75, DB 1976/1066, BB 1976/1462.

drücklich geforderte soziale Auswahl gewinnt an sich erst dann Bedeutung, wenn das Vorliegen dringender betrieblicher Gründe für eine solche Kündigung bejaht ist. Diese Auswahl tritt aber völlig in den Hintergrund, d.h. sie entfällt gänzlich, wenn infolge betriebstechnischer, wirtschaftlicher oder sonstiger betrieblicher Bedürfnisse eine Weiterbeschäftigung eines oder mehrerer bestimmter Arbeitnehmer für den Betrieb unabwendbar ist.

Die soziale Komponente einer „Weiterbeschäftigungsmöglichkeit" auf einem vorhandenen freien Arbeitsplatz als Voraussetzung der Rechtswirksamkeit einer betriebsbedingten Kündigung i.S.d. § 1 Abs. 2 KSchG ist also nicht vergleichbar mit der eigentlichen Sozialauswahl i.S.d. § 1 Abs. 3 KSchG, bei der es schließlich um die Frage einer „Weiterbeschäftigungsnotwendigkeit" geht. Wenn schon der Arbeitgeber nicht gezwungen werden kann, im Rahmen der Überprüfungspflicht einer Weiterbeschäftigungsmöglichkeit im Zusammenhang mit der Rechtsbeständigkeit einer betriebsbedingten Kündigung einen neuen Arbeitsplatz einzurichten, um einen zur Entlassung anstehenden Arbeitnehmer anderweitig einzusetzen, um seine Entlassung zu vermeiden, so sollte er ebenso aus den gleichen Gründen auch nicht gezwungen werden können, für einen oder mehrere zur Kündigung anstehende Arbeitnehmer andere Arbeitsplatzinhaber zu entlassen. In diesen logischen Zusammenhang greift allerdings der Gesetzgeber durch einen gewissen Zwang zu einer sozialen Auswahl durch den Arbeitgeber ein.

Die richtige Beurteilung betriebsbedingter Kündigungsgründe und ihre damit unmittelbar zusammenhängende Frage einer Weiterbeschäftigungsmöglichkeit auf einem anderen vorhandenen freien Arbeitsplatz und die richtige soziale Auswahl des Kreises der von betriebsbedingten Kündigungen betroffenen Arbeitnehmer ist auch heute noch ein neuralgischer Punkt in Literatur und Judikatur und werden diese Unverbindlichkeiten ebenfalls, ob bewußt oder unbewußt, in fast allen existenten Auswahlrichtlinien und auch in den vorliegenden Mustern nicht entsprechend klar herausgehoben, sondern es wird generell darauf abgestellt, daß ein Weiterbeschäftigungsanspruch jedes zur Kündigung anstehenden Arbeitnehmers auf jeden anderen bestehenbleibenden Arbeitsplatz desselben Betriebes oder jedes Betriebes eines Unternehmens auch dann besteht, wenn ein freier Arbeitsplatz überhaupt nicht vorhanden ist, sondern der Arbeitgeber gezwungen wird, einen solchen Platz frei zu machen.

Der Kreis der in eine soziale Auswahl einzubeziehenden Arbeitnehmer wird damit erheblich erweitert. In einigen Richtlinien kommt dies auch deutlich zum Ausdruck, wenn es heißt, daß alle Arbeitnehmer in den Kreis der Auszuwählenden einzubeziehen sind, die an ähnlichen oder verwandten Arbeitsplätzen beschäftigt sind und aus nicht betroffenen Betriebsteilen. Allerdings wird diese Regelung alsdann auf Arbeitsplätze i.S.d. § 102 Abs. 3 Ziff. 3 und 4 BetrVG bezogen, eingeschränkt und der endgültigen Regelung zwischen Arbeitgeber und Betriebsrat überlassen.

Eine andere Regelung beschränkt den auszuwählenden Arbeitnehmerkreis auf Arbeitnehmer, deren Arbeitsplätze aufgrund der Personalplanung aufgelöst werden sollen oder deren Besetzung vermindert werden soll. Dabei sind Arbeitnehmer, die an ähnlichen oder verwandten Arbeitsplätzen beschäftigt sind, in den Kreis auszuwählender Arbeitnehmer einzubeziehen. Dabei sind die weggefallenen einzelnen Arbeitsplätze oder auch der betrieblich-räumliche oder produktionstechnische Auswahlbereich, in dem die Arbeitsplätze reduziert werden müssen, jeweils zwischen Arbeitgeber und Betriebsrat zu vereinbaren.

IX. Verfahrensregelungen – Umfang und Grenzen im einzelnen

1. Bei personellen Einzelmaßnahmen

Neben der Regelung materieller Gesichtspunkte bei einer Sozialauswahl im Rahmen der Auswahlrichtlinien unterliegen auch formelle Verfahrensregelungen einer evtl. Mitwirkung und Mitbestimmung durch den Betriebsrat und können mit ihm gemeinsam vereinbart werden. Hierzu zählen z.B. bei Einstellungen mehr als bei Kündigungen Fragen verwertbarer Unterlagen wie Personalfragebogen, Schul- und Lehrzeugnisse, Zeugnisse früherer Arbeitgeber und Teilnahme an Lehrgängen, Personalakten, Beurteilung von Einstellungsgesprächen u.a.[102].

In fast allen vorliegenden Auswahlrichtlinien sind Regelungen für den Fall enthalten, daß sich Arbeitgeber und Betriebsrat in bestimmten Fragen der Auslegung oder Anwendung von Auswahlrichtlinien nicht verständigen können. In diesen Fällen ist im allgemeinen eine Einigungsstelle als Schlichtungsinstanz vorgesehen. Auch Kündigungsmöglichkeiten und -fristen von Auswahlrichtlinien sind im allgemeinen in allen Vereinbarungen enthalten und erweisen sich diese auch als erforderlich.

102 S. Dietz-Richardi, § 95 Anm. 10 und 22; Fitting-Auffarth-Kaiser, § 95 Anm. 10; Gnade-Kehrmann-Schneider-Blanke, § 95 Anm. 14; a.A. Kraft, GK-BetrVG § 95 Anm. 14; Zöllner, FS für G. Müller, S. 681; im Falle des Abs. 2 des § 95 BetrVG Galperin-Löwisch, § 95 Anm. 11 und 26; Hess-Schlochauer-Glaubitz, § 95 Anm. 36.

2. Bildung und Funktion eines Personalplanungsausschusses

Von größerer Bedeutung im Rahmen der Verfahrensregelungen ist die Frage der Bildung und Zusammensetzung eines Personalplanungsausschusses und vor allem die Fixierung der ihm im besonderen übertragenen Aufgaben. Gerade auf die Bildung eines solchen Personalausschusses legen die Gewerkschaften einen ganz besonderen großen Wert und vor allem aber auf seine paritätische Besetzung und seine Aufgabenkompetenz[103]. Die rechtliche Grundlage für die Bildung eines solchen Ausschusses bietet § 28 BetrVG. Danach kann der Betriebsrat zunächst seine Mitwirkungsrechte auch bei Kündigungen gem. § 102 BetrVG (Anhörung) auf einen von ihm gebildeten Personalausschuß übertragen. Daneben können gem. § 28 Abs. 3 BetrVG bestimmte Aufgaben zur selbständigen Erledigung auf Ausschüsse übertragen werden, die von Mitgliedern des Betriebsrats und des Arbeitgebers benannt werden, die also paritätisch besetzt sind[104]. Die Regelungen über Zuständigkeit und Zusammensetzung gelten demnach auch in Ausschüssen, die von beiden Betriebspartnern besetzt werden. Arbeitgeber und Betriebsrat können demnach Ausschüsse bilden, die sich z.B. mit Akkord- und Prämienfragen zu befassen haben, mit besonderen Problemen zwischen Arbeitern und Angestellten[105], mit Sicherheitsfragen, mit sozialen Einrichtungen und dergleichen. Der Betriebsrat kann mithin seinen Mitgliedern in diesen paritätisch zusammengesetzten Ausschüssen seine Mitwirkungsrechte im Rahmen des § 102 BetrVG zur selbständigen Wahrnehmung übertragen, wenn er ausschließlich – und zwar alle Mitglieder – in die paritätischen Ausschüsse entsendet, die z.B. auch dem Personalausschuß angehören. Hört der Arbeitgeber nur dem paritätisch zusammengesetzten Ausschuß zu einer betriebsbedingten Kündigung an, so ist diese Anhörung wenigstens dann nicht wegen Verletzung der Anhörungspflicht gem. § 102 BetrVG unwirksam, wenn sämtliche Mitglieder des Betriebsrats im paritätisch zusammengesetzten Ausschuß der Kündigung zugestimmt haben.

Soweit allerdings der Personalplanungsausschuß nur über die Planung von Maßnahmen i.S.d. § 92 BetrVG unterrichtet wird und über geplante Maß-

103 S. Gnade, in: Der Betriebsrat 1972, S. 353; ähnlich Vorschlag der IG-Metallindustrie in § 1 ihres Entwurfs für ein Rationalisierungsabkommen, RdA 1968/137; neuestens dafür auch Rumpff, a.a.O., S. 101, ablehnend Hess-Schlochauer-Glaubitz, § 92 Anm. 10.

104 Fitting-Auffarth-Kaiser, § 28 Anm. 27; Gande-Kehrmann-Schneider-Blanke, § 28 Anm. 14 und 15; Hess-Schlochauer-Glaubitz, § 28 Anm. 12; Stege-Weinspach, § 28 Anm. 4; Dietz-Richardi, § 28 Anm. 35.

105 S. BAG vom 12.7.1984 – 2 AZR 320/83 –, BB 1985/1599, DB 1985/340, Bestätigung des Urteils vom 4.8.1975 – 2 AZR 266/74, DB 1975/2184.

nahmen seitens des Arbeitgebers berät, bestehen keine Bedenken. Soll aber dieser Ausschuß z.B. die Personalplanung erarbeiten, wie es fast ausnahmslos alle vorliegenden Richtlinien vorsehen, soll diese also der Mitbestimmung des Betriebsrats unterworfen werfen, so liegt sachlich eine Ausweitung des Mitbestimmungsrechts des Betriebsrats vor[106], die den Entscheidungsspielraum des Arbeitgebers einschränkt. Dazu reicht aber der Arbeitgeber seine eigene Zustimmung, mit der er sich damit zu einer echten Mitbestimmung des Betriebsrats bekennt. Ohne diese Einräumung durch den Arbeitgeber selbst wäre aber z.B. eine Einigungsstelle nicht dazu befugt, eine solche Regelung in der Form einer Auswahlrichtlinie zu treffen. In Unternehmen, in denen nach § 106 Abs. 1 BetrVG ein Wirtschaftsausschuß zu bilden ist, können dessen Aufgaben nach § 107 Abs. 3 BetrVG dem Personalplanungsausschuß mitübertragen werden.

3. Zuständigkeit eines einzelnen Betriebsrats, eines Gesamt- und Konzernbetriebsrats

Wie bereits dargestellt, existieren die meisten Auswahlrichtlinien in Großbetrieben und insbesondere in Unternehmen und sind die entsprechenden Vereinbarungen jeweils mit den Gesamtbetriebsräten und in Einzelfällen mit den Konzernbetriebsräten getätigt worden. Damit stellt sich die Frage, inwieweit hierzu eine Zuständigkeit des Gesamtbetriebsrats oder gar des Konzernbetriebsrats besteht. Zunächst schreibt § 47 Abs. 1 BetrVG zwingend die Errichtung eines Gesamtbetriebsrats für ein Unternehmen vor, in dem mehrere Betriebsräte bestehen, während für einen Konzern gem. § 54 Abs. 1 S. 1 BetrVG ein Konzernbetriebsrat durch Beschlüsse der einzelnen Gesamtbetriebsräte errichtet werden kann. Die Mitglieder dieser beiden Organe werden nicht gewählt, sondern sie setzen sich aus Vertretern zusammen, die von den einzelnen Betriebsräten bzw. den Gesamtbetriebsräten entsandt werden.

Der Gesamtbetriebsrat ist zuständig für die nach dem BetrVG der Mitwirkung oder Mitbestimmung unterliegenden Fragen, die das gesamte Unternehmen oder zumindest mehrere Betriebe betreffen und einer einheitlichen Regelung bedürfen. Analog gilt die gleiche Regelung ebenfalls für einen Konzern.

Eine Zuständigkeit des Gesamtbetriebsrats tritt zunächst einmal nicht automatisch ein[107], sondern ist diese entweder kraft Gesetzes gegeben oder sie

106 Kraft, GK-BetrVG § 92 Anm. 27.

107 So aber Fitting-Auffarth-Kaiser, § 95 Anm. 6; einschränkend Dietz-Richardi, § 95 Anm. 18; a.A. Galperin-Löwisch, § 95 Anm. 19; Kraft, GK-BetrVG § 95 Anm. 7.

gewinnt ihre Zuständigkeit durch Auftragserteilung einzelner Betriebsräte oder ggf. aller Betriebsräte eines Unternehmens (§ 50 Abs. 1 BetrVG). Gleiches gilt ebenso für den Konzernbetriebsrat gem. § 58 Abs. 1 BetrVG. Der Gesetzgeber stellt bei beiden Organen darauf ab, ob es sich um Angelegenheiten handelt, die ihrer Natur nach einer einheitlichen Lösung bedürfen oder deren Lösung einzig sinnvoll und zweckmäßig einheitlich auf Unternehmens- oder Konzernebene erscheint, d.h. von der Regelungsmaterie her ein zwingendes Bedürfnis für eine einheitliche Regelung auf Unternehmens- oder Konzernebene besteht, wobei stets auf die Verhältnisse des jeweiligen Unternehmens bzw. Konzerns und seiner Betriebsräte bzw. Gesamtbetriebsräte und die in Rede stehenden Mitwirkungs- oder Mitbestimmungsrechte abzustellen ist.

Wenn so z.B. ein Unternehmen aus mehreren Betrieben besteht und Auswahlrichtlinien einheitlich im Unternehmen oder in mehreren Betrieben des Unternehmens gelten sollen, so sind für den Abschluß derartiger Richtlinien der Gesamt- oder auch der Konzernbetriebsrat zuständig. Das gilt allerdings nur dann, wenn die für die Auswahl maßgeblichen Gesichtspunkte eine Regelung auf Unternehmens- oder Konzernebene erforderlich machen[108].

Der Regelungsbereich eines Konzernbetriebsrats ist gegenüber dem des Gesamtbetriebsrats oder auch Einzelbetriebsrats allerdings erheblich eingeschränkt so z.B. bei einem Personalabbau auf Konzernebene, weil das KSchG seine Grenze auf der Betriebs- bzw. Unternehmensebene findet. Ein konzernweiter Bestandsschutz kann so z.B. durch Kündigungsrichtlinien nicht erreicht werden, obwohl der Konzernbetriebsrat das geeignete Regelungsorgan wäre[109]. So wären vor allem auch hier Kündigungsrichtlinien sehr erwünscht, mit denen z.B. die Weiterbeschäftigungsmöglichkeiten zur Vermeidung von Kündigungen sichergestellt werden könnten. Zu denken wäre an eine Weiterbeschäftigung durch Versetzungen in ein anderes Unternehmen des Konzerns. Das scheitert in der Regel jedoch an der Vereinbarungsbefugnis auf Arbeitgeberseite, die auf Seiten der Tochtergesellschaft als Arbeitgeber auftritt. Die Obergesellschaft hat diese Befugnis jedoch nicht, so daß z.B. Kündigungsauswahlrichtlinien zwischen einer Obergesellschaft und einem Konzernbetriebsrat mit konzernweiter Geltung nicht vereinbart werden können. In einem Konzernbetrieb kann demnach die Weiterbeschäftigung des Arbeitnehmers in einem Betrieb eines anderen Konzernunternehmens nicht verlangt werden[110].

108 Ebenso Dietz-Richardi, § 95 Anm. 60; Fitting-Auffarth-Kaiser, § 95 Anm. 6; Galperin-Löwisch, § 95 Anm. 19; Hess-Schlochauer-Glaubitz, § 95 Anm. 34; Kraft, GK-BetrVG § 95 Anm. 7.

109 Vgl. Fuchs, „Der Konzernbetriebsrat, Funktion und Kompetenz“, 1974, S. 133.

110 BAG vom 14.10.1982 – 2 AZR 568/80 –, DB 1983/2635.

Im Rahmen der personellen Angelegenheiten hat der Konzern-Betriebsrat dann seine Zuständigkeit, wenn es sich um Maßnahmen der Personalplanung handelt, die von der Leitung des herrschenden Unternehmens getroffen werden.

Bei personellen Einzelmaßnahmen des herrschenden Unternehmens besteht grundsätzlich keine Zuständigkeit, sondern diese liegt bei dem dort bestehenden Betriebsrat. Das gilt auch für die Einstellung solcher Arbeitnehmer durch das herrschende Unternehmen, die es nach dem Inhalt des Arbeitsvertrages im gesamten Konzern einsetzen kann[111].

4. Zuständigkeit der Einigungsstelle

In Betrieben mit unter eintausend Arbeitnehmern bedürfen Auswahlrichtlinien gem. § 95 Abs. 1 BetrVG bei Einstellungen, Versetzungen, Umgruppierungen und Kündigungen der Zustimmung des Betriebsrats. Kommt eine Einigung zwischen Arbeitgeber und Betriebsrat hierüber nicht zustande, so kann der Arbeitgeber die Einigungsstelle gem. § 95 Abs. 1 S. 2 BetrVG anrufen, um einen verbindlich geltenden Spruch herbeizuführen. Der Betriebsrat kann also seinerseits nicht initiativ werden, um solche Auswahlrichtlinien mittels der Einigungsstelle einzuführen oder bereits eingeführten einen bestimmenden Inhalt zu geben. Solange es an der Zustimmung des Betriebsrats fehlt und auch die Einigungsstelle diese fehlende Zustimmung nicht ersetzt hat, darf der Arbeitgeber sie nicht anwenden. Tut er dies dennoch, so stellt das die Verletzung einer betriebsverfassungsrechtlichen Pflicht dar, die nach § 23 Abs. 3 BetrVG geahndet werden kann.

Nach § 95 Abs. 2 BetrVG kann der Betriebsrat in Betrieben mit mehr als eintausend Arbeitnehmern auch seinerseits die Aufstellung von Auswahlrichtlinien verlangen und im Streitfalle die Einigungsstelle auch seinerseits anrufen, um derartige Auswahlrichtlinien herbeizuführen. § 95 Abs. 2 BetrVG bezieht sich allerdings nur auf Auswahlrichtlinien über die bei personellen Einzelmaßnahmen zu beachtenden fachlichen und persönlichen Voraussetzungen und sozialen Gesichtspunkte. Richtlinien rein verfahrensmäßigen Inhalts werden

111 So Fitting-Auffarth-Kaiser, § 58 Anm. 4 c; Hess-Schlochauer-Glaubitz, § 58 Anm. 11 und 13; a.A. Dietz-Richardi, § 58 Anm. 12 und Martens, 25 Jahre BAG, S. 369; wird ein solcher Arbeitnehmer in einem anderen Konzernunternehmen eingesetzt, so ist der dortige Betriebsrat zuständig, Fitting-Auffarth-Kaiser, § 58 Anm. 4 c; das gilt entsprechend bei Versetzung von einem Konzernunternehmen in ein anderes, vgl. dazu BAG vom 30.4.1981 – 6 ABR 59/78 –, BB 1981/1833, DB 1981/1833.

nicht erfaßt. Diese unterliegen daher auch in Betrieben mit mehr als eintausend Arbeitnehmern dem Zustimmungsrecht[112].

Der Spruch der Einigungsstelle ersetzt die Einigung zwischen Arbeitgeber und Betriebsrat (§ 95 Abs. 1 S. 3 und § 95 Abs. 2 S. 3 BetrVG).

Die Einigungsstelle faßt ihre Beschlüsse gem. § 76 Abs. 5 S. 3 BetrVG unter angemessener Berücksichtigung der Belange des Betriebes und der betroffenen Arbeitnehmer. Dabei handelt es sich um einen Ermessensrahmen, der dem Gestaltungsspielraum entspricht, den Arbeitgeber und Betriebsrat im Hinblick auf die Behandlung mitbestimmungspflichtiger Angelegenheiten haben[113].

5. Sanktionen

Jeder Verstoß des Arbeitgebers gegen die Auswahlrichtlinien der nach § 95 BetrVG wirksam getroffenen Vereinbarungen bei einer Einstellung, Versetzung und Umgruppierung eines Arbeitnehmers, berechtigt den Betriebsrat, seine Zustimmung zu dieser personellen Einzelmaßnahme zu verweigern (§ 99 Abs. 2 Ziff. 2 BetrVG). Ebenso kann der Betriebsrat dann, wenn der Arbeitgeber gegen eine Auswahlrichtlinie für Kündigungen anläßlich einer konkret ausgesprochenen Kündigung verstößt, gem. § 102 Abs. 3 Ziff. 2 BetrVG eben dieser Kündigung widersprechen. Dieser Widerspruch löst für den Arbeitnehmer regelmäßig die Möglichkeit der vorläufigen Weiterbeschäftigung nach § 102 Abs. 5 BetrVG aus. Weiterhin kann sich dann der Arbeitnehmer im Kündigungsschutzprozeß auf den Verstoß gegen die Auswahlrichtlinie gem. § 1 Abs. 2 S. 2 Nr. 1 KSchG berufen[114]. Verweigert aber der Betriebsrat im Rahmen des § 99 BetrVG seine Zustimmung nicht bzw. widerspricht der Betriebsrat nicht im Rahmen des § 102 Abs. 3 Nr. 2 BetrVG, so hat der Verstoß gegen die Auswahlrichtlinie unmittelbar keine Konsequenzen. Allerdings bleiben die individualrechtlichen Rechte des Arbeitnehmers unberührt, so daß dieser aus dem Verstoß des Arbeitgebers gleichwohl u.U. eine gewisse prozessuale Indizwirkung gewinnen kann.

---

112 Galperin-Löwisch, § 95 Anm. 26; Hess-Schlochauer-Glaubitz, § 95 Anm. 36; Meisel, a.a.O., S. 65 f.; Zöllner, FS für G. Müller, S. 682; a.A. Dietz-Richardi, § 95 Anm. 10; Kraft, GK-BetrVG § 95 Anm. 10.

113 S. BAG vom 8.3.1977 – 1 ABR 79/76 –, BB 1977/1098, DB 1977/1463.

114 Vgl. Hueck, § 1 KSchG Anm. 135 ff.; Hanau, BB 1972/452.

Anhang I

Gesetzestexte (Auszüge)

Auszug aus dem Betriebsverfassungsgesetz

vom 15. Januar 1972
(BGBl. I S. 13 ff.)

Fünfter Abschnitt
Personelle Angelegenheiten

Erster Unterabschnitt
Allgemeine personelle Angelegenheiten

§ 92 Personalplanung

(1) Der Arbeitgeber hat den Betriebsrat über die Personalplanung, insbesondere über den gegenwärtigen und künftigen Personalbedarf sowie über die sich daraus ergebenden personellen Maßnahmen und Maßnahmen der Berufsbildung an Hand von Unterlagen rechtzeitig und umfassend zu unterrichten. Er hat mit dem Betriebsrat über Art und Umfang der erforderlichen Maßnahmen und über die Vermeidung von Härten zu beraten.

(2) Der Betriebsrat kann dem Arbeitgeber Vorschläge für die Einführung einer Personalplanung und ihre Durchführung machen.

§ 95 Auswahlrichtlinien

(1) Richtlinien über die personelle Auswahl bei Einstellungen, Versetzungen, Umgruppierungen und Kündigungen bedürfen der Zustimmung des Betriebsrats. Kommt eine Einigung über die Richtlinien oder ihren Inhalt nicht zustande, so entscheidet auf Antrag des Arbeitgebers die Einigungsstelle. Der Spruch der Einigungsstelle ersetzt die Einigung zwischen Arbeitgeber und Betriebsrat.

(2) In Betrieben mit mehr als 1000 Arbeitnehmern kann der Betriebsrat die Aufstellung von Richtlinien über die bei Maßnahmen des Absatzes 1 Satz 1 zu beachtenden fachlichen und persönlichen Voraussetzungen und sozialen Gesichtspunkte verlangen. Kommt eine Einigung über die Richtlinien oder ihren Inhalt nicht zustande, so entscheidet die Einigungsstelle. Der Spruch der Einigungsstelle ersetzt die Einigung zwischen Arbeitgeber und Betriebsrat.

(3) Versetzung im Sinne dieses Gesetzes ist die Zuweisung eines anderen Arbeitsbereichs, die voraussichtlich die Dauer von einem Monat überschreitet, oder die mit einer erheblichen Änderung der Umstände verbunden ist, unter denen die Arbeit zu leisten ist. Werden Arbeitnehmer nach der Eigenart ihres Arbeitsverhältnisses üblicherweise nicht ständig an einem bestimmten Arbeitsplatz beschäftigt, so gilt die Bestimmung des jeweiligen Arbeitsplatzes nicht als Versetzung.

Dritter Unterabschnitt
Personelle Einzelmaßnahmen

§ 99 Mitbestimmung bei personellen Einzelmaßnahmen

(1) In Betrieben mit in der Regel mehr als zwanzig wahlberechtigten Arbeitnehmern hat der Arbeitgeber den Betriebsrat vor jeder Einstellung, Eingruppierung, Umgruppierung und Versetzung zu unterrichten, ihm die erforderlichen Bewerbungsunterlagen vorzulegen und Auskunft über die Person der Beteiligten zu geben; er hat dem Betriebsrat unter Vorlage der erforderlichen Unterlagen Auskunft über die Auswirkungen der geplanten Maßnahmen zu geben und die Zustimmung des Betriebsrats zu der geplanten Maßnahme einzuholen. Bei Einstellungen und Versetzungen hat der Arbeitgeber insbesondere den in Aussicht genommenen Arbeitsplatz und die vorgesehene Eingruppierung mitzuteilen. Die Mitglieder des Betriebsrats sind verpflichtet, über die ihnen im Rahmen der personellen Maßnahmen nach den Sätzen 1 und 2 bekanntgewordenen persönlichen Verhältnisse und Angelegenheiten der Arbeitnehmer, die ihrer Bedeutung oder ihrem Inhalt nach einer vertraulichen Behandlung bedürfen, Stillschweigen zu bewahren, § 79 Abs. 1 Satz 2 bis 4 gilt entsprechend.

(2) Der Betriebsrat kann die Zustimmung verweigern, wenn

1. die personelle Maßnahme gegen ein Gesetz, eine Verordnung, eine Unfallverhütungsvorschrift oder gegen eine Bestimmung in einem Tarifvertrag oder in einer Betriebsvereinbarung oder gegen eine gerichtliche Entscheidung oder eine behördliche Anordnung verstoßen würde,
2. die personelle Maßnahme gegen eine Richtlinie nach § 95 verstoßen würde,
3. die durch Tatsachen begründete Besorgnis besteht, daß infolge der personellen Maßnahmen im Betrieb beschäftigte Arbeitnehmer gekündigt werden oder sonstige Nachteile erleiden, ohne daß dies aus betrieblichen oder personellen Gründen gerechtfertigt ist,
4. der betroffene Arbeitnehmer durch die personelle Maßnahme benachteiligt wird, ohne daß dies aus betrieblichen oder in der Person des Arbeitnehmers liegenden Gründen gerechtfertigt ist,
5. eine nach § 93 erforderliche Ausschreibung im Betrieb unterblieben ist oder
6. die durch Tatsachen begründete Besorgnis besteht, daß der für die personelle Maßnahme in Aussicht genommene Bewerber oder Arbeitnehmer den Betriebsfrieden durch gesetzwidriges Verhalten oder durch grobe Verletzung der in § 75 Abs. 1 enthaltenen Grundsätze stören werde.

(3) Verweigert der Betriebsrat seine Zustimmung, so hat er dies unter Angabe von Gründen innerhalb einer Woche nach Unterrichtung durch den Arbeitgeber diesem schriftlich mitzuteilen. Teilt der Betriebsrat dem Arbeitgeber die Verweigerung seiner Zustimmung nicht innerhalb der Frist schriftlich mit, so gilt die Zustimmung als erteilt.

(4) Verweigert der Betriebsrat seine Zustimmung, so kann der Arbeitgeber beim Arbeitsgericht beantragen, die Zustimmung zu ersetzen.

§ 102 Mitbestimmung bei Kündigungen

(1) Der Betriebsrat ist vor jeder Kündigung zu hören. Der Arbeitgeber hat ihm die Gründe für die Kündigung mitzuteilen. Eine ohne Anhörung des Betriebsrats ausgesprochene Kündigung ist unwirksam.

(2) Hat der Betriebsrat gegen eine ordentliche Kündigung Bedenken, so hat er diese unter Angabe der Gründe dem Arbeitgeber spätestens innerhalb einer Woche schriftlich mitzu-

teilen. Äußert er sich innerhalb dieser Frist nicht, gilt seine Zustimmung zur Kündigung als erteilt. Hat der Betriebsrat gegen eine außerordentliche Kündigung Bedenken, so hat er diese unter Angabe der Gründe dem Arbeitgeber unverzüglich, spätestens jedoch innerhalb von drei Tagen, schriftlich mitzuteilen. Der Betriebsrat soll, soweit dies erforderlich erscheint, vor seiner Stellungnahme den betroffenen Arbeitnehmer hören. § 99 Abs. 1 Satz 3 gilt entsprechend.

(3) Der Betriebsrat kann innerhalb der Frist des Absatzes 2 Satz 1 der ordentlichen Kündigung widersprechen, wenn

1. der Arbeitgeber bei der Auswahl des zu kündigenden Arbeitnehmers soziale Gesichtspunkte nicht oder nicht ausreichend berücksichtigt hat,
2. die Kündigung gegen eine Richtlinie nach § 95 verstößt,
3. der zu kündigende Arbeitnehmer an einem anderen Arbeitsplatz im selben Betrieb oder in einem anderen Betrieb des Unternehmens weiterbeschäftigt werden kann,
4. die Weiterbeschäftigung des Arbeitnehmers nach zumutbaren Umschulungs- oder Fortbildungsmaßnahmen möglich ist oder
5. Eine Weiterbeschäftigung des Arbeitnehmers unter geänderten Vertragsbedingungen möglich ist und der Arbeitnehmer sein Einverständnis hiermit erklärt hat.

(4) Kündigt der Arbeitgeber, obwohl der Betriebsrat nach Absatz 3 der Kündigung widersprochen hat, so hat er dem Arbeitnehmer mit der Kündigung eine Abschrift der Stellungnahme des Betriebsrats zuzuleiten.

(5) Hat der Betriebsrat einer ordentlichen Kündigung frist- und ordnungsgemäß widersprochen, und hat der Arbeitnehmer nach dem Kündigungsschutzgesetz Klage auf Feststellung erhoben, daß das Arbeitsverhältnis durch die Kündigung nicht aufgelöst ist, so muß der Arbeitgeber auf Verlangen des Arbeitnehmers diesen nach Ablauf der Kündigungsfrist bis zum rechtskräftigen Abschluß des Rechtsstreits bei unveränderten Arbeitsbedingungen weiterbeschäftigen. Auf Antrag des Arbeitgebers kann das Gericht ihn durch einstweilige Verfügung von der Verpflichtung zur Weiterbeschäftigung nach Satz 1 entbinden, wenn

1. die Klage des Arbeitnehmers keine hinreichende Aussicht auf Erfolg bietet oder mutwillig erscheint oder
2. die Weiterbeschäftigung des Arbeitnehmers zu einer unzumutbaren wirtschaftlichen Belastung des Arbeitgebers führen würde oder
3. der Widerspruch des Betriebsrats offensichtlich unbegründet war.

(6) Arbeitgeber und Betriebsrat können vereinbaren, daß Kündigungen der Zustimmung des Betriebsrats bedürfen und daß bei Meinungsverschiedenheiten über die Berechtigung der Nichterteilung der Zustimmung die Einigungsstelle entscheidet.

(7) Die Vorschriften über die Beteiligung des Betriebsrats nach dem Kündigungsschutzgesetz und nach § 8 Abs. 1 des Arbeitsförderungsgesetzes bleiben unberührt.

Auszug aus dem Kündigungsschutzgesetz (KSchG)

vom 10. August 1951 (BGBl. I S. 499) in der Fassung der Bekanntmachung vom 25. August 1969 (BGBl. I. S. 1317) mehrfach geändert, zuletzt durch das Zweite Gesetz zur Änderung des Kündigungsschutzgesetzes vom 27. April 1978 (BGBl. I S. 550)

Erster Abschnitt: Allgemeiner Kündigungsschutz

§ 1 Sozial ungerechtfertigte Kündigungen

(1) Die Kündigung des Arbeitsverhältnisses gegenüber einem Arbeitnehmer, dessen Arbeitsverhältnis in demselben Betrieb oder Unternehmen ohne Unterbrechung länger als sechs Monate bestanden hat, ist rechtsunwirksam, wenn sie sozial ungerechtfertigt ist.

(2) Sozial ungerechtfertigt ist die Kündigung, wenn sie nicht durch Gründe, die in der Person oder in dem Verhalten des Arbeitnehmers liegen, oder durch dringende betriebliche Erfordernisse, die einer Weiterbeschäftigung des Arbeitnehmers in diesem Betrieb entgegenstehen, bedingt ist. Die Kündigung ist auch sozial ungerechtfertigt, wenn

1. in Betrieben des privaten Rechts
   a) die Kündigung gegen eine Richtlinie nach § 95 des Betriebsverfassungsgesetzes verstößt,
   b) der Arbeitnehmer an einem anderen Arbeitsplatz in demselben Betrieb oder in einem anderen Betrieb des Unternehmens weiterbeschäftigt werden kann

   und der Betriebsrat oder eine andere nach dem Betriebsverfassungsgesetz insoweit zuständige Vertretung der Arbeitnehmer aus einem dieser Gründe der Kündigung innerhalb der Frist des § 102 Abs. 2 Satz 1 des Betriebsverfassungsgesetzes schriftlich widersprochen hat,
2. in Betrieben und Verwaltungen des öffentlichen Rechts
   a) die Kündigung gegen eine Richtlinie über die personelle Auswahl bei Kündigungen verstößt,
   b) der Arbeitnehmer an einem anderen Arbeitsplatz in derselben Dienststelle oder in einer anderen Dienststelle desselben Verwaltungszweiges an demselben Dienstort einschließlich seines Einzugsgebietes weiterbeschäftigt werden kann und die zuständige Personalvertretung aus einem dieser Gründe fristgerecht gegen die Kündigung Einwendungen erhoben hat, es sei denn, daß die Stufenvertretung in der Verhandlung mit der übergeordneten Dienststelle die Einwendungen nicht aufrechterhalten hat.

Satz 2 gilt entsprechend, wenn die Weiterbeschäftigung des Arbeitnehmers nach zumutbaren Umschulungs- oder Fortbildungsmaßnahmen oder eine Weiterbeschäftigung des Arbeitnehmers unter geänderten Arbeitsbedingungen möglich ist und der Arbeitnehmer sein Einverständnis hiermit erklärt hat. Der Arbeitgeber hat die Tatsachen zu beweisen, die die Kündigung bedingen.

(3) Ist einem Arbeitnehmer aus dringenden *betrieblichen Erfordernissen* im Sinne des Absatzes 2 gekündigt worden, so ist die Kündigung trotzdem sozial ungerechtfertigt, wenn der Arbeitgeber bei der Auswahl des Arbeitnehmers soziale Gesichtspunkte nicht oder nicht ausreichend berücksichtigt hat; auf Verlangen des Arbeitnehmers hat der

Arbeitgeber dem Arbeitnehmer die Gründe anzugeben, die zu der getroffenen sozialen Auswahl geführt haben. Satz 1 gilt nicht, wenn betriebstechnische, wirtschaftliche oder sonstige *berechtigte betriebliche Bedürfnisse* die Weiterbeschäftigung eines oder mehrerer bestimmter Arbeitnehmer bedingen und damit der Auswahl nach sozialen Gesichtspunkten entgegenstehen. Der Arbeitnehmer hat die Tatsachen zu beweisen, die die Kündigung als sozial ungerechtfertigt im Sinne des Satzes 1 erscheinen lassen.

Anhang II

Muster
von Betriebsvereinbarungen über Auswahlrichtlinien gem. § 95 BetrVG in teilweiser gekürzter und in ungekürzter Fassung

– seitens der Gewerkschaften und ihnen nahestehender Vertreter –

Muster der IG-Metall für den Betriebsrat einer Betriebsvereinbarung über Auswahlrichtlinien gemäß § 95 BetrVG

Zwischen der Firma . . .
und dem Betriebsrat der Firma . . .
werden gemäß § 95 BetrVG für die Auswahl bei Einstellungen, Versetzungen, Umgruppierungen und Kündigungen folgende Richtlinien vereinbart:

A. Einstellungen

I. Allgemeine Grundsätze

1. Alle freien Arbeitsplätze, bei denen die Ausschreibung vereinbart oder vom Betriebsrat verlangt ist, sind innerbetrieblich auszuschreiben. Auf Verlangen des Betriebsrats ist die Ausschreibung auf alle Betriebe des Konzerns auszudehnen.
2. – 4. . . .
5. Zur Gewährleistung einer sicheren Anwendung dieser Auswahlrichtlinien dürfen für die Beurteilung und Entscheidung nur die Tatsachen herangezogen werden, die aus den folgenden Unterlagen gewonnen werden:
   a) Die Angaben aus dem vereinbarten Personalfragebogen und den Stellenbeschreibungen.
   b) Schulzeugnisse und Abschlußzeugnisse von Bildungseinrichtungen.
   c) Bescheinigung über Kurse und Lehrgänge sowie Zeugnisse, Referenzen von bisherigen Arbeitsstellen.
   d) Das Zeugnis eines Arztes über die Fähigkeit, den angestrebten Arbeitsplatz oder Arbeitsbereich auszufüllen – sofern das in der Stellenbeschreibung festgelegt oder sonst mit dem Betriebsrat vereinbart ist.
   e) Das Eignungsurteil eines Psychologen – sofern das in der Stellenbeschreibung festgelegt oder sonst mit dem Betriebsrat vereinbart ist.
   f) Die Ergebnisse von Vorstellungsgesprächen.
   g) Personalakten.
   h) Betriebliche Beurteilungen aus den nach § 94 Abs. 2 BetrVG vereinbarten Beurteilungsverfahren.
   i) Auskünfte, die der Betriebsrat oder die Personalabteilung einholt.

Sofern in begründeten Einzelfällen zusätzliche Merkmale und Tatsachen in den Auswahlprozeß eingeführt werden sollen, ist hierüber eine Vereinbarung mit dem Betriebsrat notwendig.

6. – 8. ...

II. Prüfung der persönlichen Voraussetzungen

1. – 2. ...

III. Prüfung der fachlichen Voraussetzungen

1. – 6. ...

IV. Soziale Gesichtspunkte

1. Bei der Beurteilung der Bewerber sind soziale Gesichtspunkte mit den persönlichen und fachlichen Gesichtspunkten abzuwägen.
2. Soziale Gesichtspunkte sind:
   Alter,
   Familienstand,
   Anzahl der unterhaltsberechtigten Angehörigen,
   Dauer der Betriebszugehörigkeit,
   Erwerbsbehinderungen,
   Wiedereingliederung in den Erwerbsprozeß
      nach einem Unfall,
      nach einer schweren Krankheit,
      zum Zwecke der Umschulung oder
      nach einer Umschulung auf Veranlassung
         der Berufsgenossenschaft,
         des Arbeitsamtes,
         eines Sozialversicherungsträgers;
      Eingliederung Schwerbeschädigter oder gleichgestellter Personen;
      Eingliederung von Arbeitnehmern, denen das Unternehmen in besonderer Weise verpflichtet ist, zum Beispiel infolge eines schweren Unfalls oder des tödlichen Unfalls eines Familienangehören;
      Eingliederung besonders schutzbedürftiger Personen;
      Eingliederung auf Empfehlung von Behörden, karitativen Verbänden oder der Kirchen, zum Beispiel nach Entlassung aus der Strafhaft.

V. Einstellung ausländischer Arbeitnehmer

1. Die Einstellung ausländischer Arbeitnehmer ist im Rahmen der Personalplanung mit dem Betriebsrat zu beraten.
2. Die Personalabteilung unterrichtet den Betriebsrat über eine geplante Einstellung von Ausländern so früh wie möglich unter Angabe der Personenzahl, Nationalität, der in Aussicht genommenen Arbeitsplätze und der an die Bewerber zu stellenden Anforderungen.

3. – 8. ...

VI. Einstellung von Auszubildenden

1. – 5. ...

B. Versetzungen

I. Personenbedingte Versetzungen

Personenbedingte Versetzungen, z.B. wegen Nachlassens der körperlichen Kräfte oder wegen des ärztlichen Verbots, einen Arbeitsplatz weiter auszufüllen, gelten als sozialer Anlaß i.S. dieser Auswahlrichtlinien und begründen gegenüber sonst gleichwertigen Bewerbern einen Vorrang.

II. Betriebsbedingte Versetzungen

1. Über betriebsbedingte Versetzungen ist im Rahmen der Personalplanung zu beraten. Versetzungen, bei denen diese Voraussetzung nicht zutrifft, gelten als Verstoß gegen diese Auswahlrichtlinien.
2. Bei der Versetzung auf einen höherwertigen Arbeitsplatz und bei Beförderungen gelten die gleichen Regeln wie bei der Einstellung. Zusätzlich sind die Ergebnisse eines nach § 94 Abs. 2 BetrVG vereinbarten Beurteilungssystems hinzuzuziehen.
3. Bei der Versetzung auf einen nach Einkommen und sozialer Wertschätzung gleichwertigen Arbeitsplatz hat bei der Auswahl die fachliche Eignung den gleichen Rang wie die Dauer der Betriebszugehörigkeit. Dabei begründet eine längere Betriebszugehörigkeit einen Vorrang.

   Sofern ein Bewerber aus persönlichen oder innerbetrieblichen Gründen einen Anspruch auf besondere soziale Rücksichtnahme hat (z.B. durch einen Unfall), begründet ein derartiger sozialer Anlaß einen Vorrang.

   Über die Gleichwertigkeit von Arbeitsplätzen ist unter Berücksichtigung der in § 95 Abs. 3 BetrVG erwähnten Umstände ein Einvernehmen mit dem Betriebsrat herbeizuführen.
4. Bei der Auswahl der Arbeitnehmer zur Versetzung auf einen geringerwertigen Arbeitsplatz gelten die gleichen Grundsätze wie bei einer Kündigung.

   Dies gilt auch bei der Prüfung von Mehrfachversetzungen, um soziale Härten zu vermeiden.

C. Umgruppierungen

1. Für Umgruppierungen aufgrund von Beförderungen, Versetzungen, Übertragung zusätzlicher Aufgaben, tarifvertraglichen Vorschriften oder betrieblicher Lohnregelungen gelten unter dem Vorrang der tarifvertraglichen Vorschriften bei der Auswahl der Bewerber die gleichen Grundsätze, die in diesen Auswahlrichtlinien für die Versetzung festgelegt sind.
2. Die sachlich nicht gerechtfertigte Abweichung von den jeweils festgelegten Eingruppierungsmerkmalen gilt als ein Verstoß gegen diese Auswahlrichtlinien.

D. Kündigungen

I. Allgemeine Grundsätze

1. Fristgerechte und außerordentliche Kündigungen, die durch das Verhalten des Arbeitnehmers bedingt sind und denen ein vorwerfbares Tun oder Unterlassen zugrunde liegt, sind nicht Gegenstand dieser Auswahlrichtlinien.

2. Betriebsbedingte Kündigungen und Kündigungen, die ihre Ursache in der Person des Arbeitnehmers haben – ohne verhaltensbedingt zu sein –, sind mit Hilfe der Personalplanung grundsätzlich zu vermeiden.
3. Betriebsbedingte Kündigungen dürfen nicht zum Anlaß genommen werden, in der Vergangenheit angeblich unterlassene Disziplinarmaßnahmen nachträglich durchzuführen.

II. Personenbedingte Kündigungen

1. Bei personenbedingten Kündigungen hat der Arbeitgeber dem Betriebsrat alle Gründe, die seinen Kündigungsentschluß hervorrufen, mitzuteilen. Ein späteres Nachschieben von Gründen, die bereits zum Zeitpunkt der Mitteilung bekannt waren oder hätten bekannt sein können, gilt als Verstoß gegen diese Auswahlrichtlinien.
2. Bei personenbedingten Kündigungen ist unter Berücksichtigung des Alters, des Familienstandes, der Betriebszugehörigkeit und des bisherigen beruflichen Werdeganges eine Weiterbeschäftigungsmöglichkeit an einem anderen Arbeitsplatz desselben Betriebs oder in einem anderen Betrieb des Unternehmens eingehend zu prüfen.
3. Zu prüfen ist ferner die Weiterbeschäftigungsmöglichkeit nach zumutbaren Umschulungs- und Fortbildungsmaßnahmen. Die Personalabteilung hat dem Betriebsrat mitzuteilen, welche Umschulungs- und Fortbildungsmaßnahmen erwogen und welche Arbeitsplätze in welchen Betrieben unter dem Gesichtspunkt einer Weiterbeschäftigungsmöglichkeit überprüft worden sind.
4. Konkrete Gegenvorschläge des Betriebsrats bei einer für nicht ausreichend erachteten Prüfung der Weiterbeschäftigungsmöglichkeiten sind von der Personalabteilung gemeinsam mit dem Betriebsrat zu prüfen.
5. Wenn der zu kündigende Arbeitnehmer sein Einverständnis zur Weiterbeschäftigung unter geänderten Vertragsbedingungen erklärt und der Betriebsrat dem zugestimmt hat, gilt die dennoch ausgesprochene Kündigung als ein Verstoß gegen diese Auswahlrichtlinie.

III. Betriebsbedingte Kündigungen

1. Voraussetzung für die Betriebsbedingtheit einer Kündigung ist die Beratung und Beschlußfassung in der vorausgegangenen Personalplanung über die Verminderung der Belegschaft auf bestimmten Arbeitsplätzen. Eine betriebsbedingte Kündigung, die nicht in dieser Weise beraten worden ist, gilt als Verstoß gegen die Auswahlrichtlinie.
2. Für die Auswahl der zu Kündigenden kommen zunächst nur die Inhaber der Arbeitsplätze in Betracht, die aufgrund der Personalplanung aufgelöst werden sollen oder deren Besetzung vermindert werden soll.
3. Sofern an ähnlichen oder verwandten Arbeitsplätzen Arbeitnehmer mit einer kürzeren Betriebszugehörigkeit beschäftigt sind, sind diese in den Kreis der Auszuwählenden einzubeziehen. Welche Arbeitsplätze im Sinne des § 102 Abs. 3 Ziff. 3 und 4 BetrVG als gleich oder ähnlich gelten, ist zwischen Arbeitgeber und Betriebsrat zu vereinbaren.
4. Dieser Personenkreis ist nach der Dauer der Betriebszugehörigkeit und den sozialen Eigenschaften (Alter, Familienstand, Unterhaltsberechtigte, Betriebszugehörigkeit)

zu ordnen. Längere Betriebszugehörigkeit und größere soziale Verpflichtungen gebieten eine größere Rücksichtnahme.

5. Aus diesem Personenkreis sind zunächst jene Arbeitnehmer auszuwählen, deren Weiterbeschäftigung auf einem anderen gleichwertigen Arbeitsplatz des gleichen Betriebs oder eines anderen Betriebs des Unternehmens mit oder ohne zumutbare Umschulung möglich ist.
6. Aus dem verbleibenden Personenkreis sind sodann jene Arbeitnehmer auszuwählen, deren Weiterbeschäftigung unter geänderten Vertragsbedingungen möglich ist.
7. Sofern die gesetzlichen Voraussetzungen für eine Massenentlassung eingehend geprüft, die Anzeige an die Arbeitsverwaltung erstattet und deren Auflagen erfüllt sind, gelten folgende Auswahlkriterien:
   a) Dauer der Betriebszugehörigkeit – längere Betriebszugehörigkeit verlangt größere Rücksichtnahme.
   b) Soziale Eigenschaften wie Alter, Familienstand, unterhaltsberechtigte Familienmitglieder – die größere soziale Verpflichtung verlangt die jeweils größere soziale Rücksichtnahme.
   c) Die fachliche Eignung unter Berücksichtigung der Umschulungsmöglichkeiten.

E. Verfahren bei Meinungsverschiedenheiten

1. – 5. . . .

F. Inkrafttreten und Kündigung

Diese Vereinbarung tritt am . . . in Kraft und kann mit vierteljährlicher Kündigungsfrist zum Jahresende gekündigt werden.

(es fehlt eine Datumsangabe)

Muster einer Betriebsvereinbarung über Auswahlrichtlinien

der IG-Chemie-Papier-Keramik, Hauptvorstand Hannover, in: „Der Betriebsrat", Nr. 1 Januar 1973

Zwischen der Firma . . .
und dem Betriebsrat der Firma . . .
werden gemäß § 95 BetrVG für die Auswahl bei Einstellungen, Versetzungen, Umgruppierungen und Kündigungen folgende Richtlinien vereinbart:

A. Einstellungen

I. Allgemeine Grundsätze

1. – 8. . . .

II. Prüfung der persönlichen Voraussetzungen
1. – 2. ...

III. Prüfung der fachlichen Voraussetzungen
1. – 6. ...

IV. Soziale Gesichtspunkte
1. – 2. ...

V. Einstellung ausländischer Arbeitnehmer
1. – 8. ...

VI. Einstellung von Auszubildenden
1. – 5. ...

B. Versetzungen

I. Personenbedingte Versetzungen

Personenbedingte Versetzungen, zum Beispiel wegen Nachlassens der körperlichen Kräfte oder wegen des ärztlichen Verbots, einen Arbeitsplatz weiter auszufüllen, gelten als sozialer Anlaß im Sinne dieser Auswahlrichtlinien und begründen gegenüber sonst gleichwertigen Bewerbern einen Vorrang.

II. Betriebsbedingte Versetzungen

1. Über betriebsbedingte Versetzungen ist im Rahmen der Personalplanung zu beraten. Versetzungen, bei denen diese Voraussetzung nicht zutrifft, gelten als Verstoß gegen diese Auswahlrichtlinien.
2. Bei der Versetzung auf einen höherwertigen Arbeitsplatz und bei Beförderungen gelten die gleichen Regeln wie bei der Einstellung. Zusätzlich sind die Ergebnisse eines nach § 94 Abs. 2 BetrVG vereinbarten Beurteilungssystems hinzuzuziehen.
3. Bei der Versetzung auf einen nach Einkommen und sozialer Wertschätzung gleichwertigen Arbeitsplatz hat bei der Auswahl die fachliche Eignung den gleichen Rang wie die Dauer der Betriebszugehörigkeit. Dabei begründet eine längere Betriebszugehörigkeit einen Vorrang.

   Sofern ein Bewerber aus persönlichen oder innerbetrieblichen Gründen einen Anspruch auf besondere soziale Rücksichtnahme hat (zum Beispiel durch einen Unfall), begründet ein derartiger sozialer Anlaß einen Vorrang.

   Über die Gleichwertigkeit von Arbeitsplätzen ist unter Berücksichtigung der in § 95 Abs. 3 BetrVG erwähnten Umstände ein Einvernehmen mit dem Betriebsrat herbeizuführen.
4. Bei der Auswahl der Arbeitnehmer zur Versetzung auf einen geringerwertigen Arbeitsplatz gelten die gleichen Grundsätze wie bei der Kündigung. Dies gilt auch bei der Prüfung von Mehrfachversetzungen, um soziale Härten zu vermeiden.

C. Umgruppierungen

1. Für Umgruppierungen aufgrund von Beförderungen, Versetzungen, Übertragung zusätzlicher Aufgaben, tarifvertraglichen Vorschriften oder betrieblicher Lohn-

regelungen gelten unter dem Vorrang der tarifvertraglichen Vorschriften bei der Auswahl der Bewerber die gleichen Grundsätze, die in diesen Auswahlrichtlinien für die Versetzung festgelegt sind.

2. Die sachlich nicht gerechtfertigte Abweichung von den jeweils festgelegten Eingruppierungsmerkmalen gilt als ein Verstoß gegen diese Auswahlrichtlinien.

D. Kündigungen

I. Allgemeine Grundsätze

1. Fristgerechte und außerordentliche Kündigungen, die durch das Verhalten des Arbeitnehmers bedingt sind und denen ein verwerfbares Tun oder Unterlassen zugrunde liegt, sind nicht Gegenstand dieser Auswahlrichtlinien.
2. Betriebsbedingte Kündigungen und Kündigungen, die ihre Ursache in der Person des Arbeitnehmers haben – ohne verhaltensbedingt zu sein –, sind mit Hilfe der Personalplanung grundsätzlich zu vermeiden.
3. Betriebsbedingte Kündigungen dürfen nicht zum Anlaß genommen werden, in der Vergangenheit angeblich unterlassene Disziplinarmaßnahmen nachträglich durchzuführen.

II. Personenbedingte Kündigungen

1. Bei personenbedingten Kündigungen hat der Arbeitgeber dem Betriebsrat alle Gründe, die seinen Kündigungsentschluß hervorrufen, mitzuteilen. Ein späteres Nachschieben von Gründen, die bereits zum Zeitpunkt der Mitteilung bekannt waren oder hätten bekannt sein können, gilt als Verstoß gegen diese Auswahlrichtlinien.
2. Bei personenbedingten Kündigungen ist unter Berücksichtigung des Alters, des Familienstandes, der Betriebszugehörigkeit und des bisherigen beruflichen Werdeganges eine Weiterbeschäftigungsmöglichkeit an einem anderen Arbeitsplatz desselben Betriebs oder in einem anderen Betrieb des Unternehmens eingehend zu prüfen.
3. Zu prüfen ist ferner die Weiterbeschäftigungsmöglichkeit nach zumutbaren Umschulungs- und Fortbildungsmaßnahmen. Die Personalabteilung hat dem Betriebsrat mitzuteilen, welche Umschulungs- und Fortbildungsmaßnahmen erwogen und welche Arbeitsplätze in welchen Betrieben unter dem Gesichtspunkt einer Weiterbeschäftigungsmöglichkeit überprüft worden sind.
4. Konkrete Gegenvorschläge des Betriebsrats bei einer für nicht ausreichend erachteten Prüfung der Weiterbeschäftigungsmöglichkeiten sind von der Personalabteilung gemeinsam mit dem Betriebsrat zu prüfen.
5. Wenn der zu kündigende Arbeitnehmer sein Einverständnis zur Weiterbeschäftigung unter geänderten Vertragsbedingungen erklärt und der Betriebsrat dem zugestimmt hat, gilt die dennoch ausgesprochene Kündigung als ein Verstoß gegen diese Auswahlrichtlinie.

III. Betriebsbedingte Kündigungen

1. Voraussetzung für die Betriebsbedingtheit einer Kündigung ist die Beratung und Beschlußfassung in der vorausgegangenen Personalplanung über die Verminde-

rung der Belegschaft auf bestimmten Arbeitsplätzen. Eine betriebsbedingte Kündigung, die nicht in dieser Weise beraten worden ist, gilt als Verstoß gegen die Auswahlrichtlinien.

2. Für die Auswahl der zu Kündigenden kommen zunächst nur die Inhaber der Arbeitsplätze in Betracht, die aufgrund der Personalplanung aufgelöst oder deren Besetzung vermindert werden soll.
3. Sofern an ähnlichen oder verwandten Arbeitsplätzen Arbeitnehmer mit einer kürzeren Betriebszugehörigkeit beschäftigt sind, sind diese in den Kreis der Auszuwählenden einzubeziehen. Welche Arbeitsplätze im Sinne des § 102 Abs. 3 Ziff. 3 und 4 BetrVG als gleich oder ähnlich gelten, ist zwischen Arbeitgeber und Betriebsrat zu vereinbaren.
4. Dieser Personenkreis ist nach der Dauer der Betriebszugehörigkeit und den sozialen Eigenschaften (Alter, Familienstand, Unterhaltsberechtigte, Betriebszugehörigkeit) zu ordnen. Längere Betriebszugehörigkeit und größere soziale Verpflichtungen gebieten eine größere Rücksichtnahme.
5. Aus diesem Personenkreis sind zunächst jene Arbeitnehmer auszuwählen, deren Weiterbeschäftigung auf einem anderen gleichwertigen Arbeitsplatz des gleichen Betriebs des Unternehmens mit oder ohne zumutbare Umschulung möglich ist.
6. Aus dem verbleibenden Personenkreis sind sodann jene Arbeitnehmer auszuwählen, deren Weiterbeschäftigung unter geänderten Vertragsbedingungen möglich ist.
7. Sofern die gesetzlichen Voraussetzungen für eine Massenentlassung eingehend geprüft, die Anzeige an die Arbeitsverwaltung erstattet und deren Auflagen erfüllt sind, gelten folgende Auswahlkriterien:
   a) Dauer der Betriebszugehörigkeit – längere Betriebszugehörigkeit verlangt größere soziale Rücksichtnahme.
   b) Soziale Eigenschaften wie Alter, Familienstand, unterhaltsberechtigte Familienmitglieder – die größere soziale Verpflichtung verlangt die jeweils größere soziale Rücksichtnahme.
   c) Die fachliche Eignung unter Berücksichtigung der Umschulungsmöglichkeiten.

E. Verfahren bei Meinungsverschiedenheiten

1. Die Auswahlentscheidungen im Sinne dieser Vereinbarung werden einvernehmlich zwischen Personalabteilung und Betriebsrat getroffen.
2. Wird mit dem Bewerber eine Probezeit vereinbart, so ist vor Ablauf der Probezeit eine Verständigung mit dem Betriebsrat über die Eignung des zunächst zur Probe eingestellten Arbeitnehmers herbeizuführen.
3. Wird zwischen Betriebsrat und Personalabteilung über die Anwendung und Auslegung der Auswahlrichtlinien und über die Gewichtung der Auswahlkriterien keine Einigung erzielt, entscheidet die Einigungsstelle verbindlich.
4. Durch die Auswahlentscheidung werden die sonstigen Widerspruchsrechte des Betriebsrats im Sinne der §§ 99 und 102 BetrVG nicht berührt.
5. Bei personellen Maßnahmen im Zusammenhang mit Betriebsänderungen nach § 111 BetrVG sind die Regelungen eines vereinbarten Sozialplans zu beachten.

F. Inkrafttreten und Kündigung

Diese Vereinbarung tritt am ... in Kraft und kann mit vierteljährlicher Kündigungsfrist zum Jahresende gekündigt werden.

Hannover, den ...

Auszug aus einem Beispiel einer Betriebsvereinbarung über Auswahlrichtlinien (§ 95 BetrVG)

Quelle: in Anlehnung an die Betriebsvereinbarung eines Unternehmens der Metallindustrie
in: Annegret Mohr, Personalplanung und Betriebsverfassunggesetz, Köln 1977, S. 203 ff.

Zwischen ...
und ...
wird folgende Betriebsvereinbarung getroffen:

§ 1 Zweckbestimmung
Diese Vereinbarung setzt Richtlinien über die personelle Auswahl bei
Einstellungen,
Versetzungen,
Umgruppierungen und
Kündigungen
von Arbeitnehmern.

§ 2 Allgemeine Auswahlgrundsätze

§ 3 Information und Beratung

§ 4 Auswahlrichtlinien und -kriterien bei Einstellungen

§ 5 Auswahlkriterien und -richtlinien bei Auszubildenden

§ 6 Versetzungen
Versetzungen können vorwiegend betrieblich oder persönlich verursacht sein. ...
...
Im übrigen gilt hinsichtlich der Rangfolge bei sozialen Gesichtspunkten, daß längere Betriebszugehörigkeit bevorrechtigt.
Falls Versetzungen Vertragsinhaltskündigungen zur Voraussetzung haben, kommen die Auswahlgesichtspunkte nach § 8 zur Anwendung.

§ 7 Umgruppierungen

§ 8 Kündigung

1. Diese Richtlinien gelten nicht bei außerordentlichen Kündigungen und ordentlichen Kündigungen, die auf Gründe gestützt werden, die in der Person oder im Verhalten des Arbeitnehmers liegen.
2. Ist der in der Person liegende Grund auf wesentliche dem Arbeitnehmer mitgeteilte Eignungsmängel zurückzuführen, finden die Richtlinien keine Anwendung, es sei denn, daß die Eignungsmängel auf einen im Betrieb erlittenen Unfall zurückzuführen oder wenn sie nach einer mindestens zehnjährigen Betriebszugehörigkeit durch Alter oder Krankheit aufgetreten sind.
3. Der Kündigungsentscheidung hat – analog § 3 Abs. 1 – vorauszugehen die Information und Beratung zur Personalplanung nach § 92 BetrVG. Dabei ist grundsätzlich zu prüfen, ob Weiterbeschäftigungsmöglichkeiten an anderen Arbeitsplätzen im Betrieb, Unternehmen oder Konzern bestehen (§ 4, 3. Betriebsvereinbarung zu § 92 BetrVG).
4. Im übrigen erfolgt die Auswahl der Arbeitnehmer bei Kündigungen nach dem Grundsatz, daß zunächst demjenigen zu kündigen ist, der mit Rücksicht auf
   a) Familienstand,
   b) Anzahl der unterhaltsberechtigten Angehörigen,
   c) Lebensalter,
   d) Dauer der Betriebszugehörigkeit

   von einer solchen Maßnahme am wenigsten hart betroffen wird. Die Auswahl ist auf Arbeitnehmer mit gleichartiger Tätigkeit aus nicht betroffenen Betriebsteilen zu erstrecken.
5. Nachschieben von Kündigungsgründen ist unzulässig.
6. Kann auf der Grundlage von Empfehlungen nach Abs. 3 eine zumutbare andere Tätigkeit angeboten werden, gelten für den Fall der Notwendigkeit einer Vertragsinhaltskündigung Absätze 4 und 5 analog.

   Eine andere Tätigkeit wird entsprechend Abs. 1 auch dann angeboten, wenn damit nach Eignung und Aufwand vertretbare Umschulungs- und Fortbildungsmaßnahmen verbunden sind. Die vorgesehenen Maßnahmen sind dem nach § 3 Abs. 3 zuständigen Betriebsratsmitglied und dem Betroffenen mitzuteilen. Gegenvorschläge sind von der zuständigen Personalabteilung und dem nach § 3 Abs. 3 zuständigen Betriebsratsmitglied zu prüfen (§ 82 BetrVG).

§ 9 Hilfsmittel

Soweit vorhanden, werden bei Anwendung und Durchführung dieser Richtlinien folgende Hilfsmittel eingesetzt:

Stellenpläne Stellenbeschreibungen	mit Kennzeichnung der Plätze und besonderen Anforderungsgesichtspunkte bei alters- bzw. unfallbedingten Anforderungs-Einschränkungen
Personalbeurteilungen Personalfragebogen	mit Kennzeichnung der evtl. alters- bzw. unfallbedingten Eignungs-Einschränkungen

§ 10 Schweigepflicht

Die im Rahmen dieser Auswahlrichtlinien Tätigen haben über alle Informationen zur Person der von Einstellungen, Versetzungen, Umgruppierungen und Kündigungen Betroffenen gegenüber Nichtbeteiligten Stillschweigen zu bewahren, soweit diese Informationen einer vertraulichen Behandlung bedürfen (§§ 99 Abs. 1 S. 3 und 102 Abs. 2 S. 3).

§ 11 Schlußbestimmungen

Diese Betriebsvereinbarung tritt am ... in Kraft. Sie kann mit einer Frist von drei Monaten zum ... gekündigt werden, frühestens jedoch zum ...

Die nachwirkung wird ausgeschlossen.

..., den ...

Betriebsrat der Vorstand der

Regelungsvorschläge für eine Betriebsvereinbarung nach § 95 BetrVG (Auszug)

Quelle: Auswahlrichtlinien, Die Mitbestimmung des Betriebsrats nach § 95 BetrVG, IG-Metall Vorstand, Abteilung: Betriebsräte/Betriebsverfassungsrecht, Ausgabe Februar 1984

Zwischen der Geschäftsleitung und dem Betriebsrat (Gesamtbetriebsrat) der Fa. ... werden gemäß § 95 BetrVG folgende Auswahlrichtlinien vereinbart:

1. Allgemeines

1.1 Den Auswahlrichtlinien sind die nachstehenden Grundsätze übergeordnet:

1.1.1 Die freie Entfaltung der Persönlichkeit der im Betrieb beschäftigten Arbeitnehmer ist zu schützen und zu fördern.

1.1.2 Alle im Betrieb tätigen Personen sind nach den Grundsätzen von Recht und Billigkeit zu behandeln.

1.1.3 Die Eingliederung Schwerbehinderter und besonders schutzbedürftiger Personen ist zu unterstützen.

1.1.4 Jede Diskriminierung wegen des Geschlechts, der Religion, der Abstammung, der Nationalität, der Herkunft, der politischen oder gewerkschaftlichen Betätigung oder Einstellung oder wegen der Überschreitung gewisser Altersgrenzen ist zu unterlassen.

1.2 Der Arbeitgeber unterrichtet den Betriebsrat vor jeder Einstellung, Eingruppierung, Umgruppierung, Versetzung (§ 99 BetrVG) und Kündigung (§ 102 BetrVG) schriftlich anhand der vereinbarten Formulare.

1.3 Maßnahmen nach 1.2 orientieren sich an der quantitativen und qualitativen Personalplanung, über die der Betriebsrat gem. § 92 BetrVG rechtzeitig und umfassend unterrichtet wird. Dem Betriebsrat sind dabei die erforderlichen Unterlagen spätestens zu einem Zeitpunkt zur Verfügung zu stellen, in dem auf Planungen im Sinne des § 92 Abs. 1 BetrVG durch den Betriebsrat noch Einfluß genommen werden kann.

1.4 Die Erfassung und Verwendung von personenbezogenen Daten mit Unterstützung der EDV ist im Rahmen dieser Betriebsvereinbarung unzulässig.

2. Bewerbungen

2.1 – 2.4 ...

3. Einstellungen

3.1 – 3.6 ...

4. Versetzungen

4.1 Der Betriebsrat ist vor jeder geplanten Versetzung (§ 95 Abs. 3 BetrVG) zu informieren. Ihm ist die Notwendigkeit jeder Versetzung zu begründen. Die daraus entstehenden Konsequenzen sind mit ihm zu beraten.

4.2 Die Betroffenen sind über die geplanten Maßnahmen und deren Auswirkungen rechtzeitig zu informieren. An dem Gespräch kann der Betriebsrat teilnehmen. Auf Verlangen des Betroffenen findet die Information im Beisein des Betriebsrats statt.

4.3 Alle Versetzungen sind nach fachlicher und persönlicher Eignung sowie sozialen Gesichtspunkten vorzunehmen. Bei Versetzungen auf einen geringerwertigen Arbeitsplatz hat eine Auswahl vorrangig nach sozialen Gesichtspunkten zu erfolgen.

4.4 Sind Versetzungen erforderlich, müssen den Betroffenen gleichwertige Arbeitsplätze angeboten werden, die ihren persönlichen Voraussetzungen entsprechen.

4.5 In allen Fällen sollen individuelle Versetzungswünsche des Betroffenen berücksichtigt werden.

5. Umgruppierungen

Für Umgruppierungen gelten Nr. 4.1 und 4.2 entsprechend.

6. Kündigungen

6.1 Allgemeine Grundsätze

6.1.1 Kündigungen sind nur als letzte personelle Maßnahme einzusetzen. Sie sind mit Hilfe der Personalplanung nach Möglichkeit zu vermeiden. Jede Kündigung ist gegenüber dem Betriebsrat schriftlich zu begründen.

6.1.2 In der Vergangenheit unterlassene Disziplinarmaßnahmen dürfen nicht nachträglich zur Begründung von Kündigungen herangezogen werden. Ein späteres Nachschieben von Gründen, die bereits zum Zeitpunkt der Mitteilung bekannt waren oder hätten bekannt sein können, ist unzulässig.

6.1.3 Eine Kündigung ist sozial ungerechtfertigt, wenn sie nicht durch Gründe, die in der Person oder in dem Verhalten des Arbeitnehmers liegen oder durch dringende betriebliche Erfordernisse, die einer Weiterbeschäftigung des Arbeitnehmers entgegenstehen, bedingt ist.

6.1.4 Bei der Auswahl des zu Kündigenden sind immer alle Umstände des Einzelfalles zu prüfen. Deshalb reichen Ergebnisse statistischer Erhebungen nicht aus.

6.1.5 Vor Abschluß von Vereinbarungen zur Beendigung des Arbeitsverhältnisses ist der Betriebsrat zu hören. Anderenfalls ist die Vereinbarung unwirksam.

6.2 Betriebsbedingte Kündigungen

6.2.1 Die Auswahl bei Kündigungen richtet sich nur nach sozialen Gesichtspunkten. Die Kündigung darf nur dann ausgesprochen werden, wenn der Arbeitnehmer zuvor selbst zur sozialen Auswahl im Beisein des Betriebsrates gehört worden ist.

6.2.2 Eine Kündigung ist unzulässig, wenn die Weiterbeschäftigung des Arbeitnehmers auf einem anderen, gleichwertigen Arbeitsplatz im Unternehmen/Konzern mit oder ohne für das Unternehmen zumutbare Umschulungs- oder Fortbildungsmaßnahmen möglich ist.

6.2.3 Eine Kündigung ist unzulässig, wenn der betroffene Arbeitnehmer unter geänderten Vertragsbedingungen im Unternehmen/Konzern weiterbeschäftigt werden kann und er hierzu sein Einverständnis erklärt.

6.2.4 Die Personalabteilung teilt dem Betriebsrat auf Verlangen mit, welche Umschulungs- und Fortbildungsmaßnahmen erwogen und welche Arbeitsplätze in welchen Betrieben unter dem Gesichtspunkt einer Weiterbeschäftigungsmöglichkeit überprüft worden sind.

6.2.5 Im Sinne der vorstehenden Regelungen sind Arbeitsplätze, auf denen mit dem zu kündigenden Arbeitnehmer austauschbare Leiharbeitskräfte oder austauschbare Arbeitnehmer beschäftigt werden, die aufgrund von Werkverträgen tätig sind, als freie Arbeitsplätze anzusehen. In diesem Falle sind die Vertragsverhältnisse zu beenden und ist der Arbeitnehmer, dessen Kündigung beabsichtigt ist, auf dem entsprechenden Arbeitsplatz weiterzubeschäftigen.

6.3 Personenbedingte Kündigungen

6.3.1 Eine Kündigung ist unzulässig, wenn eine Weiterbeschäftigung im Sinne der Vorschriften des § 6 Abs. 2 möglich ist.

6.3.2 Die Personalabteilung teilt auf Verlangen dem Betriebsrat mit, welche Umschulungs- und Fortbildungsmaßnahmen erwogen und welche Arbeitsplätze in welchen Betrieben unter dem Gesichtspunkt einer Weiterbeschäftigungsmöglichkeit überprüft worden sind.

6.3.3 Bei einer arbeitsplatzbedingten Erkrankung ist eine Kündigung unzulässig. Bei einer langanhaltenden Erkrankung ist eine Kündigung jedenfalls nicht vor Ablauf eines Jahres zulässig.

6.4 Verhaltensbedingte Kündigungen

6.4.1 Eine Kündigung ist unzulässig, wenn eine Weiterbeschäftigung im Sinne der Vorschriften nach § 6 Abs. 2 möglich ist.

6.4.2 Die Personalabteilung teilt auf Verlangen dem Betriebsrat mit, welche Umschulungs- und Fortbildungsmaßnahmen erwogen und welche Arbeitsplätze in welchen Betrieben unter dem Gesichtspunkt einer Weiterbeschäftigungsmöglichkeit überprüft worden sind.

6.4.3 Eine verhaltensbedingte Kündigung ist unzulässig, wenn der betreffende Arbeitnehmer nicht zuvor eine Abmahnung wegen eines Vorgangs erhalten hat, der einen vergleichbaren Vorwurf betrifft. Im übrigen hat eine sorgfältige Abwägung der Interessen beider Vertragsparteien stattzufinden.

6.5 Außerordentliche Kündigungen

Bei außerordentlichen Kündigungen hat der Arbeitgeber dem Betriebsrat die Gründe seines Kündigungsentschlusses schriftlich mitzuteilen.

7. Änderungskündigungen

Bei Änderungskündigungen gelten die in Ziffer 6 festgelegten Grundsätze entsprechend.

8. Geltungsbereich

Diese Betriebsvereinbarung gilt für alle Arbeitnehmer des Betriebes/Unternehmens. Auf leitende Angestellte findet sie keine Anwendung, auch nicht bei der Ernennung zum leitenden Angestellten.

9. Kündigung der Betriebsvereinbarung

Die Betriebsvereinbarung ist mit einer Frist von drei Monaten, frühestens zum . . . kündbar. Im Falle einer Kündigung wirkt die Betriebsvereinbarung bis zum Abschluß einer neuen fort.

Anhang III

Muster von Betriebsvereinbarungen über Auswahlrichtlinien gem. § 95 BetrVG

– seitens der Arbeitgeberverbände und ihnen nahestehender Vertreter –

Hinweise für die Ausarbeitung von Auswahlrichtlinien

Quelle: Arbeitsunterlagen für die Personalarbeit unter Berücksichtigung des neuen Betriebsverfassungsgesetzes. Herausgegeben von: Arbeitgeberverband der hessischen Metallindustrie e.V. und der Vereinigung der hessischen Arbeitgeberverbände e.V. Frankfurt (Main), November 1971

Bei der personellen Auswahl bei Einstellungen, Versetzungen, Umgruppierungen und Kündigungen sind folgende Gesichtspunkte zu beachten:

1. Einstellung

Entscheidender Gesichtspunkt für die Einstellung eines Bewerbers ist seine Eignung in persönlicher und fachlicher Hinsicht. Orientierungsdaten für die Eignung ergeben sich aus den Anforderungsprofilen des zu besetzenden Arbeitsplatzes.

a) Als Auswahlkriterien kommen in Betracht:
   äußerer Eindruck
   Gewandtheit
   Lebendigkeit
   Gesprächshaltung
   Fähigkeit zur Problemlösung
   Anpassungsfähigkeit
   Mobilität
   fachliche Qualifikation (Praxis)
   Führungsfähigkeit (Praxis)
   Sprachkenntnisse (englisch/französisch)
   Gesamteindruck
   Gehaltswunsch
   Eintrittstermin
   Wohnungsbedarf

b) Als Mittel zur Feststellung der Eignung kommen in Betracht:
   Personalfragebogen
   Lebenslauf
   Zeugnis über Schulabschlüsse und Prüfungen
   Bewerbungsschreiben
   Beobachtungsbogen bei persönlicher Vorstellung
   Referenzen

Ergebnisse der ärztlichen Untersuchungen
Ergebnisse psychologischer Untersuchungen
(Eignungsuntersuchungen/Tests)
Ergebnisse von Arbeitsproben
Unterlagen über die Sonderstellung geschützter Personenkreise
Auskünfte früherer Arbeitgeber, Schulen und dergl. (einschl. Arbeitszeugnisse)

c) . . .

d) . . .

e) Soziale Gesichtpunkte brauchen bei der Einstellung grundsätzlich nicht berücksichtigt zu werden.

2. Versetzung

Für die Versetzungen gilt das gleiche wie für Einstellungen, d.h. die fachliche und persönliche Eignung und bei Führungspositionen der Vorrang der Führungsqualifikation.

3. Umgruppierung

. . .

4. Kündigung

Hinsichtlich der Auswahlkriterien und Auswahlunterlagen gelten die gleichen Gesichtspunkte wie bei der Einstellung. Hinzu kommen

a) persönliche Kriterien
Alter
Familienstand
Dauer der Betriebszugehörigkeit
Gesundheitszustand

b) soziale Kriterien
wirtschaftliche Lage des Mitarbeiters
Verlust der Anwartschaft auf betriebliche Altersversorgung
vermutliche Dauer der Arbeitslosigkeit

c) fachliche Kriterien
Stellung im Unternehmen
Qualifikation und Verhalten am Arbeitsplatz.

Nicht zu den zustimmungsbedürftigen Richtlinien über die personelle Auswahl bei Kündigungen gehören betriebstechnische, wirtschaftliche oder sonstige betriebliche Gesichtspunkte im Rahmen des § 1 Abs. 3 KSchG, die gegen soziale Gesichtspunkte bei der Auswahl der zu kündigenden Arbeitnehmer abzuwägen sind.

Hinweise für die Ausarbeitung von Auswahlrichtlinien

Quelle: Anhang 21. Kammann/Hess/Schlochauer, Kom. zum Betriebsverfassungsgesetz, Neuwied 1979

Bei der personellen Auswahl bei Einstellungen, Versetzungen, Umgruppierungen und Kündigungen sind folgende Gesichtspunkte zu beachten:

1. Einstellung

Entscheidender Gesichtspunkt für die Einstellung eines Bewerbers ist seine Eignung in persönlicher und fachlicher Hinsicht. Orientierungsdaten für die Eignung ergeben sich aus den Anforderungsprofilen des zu besetzenden Arbeitsplatzes.

a) Als Auswahlkriterien kommen in Betracht:
äußerer Eindruck
Gewandtheit
Lebendigkeit
Gesprächshaltung
Fähigkeit zur Problemlösung
Anpassungsfähigkeit
Mobilität
fachliche Qualifikation (Praxis)
Sprachkenntnisse (englisch/französisch)
Gesamteindruck
Gehaltswunsch
Eintrittstermin
Wohnungsbedarf.

b) Als Mittel zur Feststellung der Eignung kommen in Betracht:
Personalfragebogen
Lebenslauf
Zeugnis über Schulabschlüsse und Prüfungen
Bewerbungsschreiben
Beobachtungsbogen bei persönliche Vorstellung
Referenzen
Ergebnisse der ärztlichen Untersuchungen
Ergebnisse der psychologischen Untersuchungen
(Eignungsuntersuchungen/Tests)
Ergebnisse von Arbeitsproben
Unterlagen über die Sonderstellung geschützter Personenkreise
Auskünfte früherer Arbeitgeber, Schulen und dergl. (einschließlich Arbeitszeugnisse).

c) Sofern die Möglichkeit besteht, den Arbeitsplatz intern zu besetzen, so ist bei gleicher Eignung unter Berücksichtigung aller betrieblichen Umstände dem internen Bewerber der Vorzug zu geben.

d) Bei der Besetzung von Führungspositionen hat das Führungsverhalten gegenüber der fachlichen Eignung grundsätzlich den Vorzug.

e) Soziale Gesichtspunkte brauchen bei der Einstellung grundsätzlich nicht berücksichtigt zu werden.

2. Versetzung

... gilt das gleiche wie für Einstellungen ...

3. Umgruppierung

. . .

4. Kündigung

Hinsichtlich der Auswahlkriterien und Auswahlunterlagen gelten die gleichen Gesichtspunkte wie bei der Einstellung. Hinzu kommen

a) persönliche Kriterien
   Alter
   Familienstand
   Dauer der Betriebszugehörigkeit
   Gesundheitszustand

b) soziale Kriterien
   wirtschaftliche Lage des Mitarbeiters
   Verlust der Anwartschaft auf die betriebliche Altersversorgung
   vermutliche Dauer der Arbeitslosigkeit

c) fachliche Kriterien
   Stellung im Unternehmen
   Qualifikation und Verhalten am Arbeitsplatz

Nicht zu den zustimmungsbedürftigen Richtlinien über die personelle Auswahl bei Kündigungen gehören betriebstechnische, wirtschaftliche oder sonstige betriebliche Gesichtspunkte im Rahmen des § 1 Abs. 3 KSchG, die gegen soziale Gesichtspunkte bei der Auswahl der zu kündigenden Arbeitnehmer abzuwägen sind.

N.S.
Die Hinweise decken sich fast vollständig mit den in den Arbeitsunterlagen für die Personalarbeit enthaltenen Richtlinien, herausgegeben von dem Arbeitgeberverband der hessischen Metallindustrie e.V. und dem der Vereinigung der hessischen Arbeitgeberverbände e.V., Frankfurt.

Muster für Auswahlrichtlinien gem. § 95

Quelle: Anlage 7. Stege/Weinspach. Betriebsverfassungsgesetz, Handkommentar, 5. Aufl. Köln 1984

A. Einstellungen

I. Fachliche Voraussetzungen
   . . .

II. Persönliche Voraussetzungen
   . . .

III. Soziale Gesichtspunkte
   . . .

IV. Vorläufige Einstellung
   . . .

B. Versetzungen, Umgruppierungen

I. Vorbemerkungen

. . .

II. Fachliche Voraussetzungen

. . .

III. Persönliche Voraussetzungen

. . .

IV. Soziale Gesichtspunkte

Ist mit einer Versetzung eine erhebliche Verschlechterung der Umstände verbunden, unter denen die Arbeit zu leisten ist, so kann die Auswahl bei gleichen fachlichen und persönlichen Voraussetzungen nach sozialen Gesichtspunkten erfolgen. Dabei sind vor allem die Betriebszugehörigkeit und das Lebensalter zu berücksichtigen.

V. Vorläufige Versetzungen

. . .

C. Kündigungen

I. Vorbemerkung

Diese Richtlinie erfaßt nur die soziale Auswahl bei Kündigungen, die durch dringende betriebliche Erfordernisse (§ 1 Abs. 2 KSchG) bedingt sind. Im übrigen gelten die einschlägigen gesetzlichen und tariflichen Bestimmungen.

II. Auswahl

1. Die Auswahl ist nur unter denjenigen Arbeitnehmern des Betriebes zu treffen, deren Tätigkeit gleichartig ist und die untereinander austauschbar sind.
2. In die Auswahl sind nicht einzubeziehen die Arbeitnehmer, deren Weiterbeschäftigung durch betriebstechnische, wirtschaftliche oder sonstige berechtigte betriebliche Bedürfnisse bedingt ist, insbesondere, wenn auf Grund der besonderen Kenntnisse, Fähigkeiten und Leistungen der Arbeitnehmer deren Weiterbeschäftigung für den geordneten oder rentablen Betriebsablauf von erheblicher Bedeutung ist.
3. Die soziale Auswahl aus dem Kreis der betroffenen Arbeitnehmer ist so vorzunehmen, daß grundsätzlich derjenige in erster Linie entlassen wird, den eine Kündigung am wenigsten hart trifft. Dabei sind alle maßgeblichen Umstände zu berücksichtigen, soweit sie dem Arbeitgeber bekannt sind oder ihm durch den Arbeitnehmer oder den Betriebsrat vor Ausspruch der Kündigung bekanntgegeben worden sind. Hierzu gehören insbesondere die Dauer der Betriebszugehörigkeit, das Lebensalter, der Familienstand, die Zahl der unterhaltsberechtigten Kinder und Angehörigen. Zu berücksichtigen ist auch die materielle Absicherung eines Arbeitnehmers bei Verlust seines Arbeitsplatzes, z.B. durch Familieneinkünfte oder besondere gesetzliche, tarifliche oder betriebliche Vorschriften (Sozialversicherungsleistungen, Rationalisierungsschutzabkommen, betriebliche Versorgungszusagen usw.). Ergibt diese Abwägung der sozialen Verhältnisse nur geringfügige Unterschiede zwischen mehreren Arbeitnehmern, so erfolgt die Auswahl nach Leistungsgesichtspunkten.

Beispiel einer Richtlinie bzw. Betriebsvereinbarung zu Auswahlrichtlinien gem. § 95

Quelle: Die personalpolitischen Konsequenzen des neuen Betriebsverfassungsgesetzes
Empfehlungen eines Arbeitskreises von Personalleitern bei der deutschen Gesellschaft für Personalführung e.V., Düsseldorf, 2. Aufl., Neuwied 1973, Anlage 12

Vorbemerkungen

Die Auswahlrichtlinien gem. § 95 BetrVG können sowohl als Richtlinien der Geschäftsleitung als auch als Betriebsvereinbarung festgelegt werden; die Richtlinien bedürfen der Zustimmung des Betriebsrats. Es kann ratsam sein, zu den einzelnen Komplexen wie Einstellung und Kündigung gesonderte Richtlinien bzw. Betriebsvereinbaren zu erstellen.

Einstellungen

§ 1 Die Auswahl der Bewerber bestimmt sich nach ihrer persönlichen und fachlichen Eignung.

Die Eignung wird an den Anforderungen des zu besetzenden Arbeitsplatzes gemessen. Die arbeitsplatzbezogenen Anforderungen sind in Anforderungsprofilen (evtl. in den Arbeitsplatzbeschreibungen) festgelegt.

§ 2 Die fachliche Eignung richtet sich u.a. nach der an dem zu besetzenden Arbeitsplatz erforderlichen Vorbildung, Facherfahrung und nach den geforderten besonderen Fähigkeiten (z.B. Sprachkenntnisse, EDV-Kenntnisse).

Für die Bestimmung der persönlichen Eignung können – je nach den Erfordernissen des Arbeitsplatzes – u.a. Ausdrucksfähigkeit, geistige Beweglichkeit, Mobilität, Belastungsfähigkeit, körperliche Tauglichkeit, Auftreten und Führungsfähigkeit herangezogen werden.

Darüber hinaus ist bei der Auswahl der Bewerber darauf zu achten, inwieweit Einkommenswunsch und möglicher Eintrittstermin den betrieblichen Richtlinien bzw. Erfordernissen entsprechen; außerdem sind bei der Auswahl u.a. Wohnungswunsch und sonstige vertraglich zu regelnde Sonderleistungen zu berücksichtigen. Die genannten Auswahlkriterien sind im Einzelfall nach den jeweiligen Erfordernissen des zu besetzenden Arbeitsplatzes mit dem Ziel einer optimalen Besetzung gegeneinander abzuwägen. Die endgültige Enscheidung über die personelle und fachliche Eignung liegt beim Arbeitgeber.

§ 3 Besteht die Möglichkeit, den Arbeitsplatz intern zu besetzen, so ist bei gleicher Eignung dem internen Bewerber der Vorzug zu geben, sofern betriebliche Belange nicht entgegenstehen.

Versetzung

§ 4 Für die personelle Auswahl der Versetzung im Sinne des § 95 Abs. 3 BetrVG finden die für die Einstellung geltenden Eignungskriterien entsprechende Anwendung; ergänzend sind die Ergebnisse der Leistungsbeurteilung zu berücksichtigen.

Für den Fall, daß eine Versetzung für den Mitarbeiter mit Nachteilen verbunden ist, sollen ergänzend soziale Gesichtspunkte angemessen berücksichtigt werden.

Kündigung

§ 5 Als Kündigung im Sinne dieser Richtlinie ist jede einseitige fristgerechte Beendigung des Arbeitsverhältnisses durch das Unternehmen zu verstehen.

Auf die Auswahl finden die für die Einstellung geltenden Eignungskriterien entsprechende Anwendung; ergänzend sind die Ergebnisse der Leistungsbeurteilung zu berücksichtigen.

Darüber hinaus sind soziale Gesichtspunkte zu beachten wie Dauer der Betriebszugehörigkeit, Alter, Familienstand unter Berücksichtigung der wirtschaftlichen Lage des Arbeitnehmers.

§ 6 Diese Auswahlrichtlinie findet keine Anwendung bei Kündigungen aus Gründen, die in der Person des Arbeitnehmers liegen.

(Fragen zu Geltungsbereich bei Betriebsvereinbarung, zu Laufzeit und Kündigungsfristen sind betriebsindividuell zu regeln.)

Anhang IV

Muster von Betriebsvereinbarungen über Auswahlrichtlinien gem. § 95 BetrVG

– seitens der Vertreter des arbeitsrechtlichen Schrifttums –

Muster einer Betriebsvereinbarung über Auswahlrichtlinien

Quelle: W. Hunold, 50 bewährte Musterbetriebsvereinbarungen zwischen Arbeitgeber und Betriebsrat, Kissing, 1981 S. 127 ff.

Zwischen Geschäftsleitung und Betriebsrat wird folgende Betriebsvereinbarung über Auswahlrichtlinien gem. § 95 Abs. 1 BetrVG abgeschlossen:

§ 1 Gegenstand der Vereinbarung

1. Gegenstand der Vereinbarung sind Auswahlrichtlinien für Einstellungen, Versetzungen, Umgruppierungen und Kündigungen.
2. Durch die Vereinbarung sollen die für diese Maßnahmen jeweils in Frage kommenden Kriterien verbindlich festgelegt werden.

§ 2 Einstellungen und Versetzungen

1. Als Auswahlkriterien kommen in Betracht:
   - fachliche Qualifikation (Praxis),
   - Sprachkenntnisse (englisch/französisch),
   - äußerer Eindruck,
   - Gewandtheit,
   - Lebendigkeit,
   - Gesprächshaltung,
   - Fähigkeit zur Problemlösung,
   - Anpassungsfähigkeit,
   - Mobilität,
   - Gesamteindruck,
   - Gehaltswunsch,
   - Eintrittstermin,
   - Wohnungsbedarf.

   Die Anforderungsmerkmale im Einzelfall ergeben sich aus den Anforderungen des zu besetzenden Arbeitsplatzes bzw. einer etwa bestehenden Stellenbeschreibung.
2. Als Mittel zur Feststellung der Eignung kommen in Betracht:

   . . .

§ 3 Umgruppierungen

. . .

§ 4 Kündigung

1. Diese Regelung erfaßt nur die soziale Auswahl bei Kündigungen, die durch dringende betriebliche Erfordernisse (§ 1 Abs. 2 KSchG) bedingt sind. Im übrigen gelten die einschlägigen gesetzlichen und tariflichen Bestimmungen.
2. Die Auswahl ist nur unter denjenigen Mitarbeitern des Betriebes zu treffen, deren Tätigkeit gleichartig ist und die untereinander austauschbar sind.
3. In die Auswahl sind nicht einzubeziehen die Mitarbeiter, deren Weiterbeschäftigung durch betriebstechnische, wirtschaftliche oder sonstige berechtigte betriebliche Bedürfnisse bedingt ist, insbesondere, wenn aufgrund der besonderen Kenntnisse, Fähigkeiten und Leistungen der Mitarbeiter deren Weiterbeschäftigung für den geordneten oder rentablen Betriebsablauf von erheblicher Bedeutung ist.
4. Neben den gleichen Kriterien wie bei Einstellungen und Versetzungen (§ 2) sind bei Kündigungen insbesondere zu berücksichtigen:
   a) persönliche Kriterien
      - Alter,
      - Familienstand,
      - Dauer der Betriebszugehörigkeit,
      - Gesundheitszustand;

   b) soziale Kriterien
      - wirtschaftliche Lage des Mitarbeiters,
      - Verlust der Anwartschaft auf betriebliche Altersversorgung,
      - vermutliche Dauer der Arbeitslosigkeit;

   c) fachliche Kriterien
      - Stellung im Unternehmen,
      - Qualifikation und Verhalten am Arbeitsplatz.
5. Nicht zu den hier angesprochenen Kriterien für die personelle Auswahl bei Kündigungen gehören betriebstechnische, wirtschaftliche oder sonstige betriebliche Gesichtspunkte, die bei der Auswahl der zu kündigenden Arbeitnehmer abzuwägen sind.

§ 5 Inkrafttreten und Kündigung

Diese Betriebsvereinbarung tritt am 1.1.1981 in Kraft und kann von beiden Seiten jeweils mit einer Frist von drei Monaten zum Ende eines Kalenderjahres gekündigt werden.

. . .

Ort/Datum

Betriebsrat Geschäftsleitung

Auswahlrichtlinie im Rahmen eines Interessenausgleichs gem. § 112 BetrVG

Quelle: W. Hunold, 50 bewährte Musterbetriebsvereinbarungen zwischen Arbeitgeber und Betriebsrat, Kissing 1981 S. 130 f.

Bei betriebsbedingten Kündigungen, die im Rahmen einer Betriebsänderung (§ 111 BetrVG) notwendig werden, findet sich eine fallbezogene Auswahlrichtlinie häufig im Interessenausgleich gemäß § 112 BetrVG.

Die Auswahlrichtlinie könnte dann wie folgt lauten:

Die Sozialauswahl erfolgt unter Anwendung folgender Punktetabelle:

1. Betriebszugehörigkeit pro Jahr	1 Punkt
2. Lebensalter	
über 30 Jahre	1 Punkt
über 35 Jahre	2 Punkte
über 40 Jahre	4 Punkte
über 45 Jahre	7 Punkte
über 50 Jahre	11 Punkte
über 55 Jahre	15 Punkte
3. Familienstand	
verheiratet	2 Punkte
pro Kind	1 Punkt
Alleinversorger	1 Punkt

Wer zwölf und mehr Punkte hat, kann sicher sein, nicht gekündigt zu werden.+

Die Gewichtung und Bewertung ist naturgemäß stets abhängig von der Struktur der jeweils betroffenen Belegschaft. Die Punktetabelle könnte daher auch so lauten:

1. Lebensalter	
unter 40 Jahren	0 Punkte
40 bis unter 45 Jahren	5 Punkte
45 bis unter 50 Jahren	10 Punkte
50 bis unter 55 Jahren	15 Punkte
2. Firmenzugehörigkeit	
unter 1 Jahr	0 Punkte
1 bis unter 2 Jahren	1 Punkt
2 bis unter 3 Jahren	2 Punkte
3 bis unter 4 Jahren	3 Punkte

usw., d.h. für jedes volle Jahr der Firmenzugehörigkeit 1 Punkt.++

Anmerkungen

\+ Bei Entlassungen nach einen „Sozialpunkte-System der Ford-Werke AG, Köln, 1974/1975, veröffentlicht in Personalführung 2/75.

++ lt. Hunold, Personalanpassung im Recht und Praxis, 1982 S. 69 aus einem 1975 in Nordrhein-Westfalen vor einer Einigungsstelle abgeschlossenen Interessenausgleich.

Auszug aus dem Muster von Auswahlrichtlinien gem. § 95 BetrVG

(in Schaub: Arbeitsrechtliche Formularsammlung und Arbeitsgerichtsverfahren, 3. Aufl. 1982, § 27 S. 199 ff.)

III. Auswahlrichtlinien

Zwischen der Firma . . . und dem Betriebsrat der Firma . . . werden für Einstellung, Versetzung, Umgruppierung und Kündigung folgende Auswahlrichtlinien gem. § 95 BetrVG vereinbart.

Abschnitt I Allgemeines

§ 1

I. Die Personalabteilung ist ausschließlich für die Entscheidungsvorbereitung der dem Mitwirkungs- und Mitbestimmungsrecht des Betriebsrats unterliegenden personellen Einzelmaßnahmen zuständig.

II. Der Betriebsrat ist vor jeder Einstellung, Eingruppierung, Umgruppierung und Versetzung zu unterrichten und ihm unter Vorlage der erforderlichen Unterlagen einschließlich etwaiger Bewerbungsunterlagen Auskunft über die geplanten Maßnahmen zu geben (§ 99 I BetrVG). . . .

III. Der Betriebsrat ist vor jeder Kündigung zu hören (§ 102 BetrVG) oder gegebenenfalls seine Zustimmung einzuholen (§ 103 BetrVG).

IV. Bei vorläufigen personellen Maßnahmen (§ 100 BetrVG) ist der Betriebsrat unverzüglich zu unterrichten (§ 100 II BetrVG).

V. . . .

§ 2

I. Mitteilungen des Arbeitgebers sind an den Betriebsrat zu Händen seines Vorsitzenden zu richten.

II. . . .

§ 3

I. Alle Personalentscheidungen erfolgen unter Berücksichtigung der gesetzlichen, tariflichen und betrieblichen Vorschriften.

II. Die Personalpolitik, Personalbehandlung und Personalentscheidung soll:
1. – 4. . . .

Abschnitt II Auswahlrichtlinien für die Einstellung

§ 4 I. – III. . . .

§ 5 I. – III. . . .

Abschnitt IV Auswahlrichtlinien bei Versetzungen und Umgruppierungen

§ 6

I. Von diesen Auswahlrichtlinien werden nur erfaßt Versetzungen aus personen- oder betriebsbedingten Gründen.

II. Bei Versetzungen aus personenbedingten Gründen, etwa wegen Nachlassens der körperlichen Kräfte oder wegen einer ärztlichen Empfehlung, einen Arbeitsplatz nicht mehr auszufüllen, haben die Betroffenen gegenüber den übrigen Bewerbern einen Vorrang. Dasselbe gilt bei Auszubildenden, die eine Ausbildung im Betrieb erfahren haben.

III. Betriebsbedingte Versetzungen sind im Rahmen der Personalplanung (§ 92 BetrVG) vorzubesprechen.

§§ 7 – 10 . . .

Abschnitt V Auswahlrichtlinien bei Kündigungen

§ 11

Von den Auswahlrichtlinien werden nur personen- oder betriebsbedingte Kündigungen erfaßt.

§ 12

I. Bei personenbedingten Kündigungen hat der Arbeitgeber dem Betriebsrat alle Gründe, die die Kündigung bedingen, mitzuteilen.

II. Der Arbeitgeber hat unter Berücksichtigung des Alters, des Familienstandes, der Betriebszugehörigkeit und des bisherigen beruflichen Werdeganges eine Weiterbeschäftigungsmöglichkeit – auch nach zumutbaren Umschulungs- und Fortbildungsmaßnahmen – zu prüfen und dem Betriebsrat das Ergebnis der Prüfung mitzuteilen, welche Umschulungsmaßnahmen erwogen und welche Arbeitsplätze für eine Weiterbeschäftigung überprüft worden sind.

III. Macht der Betriebsrat für die Weiterbeschäftigung auf bestimmten Arbeitsplätzen konkrete Vorschläge, so überprüfen Arbeitgeber und Betriebsrat gemeinsam die Weiterbeschäftigungsmöglichkeit.

IV. Kommen Arbeitgeber oder Arbeitgeber und Betriebsrat gemeinsam zu einer Weiterbeschäftigungsmöglichkeit, so ist dem Arbeitnehmer vor Ausspruch der Kündigung der Arbeitsplatz anzubieten.

§ 13

I. Für die betriebsbedingte Kündigung kommen nur solche Arbeitnehmer in Betracht, deren Arbeitsplatz aufgelöst oder deren Besetzung vermindert werden soll.

II. Werden auf ähnlichen oder verwandten Arbeitsplätzen Arbeitnehmer mit einer kürzeren Betriebszugehörigkeit beschäftigt, so sind diese in den Kreis der Auszuwählenden einzubeziehen. Welche Arbeitsplätze ähnlich oder verwandt sind, wird durch eine Vereinbarung mit dem Betriebsrat festgelegt.

III. Aus dem Kreis der zu Kündigenden scheiden diejenigen Arbeitnehmer aus, die nach Umschulungs- und Fortbildungsmaßnahmen weiter beschäftigt werden können.

IV. Die alsdann zur Kündigung Anstehenden werden nach
1. der Dauer der Betriebszugehörigkeit,
2. sozialen Eigenschaften wie Alter, Familienstand, Unterhaltsberechtigten,
3. fachlicher Eignung

geordnet.

Längere Betriebszugehörigkeit und größere soziale Lasten verlangen größere Rücksichtnahme.

§ 14

Ein Verstoß gegen die §§ 12 und 13 berechtigen den Betriebsrat zum Widerspruch gem. § 102 III Nr. 2 BetrVG.

Abschnitt VI Übergangs- und Schlußvorschriften

Die Betriebsvereinbarung tritt am ... in Kraft. Sie kann mit ... zum ... gekündigt werden.

Muster eines Interessenausgleichs mit Auswahlrichtlinie

(in Schaub: Arbeitsrechtliche Formularsammlung und Arbeitsgerichtsverfahren 3. Aufl. 1982, § 28 S. 213 f.)

3. Interessenausgleich mit Auswahlrichtlinie

§ 1

I. Arbeitgeber und Betriebsrat sind sich darüber einig, daß die Betriebsabteilung ... der Firma ... stillgelegt wird. Die Stillegung erfolgt mit dem ...

II. Alle Mitarbeiter einschließlich der Betriebsratsmitglieder werden spätestens zum ... unter Einhaltung der gesetzlichen, tariflichen oder einzelvertraglichen Kündigung gekündigt.

III. Im Interesse einer ordnungsgemäßen Stillegung können die Arbeitsverhältnisse der Mitarbeiter aus betriebsbedingten Gründen zu einem früheren Zeitpunkt gekündigt werden. Das gilt nicht für Betriebsratsmitglieder.

IV. Werden Mitarbeiter bereits vor dem Stillegungstermin aus betrieblichen Gründen entlassen, so erfolgt die soziale Auswahl nach folgender Maßgabe: Jeder Mitarbeiter erhält für jedes vollendete Dienstjahr drei Punkte und für jedes unterhaltsberechtigte Kind zwei Punkte. Ist ein Mitarbeiter im Zeitpunkt der Kündigung verheiratet, so erhält er einen weiteren Punkt. Ferner erhalten Mitarbeiter, die am ... 40 bis 49 Jahre alt sind zwei, 55 bis 60 Jahre alt sind drei und ältere vier Punkte. Gekündigt werden zunächst die Mitarbeiter mit der niedrigeren Punktzahl. Haben Mitarbeiter die gleiche Punktzahl, so werden Mitarbeiter mit jüngerem Geburtsdatum zuerst entlassen.

Für die Feststellung der Dienstjahre wird auf den ... abgestellt. Eine anteilige Berücksichtigung der Dienstjahre findet nicht statt. Für die Feststellung des Familienstandes und der Zahl der unterhaltsberechtigten Kinder sind die Eintragungen auf der Lohnsteuerkarte entscheidend.

V. Der Arbeitgeber wird die Mitarbeiter unter Berücksichtigung ihrer Tarifgruppe und ihrer beruflichen Qualifikation in Gruppen einteilen. Die Entlassungen erfolgen unter Berücksichtigung der betrieblichen Erfordernisse nach einem zu vereinbarenden Personalplan.

VI. Abweichungen von vorstehenden Regelungen sind nur mit Zustimmung des Betriebsrats zulässig. Unberührt bleibt das Recht des Arbeitgebers zur Kündigung aus wichtigem Grund oder aus personen- und verhaltensbedingten Gründen. Die Rechte des Betriebsrats sind zu wahren. Werden Arbeitnehmer aus personen-, verhaltens- oder wichtigen Gründen gekündigt, so haben sie keinen Anspruch nach diesem Sozialplan.

Im Falle seines Aufhebungsvertrages ist auf dessen Anlaß abzustellen.

§ 2

Der Arbeitgeber wird den Mitarbeitern nach Möglichkeit schon vor dem Kündigungstermin mitteilen, zu welchem Zeitpunkt sie mit der Entlassung zu rechnen haben.

§ 3

I. Der Arbeitgeber wird den Mitarbeitern bei der Stellensuche innerhalb oder außerhalb des Konzerns behilflich sein. Werden Arbeitnehmer in andere Betriebe des Konzerns übernommen, so wird der Arbeitgeber dafür sorgen, daß eine Probezeit nicht vereinbart wird, es sei denn, daß der Mitarbeiter dies wünscht.

II. Der Arbeitgeber gewährt allen Mitarbeitern zur Stellensuche einen freien Tag unter Fortzahlung der Bezüge, sofern der Antrag auf Freistellung zwei Tage vorher gestellt wird. Reicht ein Tag nachweislich nicht aus, so wird ein zweiter Tag unter denselben Bedingungen erteilt.

Anhang V

Betriebsvereinbarungen über Auswahlrichtlinien gem. § 95 BetrVG

– aus der Betriebspraxis –

Betriebsvereinbarung über Auswahlrichtlinien

Zwischen der Rosenthal, Aktiengesellschaft, Selb und den Betriebsräten – vertreten durch den Konzernbetriebsrat – werden gemäß § 95 BetrVG für die Auswahl bei Einstellungen, Versetzungen, Umgruppierungen und Kündigungen folgende Richtlinien vereinbart:

A. Einstellungen

I. Allgemeine Grundsätze

. . .

II. Prüfung der persönlichen Voraussetzungen

. . .

III. Fachliche Voraussetzungen

. . .

IV. Soziale Gesichtspunkte

. . .

V. Einstellung ausländischer Arbeitnehmer

. . .

VI. Einstellung von Auszubildenden

. . .

B. Versetzungen

I. Personenbedingte Versetzungen

II. Betriebsbedingte Versetzungen

1. Über betriebsbedingte Versetzungen ist im Rahmen der Personalplanung zu beraten.
2. Bei der Versetzung auf einen höherwertigen Arbeitsplatz und bei Beförderungen gelten die gleichen Regeln wie bei der Einstellung. Zusätzlich sind die Ergebnisse eines nach § 94 Abs. 2 BetrVG vereinbarten Beurteilungssystems hinzuzuziehen.
3. Bei der Versetzung auf einen gleichwertigen Arbeitsplatz hat bei der Auswahl die fachliche Eignung den gleichen Rang wie die Dauer der Betriebszugehörigkeit. Dabei begründet eine längere Betriebszugehörigkeit einen Vorrang.

   Sofern ein Bewerber aus persönlichen oder innerbetrieblichen Gründen einen Anspruch auf besonders soziale Rücksichtnahme hat (z.B. durch einen Unfall), begründet ein derartiger sozialer Anlaß einen Vorrang.
4. Bei der Auswahl der Arbeitnehmer zur Versetzung auf einen geringerwertigen Arbeitsplatz gelten die gleichen Grundsätze wie bei einer Kündigung.

Dies gilt auch bei der Prüfung von Mehrfachversetzungen, um soziale Härten zu vermeiden.

5. Über die Wertigkeit von Arbeitsplätzen ist unter Berücksichtigung der in § 95 Abs. 3 BetrVG erwähnten Umstände ein Einvernehmen mit dem Betriebsrat herbeizuführen.

III. Versetzungen zu anderen Betrieben der Rosenthal-Gruppe

1. Bei Versetzungen zu einem anderen Betrieb der Rosenthal-Gruppe sind im abgebenden Betrieb die Vorschriften über Kündigungen anzuwenden. Im aufnehmenden Betrieb gelten die Regelungen für Einstellungen.
2. . . .
3. . . .
4. . . .

IV. Beschäftigung im Ausland

1. . . .

2. – 8. . . .

C. Umgruppierungen

D. Kündigungen

I. Allgemeine Grundsätze

1. Fristgerechte und außerordentliche Kündigungen, die durch das Verhalten des Arbeitnehmers bedingt sind, insbesondere wenn der Kündigung ein vorwerfbares Tun oder Unterlassen zugrunde liegt, sind nicht Gegenstand dieser Auswahlrichtlinien.
2. Betriebsbedingte Kündigungen und Kündigungen, die ihre Ursache in der Person des Arbeitnehmers haben – ohne verhaltensbedingt zu sein –, sind mit Hilfe der Personalplanung grundsätzlich zu vermeiden.
3. Betriebsbedingte Kündigungen dürfen nicht zum Anlaß genommen werden, in der Vergangenheit angeblich unterlassene Disziplinarmaßnahmen nachträglich durchzuführen.

II. Personenbedingte Kündigungen

1. – 4. . . .

III. Betriebsbedingte Kündigungen

1. Voraussetzung für die Betriebsbedingtheit einer Kündigung ist die Beratung und Beschlußfassung in der vorausgegangenen Personalplanung über die Verminderung der Belegschaft auf bestimmten Arbeitsplätzen.
2. Für die Auswahl der zu Kündigenden kommen zunächst nur die Inhaber der Arbeitsplätze in Betracht, die aufgrund der Personalplanung aufgelöst oder deren Besetzung vermindert werden soll.
3. Sofern an ähnlichen oder verwandten Arbeitsplätzen Arbeitnehmer beschäftigt sind, können diese in den Kreis der Auszuwählenden einbezogen werden. Welche Arbeitsplätze i.S. des § 102 Abs. 3 Ziff. 3 und 4 BetrVG als gleich oder ähnlich gelten, ist zwischen Arbeitgeber und Betriebsrat zu vereinbaren.
4. Dieser Personenkreis ist unter Berücksichtigung der Leistungsbeurteilung nach der Dauer der Betriebszugehörigkeit und den sozialen Eigenschaften (Alter, Familien-

stand, Unterhaltsberechtigte, Betriebszugehörigkeit) zu ordnen. Längere Betriebszugehörigkeit und größere soziale Verpflichtungen gebieten eine größere Rücksichtnahme.

5. Aus diesem Personenkreis sind zunächst jene Arbeitnehmer auszuwählen, deren Weiterbeschäftigung auf einem anderen gleichwertigen Arbeitsplatz des gleichen Betriebes oder eines anderen Betriebs des Unternehmens mit oder ohne zumutbare Umschulung möglich ist.
6. Aus dem verbleibenden Personenkreis sind sodann jene Arbeitnehmer auszuwählen, deren Weiterbeschäftigung unter geänderten Vertragsbedingungen möglich ist.
7. Sofern die gesetzlichen Voraussetzungen für eine Massenentlassung eingehend geprüft, die Anzeige an die Arbeitsverwaltung erstattet und deren Auflagen erfüllt sind, gelten ff. Auswahlkriterien:
   a) Die fachliche Eignung unter Berücksichtigung der Umschulungsmöglichkeiten.
   b) Dauer der Betriebszugehörigkeit – längere Betriebszugehörigkeit verlangt größere soziale Rücksichtnahme.
   c) Soziale Eigenschaften wie Alter, Familienstand, unterhaltsberechtigte Familienmitglieder – die größere soziale Verpflichtung verlangt die jeweils größere soziale Rücksichtnahme.

E. Entscheidungsunterlagen

1. Zur Gewährleistung einer sicheren Anwendung dieser Auswahlrichtlinien werden für die Beurteilung und Entscheidung nur die Tatsachen herangezogen, die aus den ff. Unterlagen gewonnen werden:
   a) Die Angaben aus dem vereinbarten Personalfragebogen und den Stellenbeschreibungen.
   b) Schulzeugnisse und Abschlußzeugnisse von Bildungseinrichtungen.
   c) – e) ...
   f) Die Ergebnisse von Vorstellungsgesprächen.
   g) Personalakten.
   h) Betriebliche Beurteilungen aus den nach § 94 Abs. 2 BetrVG vereinbarten Beurteilungsverfahren.
   i) Auskünfte, die der Betriebsrat oder die Personalabteilung einholt.

2. + 3. ...

4. Dem Betriebsrat werden im Rahmen der Information nach § 99 Abs. 1 BetrVG die Bewerbungen zur Kenntnis gebracht, die nach Ansicht der Personalabteilung für die engere Auswahl nicht in Betracht kommen. Erhebt der Betriebsrat Bedenken gegen das Ausscheiden von Bewerbern in der Auswahl, so wird der betreffende Bewerber in die weitere Auswahl einbezogen.

F. Personalkompetenz

1. + 2. ...

G. Verfahren bei Meinungsverschiedenheiten

1. Die Auswahlentscheidungen im Sinne dieser Vereinbarung werden einvernehmlich zwischen Personalstelle und Betriebsrat getroffen.
2. ...
3. Wird zwischen Betriebsrat und Personalstelle über die Anwendung der Auswahlrichtlinien keine Einigung erzielt, entscheidet die Einigungsstelle verbindlich.
4. Durch die Auswahlentscheidung werden die sonstigen Widerspruchsrechte des Betriebsrats im Sinne der §§ 99 und 102 BetrVG nicht berührt.
5. Bei personellen Maßnahmen im Zusammenhang mit Betriebsänderungen nach § 111 BetrVG sind die Regelungen eines vereinbarten Sozialplans zu beachten.

H. Inkrafttreten und Kündigung

Diese Vereinbarung tritt am 1. November 1973 in Kraft und kann mit vierteljährlicher Kündigungsfrist zum Jahresende gekündigt werden.

Selb, den 26. September 1973

Rosenthal Aktiengesellschaft
gez. Philip Rosenthal
gez. Dr. Kaltenthaler

Konzernbetriebsrat
gez. Joachim Wiedemann
gez. Franz Pröckl

Quelle: Der Betriebsrat 1974 S. 187 ff.

Betriebsvereinbarung über Auswahlrichtlinien nach § 95 BetrVG

Zwischen dem Vorstand ... und dem Betriebsrat der ... werden gemäß § 95 BetrVG für die Auswahl bei Einstellungen, Versetzungen, Umgruppierungen und Kündigungen folgende Richtlinien vereinbart:

1. Grundsatz

...

2. Personalkompetenz

...

2.1 Informations- und Beratungspflichten

...

2.2 Adresse der Informationen

...

2.3 Durchführung von Personalentscheidungen

...

3. Auswahlrichtlinien

Zwischen dem Vorstand und dem Betriebsrat besteht Einigkeit darüber, daß die Personalabteilungen bei der Vorbereitung und Durchführung der den Mitwirkungs- und Mitbestimmungsrechten des Betriebsrates unterliegenden personellen Einzelmaßnahmen der Einstellung, Versetzung, Umgruppierung und Kündigung nach den hier vereinbarten Auswahlrichtlinien verfahren.

Vorstand und Betriebsrat sind sich weiterhin darüber einig, daß die vereinbarten Auswahlrichtlinien nicht schematisch, d.h. ohne Rücksicht auf die sozialen Folgen angewendet werden, sondern Instrumente einer Personalpolitik sein sollen, die auf einen Ausgleich der Interessen gerichtet sind.

4. Auswahlrichtlinien für die Einstellung

4.1 Grundsätze

Im Rahmen der unter Ziffer 1 formulierten allgemeinen personalpolitischen Zielsetzungen sind Vorstand und Betriebsrat darüber einig, daß:

4.1.1 In Anlehnung an § 93 BetrVG neu- oder wiederzubesetzende Arbeitsplätze, nach Abstimmung mit dem Betriebsrat, innerbetrieblich ausgeschrieben werden,

4.1.2 bei der Auswahl zwischen einem außerbetrieblichen Bewerber und einem Bewerber, der dem Betrieb bereits angehört, dem innerbetrieblichen Bewerber bei sonst gleichen Voraussetzungen ein Vorrang gebührt, um Aufstiegschancen zu geben; dies gilt auch für Auszubildende,

4.1.3 für Schwerbehinderte geeignete Arbeitsplätze zuerst den im Betrieb tätigen Schwerbehinderten und dann außerbetrieblichen Schwerbehinderten der Vorrang vor gesunden Bewerbern zu geben ist,

4.1.4 bei der Auswahl nur die im Personalfragebogen enthaltenen und aus den Unterlagen ersichtlichen Tatsachen für die Auswahl herangezogen werden,

4.1.5 dem Betriebsrat die Bewerbungen zur Kenntnis gegeben und die zur Einstellung vorgesehenen Bewerber persönlich vorgestellt werden.

4.2 Auswahlrichtlinien für die Einstellung von Auszubildenden

...

4.2.1 ...

4.2.2 Prüfung der persönlichen Voraussetzungen

...

4.3 Auswahlrichtlinien für die Einstellung von Arbeitnehmern ohne spezielle Berufsvorbildung

...

4.4 Auswahlrichtlinien für die Auswahl von Arbeitnehmern mit spezieller Berufsvorbildung

...

4.5 Auswahlrichtlinien für die Auswahl von Arbeitnehmern mit Weisungsbefugnis

...

5. Auswahlrichtlinien bei Versetzungen

5.1 Personenbedingte Versetzungen

Personenbedingte Versetzungen z.B. wegen Nachlassens der körperlichen und/oder geistigen Kräfte oder wegen des betriebsärztlichen Verbots, einen Arbeitsplatz weiter auszufüllen, gelten als sozialer Anlaß im Sinne dieser Auswahlrichtlinien und begründen gegenüber sonst gleichwertigen Bewerbern einen Vorrang.

5.2 Betriebsbedingte Versetzungen

Betriebsbedingte Versetzungen werden in der monatlichen Personalplanungssitzung besprochen.

5.2.1 Versetzungen auf einen höherwertigen Arbeitsplatz

Bei der Versetzung auf einen höherwertigen Arbeitsplatz gelten die gleichen Regeln wie bei der Einstellung. Zusätzlich sind die Ergebnisse eines nach § 94 Abs. 2 BetrVG vereinbarten Beurteilungssystems hinzuzuziehen.

5.2.2 Versetzungen auf einen gleichwertigen Arbeitsplatz

Bei Versetzungen auf einen gleichwertigen Arbeitsplatz hat bei gleicher, fachlicher Eignung eine längere Betriebszugehörigkeit Vorrang.

Sofern ein Bewerber aus innerbetrieblichen Gründen einen Anspruch auf besondere soziale Rücksichtnahme hat (z.B. durch einen Unfall) begründet ein derartiger sozialer Anlaß einen Vorrang.

Über die Gleichwertigkeit von Arbeitsplätzen ist unter Berücksichtigung der im § 95 Abs. 3 BetrVG erwähnten Umstände ein Einvernehmen mit dem Betriebsrat herbeizuführen.

5.2.3 Versetzungen auf einen geringerwertigen Arbeitsplatz

Bei der Auswahl der Arbeitnehmer zur Versetzung auf einen geringerwertigen Arbeitsplatz gelten die gleichen Grundsätze wie bei der Kündigung (s. 7.3.2 und 7.3.3).

Dies gilt auch bei der Prüfung von Mehrfachversetzungen, um soziale Härten zu vermeiden.

6. Umgruppierungen

Für Umgruppierungen gelten die gleichen Grundsätze, die in diesen Auswahlrichtlinien für die Versetzung festgelegt sind.

7. Auswahlrichtlinien bei Kündigungen

7.1 Grundsätze

Außerordentliche Kündigungen, die durch das Verhalten des Arbeitnehmers bedingt sind, fallen nicht unter diese Auswahlrichtlinien.

Betriebsbedingte Kündigungen sind mit Hilfe der Personalplanung grundsätzlich zu vermeiden.

Betriebsbedingte Kündigungen dürfen nicht zum Anlaß genommen werden, in der Vergangenheit unterlassene Disziplinarmaßnahmen nachträglich durchzuführen.

7.2 Personalbedingte Kündigungen

7.2.1 Bei personenbedingten Kündigungen hat der Arbeitgeber dem Betriebsrat alle Gründe, die seinen Kündigungsentschluß hervorrufen, mitzuteilen. Ein späteres Nachschieben von Gründen gilt als Verstoß gegen die Auswahlrichtlinie.

7.3 Betriebsbedingte Kündigungen

7.3.1 Voraussetzung für die Betriebsbedingtheit einer Kündigung ist der Wegfall von Arbeitsplätzen.

7.3.2 Für die Auswahl der zu Kündigenden kommen zunächst nur die Arbeitnehmer in Betracht, deren Arbeitsplätze entfallen.

7.3.3 Sofern an ähnlichen oder verwandten Arbeitsplätzen Arbeitnehmer beschäftigt sind, sind diese in den Kreis der Auszuwählenden einzubeziehen. Welche Arbeitsplätze im Sinne des § 102 Abs. 3 Ziff. 3 und 4 BetrVG als gleich oder ähnlich gelten, ist zwischen Arbeitgeber und Betriebsrat zu vereinbaren.

7.3.4 Dieser Personenkreis ist nach der Dauer der Betriebszugehörigkeit und den sozialen Eigenschaften zu ordnen.

7.3.4.1 Dauer der Betriebszugehörigkeit sowie soziale Eigenschaften wie Alter und Familienstand verlangen eine größere soziale Rücksichtnahme.

7.3.4.2 Die fachliche Eignung und die Berücksichtigung von Umschulungsmöglichkeiten sind einzubeziehen.

8. Information

Um die Anwendung dieser Auswahlrichtlinien zu gewährleisten, sind für die Beurteilung und Entscheidung alle verfügbaren Informationsunterlagen heranzuziehen.

9. Ausnahmeregelung

Sofern in begründeten Einzelfällen zusätzliche Merkmale und Tatsachen in den Auswahlprozeß eingeführt werden sollen, ist hierüber eine Vereinbarung mit dem Betriebsrat notwendig.

10. Die Organisation des Entscheidungsprozesses

Zur Durchführung der Personalpolitik, die auf einen Ausgleich der Interessen gerichtet ist, werden die Auswahlentscheidungen im Sinne dieser Vereinbarung einvernehmlich zwischen Arbeitgeber und Betriebsrat getroffen.

11. Wird zwischen Betriebsrat und Arbeitgeber über die Anwendung der Auswahlrichtlinien keine Einigung erzielt, entscheidet eine Einigungsstelle verbindlich über die Auswahlentscheidung.

12. Durch die Auswahlentscheidung werden die sonstigen Widerspruchsrechte des Betriebsrates im Sinne der §§ 99 und 102 BetrVG nicht berührt.

13. Inkrafttreten und Kündigung

Diese Vereinbarung tritt am . . . in Kraft und kann mit vierteljährlicher Kündigungsfrist zum Jahresende gekündigt werden.

....	....
Betriebsrat	Vorstand

Betriebsvereinbarung über Richtlinien für die Auswahl bei Kündigungen, die durch dringende betriebliche Erfordernisse (KSchG) bedingt sind

Die derzeitige wirtschaftliche Situation und der anhaltende Auftragsmangel bedingen eine Reduzierung der Arbeitsplätze. Zur Auswahl der Mitarbeiter, die deshalb durch Kündigung ausscheiden sollen, wird vereinbart:

1. Persönlicher Geltungsbereich

1.1 Der persönliche Geltungsbereich erstreckt sich auf alle Mitarbeiter, die als Arbeitnehmer dem Betriebsverfassungsgesetz unterliegen.

1.2 Davon ausgenommen sind

- Mitarbeiter, die aufgrund gesetzlicher (Schwerbehindertengesetz, Mutterschutzgesetz, Arbeitsplatzschutzgesetz und § 15 KSchG) und tarifvertraglicher Bestimmungen unkündbar sind.
- Mitarbeiter, deren Arbeitsverhältnis nicht vom Kündigungsschutz des KSchG erfaßt wird.

2. Auswahlgrundsätze

2.1 Die Auswahl der zu kündigenden Mitarbeiter ist jeweils innerhalb der Mitarbeitergruppen des Gesamt-Unternehmens vorzunehmen, deren Tätigkeiten hinsichtlich Aufgabenstellung, erforderlicher Qualifikation, Verantwortung und sonstiger maßgeblicher Arbeitsbedingungen vergleichbar und (ohne Störung des betrieblichen Ablaufs) untereinander austauschbar sind. Im übrigen gelten die §§ 99 und 102 BetrVG.

2.2 In die Auswahl sind die Mitarbeiter nicht einzubeziehen, deren Weiterbeschäftigung durch betriebstechnische, wirtschaftliche oder sonstige berechtigte betriebliche Bedürfnisse bedingt ist, insbesondere wenn aufgrund der besonderen Kenntnisse, Erfahrungen, Fähigkeiten und Leistungen der betreffenden Mitarbeiter ihre Weiterbeschäftigung für den ungestörten Betriebsablauf von Bedeutung ist.

3. Auswahlkriterien

Die Sozialauswahl aus der jeweiligen Auswahlgruppe ist so vorzunehmen, daß derjenige zuerst entlassen wird, den eine Kündigung am wenigsten hart trifft.

3.2 Für die Vorprüfung der sozialen Verhältnisse der einzelnen Mitarbeiter gilt folgendes Punkt-System:

a) Betriebszugehörigkeit

1 Punkt für jeweils ein vollendetes Jahr Betriebszugehörigkeit

b) Alter

1 Punkt	ab vollendetem 30. Lebensjahr
2 Punkte	ab vollendetem 35. Lebensjahr
4 Punkte	ab vollendetem 40. Lebensjahr
8 Punkte	ab vollendetem 45. Lebensjahr
12 Punkte	ab vollendetem 50. Lebensjahr

c) Familienverhältnisse

Da sich die Familienverhältnisse regelmäßig in der Steuerklasse widerspiegeln, wird für die Vorprüfung die Steuerklasse bei der Punkt-Bewertung zugrunde gelegt. Weichen im Einzelfall die tatsächlichen Verhältnisse von der Regel ab, so sind sie gemäß Ziffer 3.3 Abs. 2 entsprechend zu berücksichtigen.

Familienstand/Ehegatten

4 Punkte für St.Kl. 3: Verheiratete Mitarbeiter, die ausschließlich oder deutlich überwiegend für den Familienunterhalt aufkommen.

0 Punkte für St.Kl. 4: Verheiratete Mitarbeiter, deren Ehegatten mit verdienen.

0 Punkte für St.Kl. 1+2: Ledige, verwitwete oder geschiedene Mitarbeiter bzw. beschränkte Steuerpflicht

Kinder/sonstige Angehörige

Für jedes im steuerrechtlichen Sinne abhängige Kind

je 2 Punkte für Kinder bei St.Kl. 2 + 3

je 1 Punkt für Kinder bei St.Kl. 4

Je 2 Punkte für jede nachgewiesene, nach deutschem Recht unterhaltsberechtigte Person, für die tatsächlich Unterhalt geleistet wird (z.B. nicht auf der Steuerkarte eingetragene Kinder; Verwandte).

3.3 Mitarbeiter mit der jeweils niedrigsten Punktzahl in ihrer Auswahlgruppe gelten zunächst als von einer Kündigung am wenigsten hart betroffen.

Darüber hinaus sind die sonstigen maßgeblichen sozialen Verhältnisse (z.B. Einkommens- und Vermögenslage der gesamten Familie) zu berücksichtigen, soweit sie bekannt sind oder (PA/PB) durch den Betriebsrat oder den Mitarbeiter rechtzeitig vor Ausspruch der Kündigung bekanntgegeben werden.

Jeder Mitarbeiter ist verpflichtet, dem Betriebsrat alle für die Sozialauswahl maßgeblichen Verhältnisse auf Anforderung anzugeben und/oder sie ggf. nachzuweisen.

3.4 Ergibt die Abwägung der sozialen Verhältnisse keine nennenswerten Unterschiede zwischen Mitarbeitern einer Auswahlgruppe, so erfolgt die Auswahl nach Leistungsgesichtspunkten.

4. Unterschiedliche Ergebnisse

4.1 Hält der Betriebsrat die vorgetragene Auswahl für revisionsbedürftig, weil sich bei der Anhörung zusätzliche Umstände gemäß Ziffer 3.3 Abs. 2 ergeben haben, so weist er unverzüglich darauf hin.

4.2 Hält der Betriebsrat die vorgetragene Auswahl für unrichtig, weil er im Einzelfall die Verhältnisse anders gewichtet, so legt er unverzüglich seine konkreten Gründe und seine Alternativvorstellungen dar.

5. Rechte des Betriebsrates

Die nicht in dieser Betriebsvereinbarung geregelten Mitwirkungs- und Mitbestimmungsrechte des Betriebsrates bleiben unberührt.

Für den Betriebsrat

Protokollnotiz zu Ziffer 2.1

Die Vertragspartner sind sich darüber einig, daß in die Auswahl unter den Mitarbeitern einer Tätigkeitsgruppe neben den derzeitigen Stelleninhabern die Mitarbeiter einzubeziehen sind, die schriftlich ihre Bereitschaft zur Übernahme dieser geringerwertigen Tätigkeit erklärt haben und die dafür auch qualifiziert sind.

Betriebsvereinbarung über Auswahlrichtlinien gem. § 95 BetrVG

Quelle: Vorlage der Betriebsvereinbarung vom 28.4.1976 – Auszug –

Zwischen der Geschäftsführung der Firma ... GmbH und dem Betriebsrat der Firma ... werden die folgenden Auswahlrichtlinien gemäß § 95 BetrVG vereinbart, zu denen im einzelnen Richtlinien über die personelle Auswahl bei
Einstellungen,
Versetzungen,
Umgruppierungen und
Kündigungen
von Arbeitnehmern gehören.

1. Allgemeine Grundsätze

...

2. Beurteilung und Entscheidung

...

3. Zur Mitbestimmung des Betriebsrats

...

4. Auswahlrichtlinien und -kriterien bei Einstellungen

...

5. Versetzungen

...

6. Umgruppierungen

...

7. Kündigungen

7.1 Diese Richtlinien gelten nicht bei ordentlichen und außerordentlichen Kündigungen, die auf Gründe gestützt sind, die im Verhalten des Arbeitnehmers liegen.

7.2 Mit Hilfe der Personalplanung sollen betriebsbedingte Kündigungen und Kündigungen, die ihre Ursache in der Person des Arbeitnehmers haben, ohne verhaltensbedingt zu sein, vermieden werden.

7.3 Ist eine Probezeit vereinbart worden ...

7.4 Der Kündigungsentscheidung hat bei Einholung der Stellungnahme des Betriebsrats eine Information und Beratung zur Personalplanung nach § 92 BetrVG vorauszugehen. Dabei ist zu prüfen, ob Weiterbeschäftigungsmöglichkeiten an anderen Arbeitsplätzen (hierzu Betriebsvereinbarung zu § 92 BetrVG) oder Umschulungs- und Fortbildungsmöglichkeiten für andere vorhandene Arbeitsplätze bestehen. Konkrete Vorschläge des Betriebsrates sind von der PA gemeinsam mit dem Betriebsrat zu prüfen. Betriebsbedingte Kündigungen, die nicht gem. Satz 1 beraten wurden, sind unzulässig.

7.5 Bei jeder Kündigung hat der Arbeitgeber dem Betriebsrat alle Gründe, die seinen Kündigungsentschluß hervorrufen, mitzuteilen. Ein späteres Nachschieben von Gründen, die bereits zum Zeitpunkt der Mitteilung bekannt waren oder hätten bekannt sein können, ist rechtzeitig vor der abschließenden Beratung des Betriebsrats zulässig.

7.6 Wenn ein Arbeitnehmer, dem gekündigt werden soll, auf ein durch die PA vorgelegtes Angebot hin sein Einverständnis zur Weiterbeschäftigung zu den angebotenen Bedingungen erklärt und der Betriebsrat der damit verbundenen Versetzung und/oder Umgruppierung zugestimmt hat, so gilt eine in diesem Zusammenhang dennoch ausgesprochene Kündigung als Verstoß gegen diese Auswahlrichtlinien.

7.7. Für die Auswahl der zu Kündigenden kommen zunächst nur die Inhaber der Arbeitsplätze in Betracht, die aufgrund der Personalplanung (§ 92) aufgelöst werden sollen oder deren Besetzung vermindert werden soll.

7.8 Sofern Arbeitnehmer an ähnlichen oder verwandten Arbeitsplätzen beschäftigt sind, sind sie in den Kreis der Auszuwählenden einzubeziehen. Welche Arbeitsplätze als gleich oder ähnlich gelten, ist zwischen Arbeitgeber und Betriebsrat zu vereinbaren.

7.9 Der Personenkreis gem. Ziff. 7.7 und 7.8 ist unter Berücksichtigung der betrieblichen Bedürfnisse nach der Dauer der Betriebszugehörigkeit und den sozialen Gesichtspunkten (Alter, Familienstand, Unterhaltsberechtigte, Betriebszugehörigkeit) zu ordnen, längere Betriebszugehörigkeit und größere soziale Verpflichtungen gebieten eine größere Rücksichtnahme.

Aus diesem Kreis sind jene Arbeitnehmer auszusondern, deren Weiterbeschäftigung auf einem anderen Arbeitsplatz des Betriebes mit oder ohne zumutbare Umschulung oder unter geänderten angemessenen Vertragsbedingungen möglich ist. Bei der Beurteilung der Zumutbarkeit der Umschulung sind die Interessen beider Seiten unter Einschaltung des Betriebsrats gegeneinander abzuwägen.

Bei der letztlich vorzunehmenden Auswahl bleiben in der Vergangenheit unterlassene bzw. wegen Zeitablaufs gelöschte Disziplinarmaßnahmen unberücksichtigt.

8. Durchführung

. . .

9. Verfahren bei Meinungsverschiedenheiten

9.1 Die Auswahlentscheidungen im Sinne dieser Vereinbarung werden einvernehmlich zwischen PA und Betriebsrat zügig und gründlich getroffen. Über strittige Fragen ist zwischen Arbeitgeber und Betriebsrat mit dem ernsten Willen zur Einigung zu verhandeln. Es sind beiderseits Vorschläge für die Beilegung von Meinungsverschiedenheiten zu machen (§ 74 Abs. 1 BetrVG).

9.2 Wird zwischen Betriebsrat und PA über Anwendung und Auslegung der Auswahlrichtlinien, über Gewichtung und Prioritäten der Auswahlkriterien sowie bei Meinungsverschiedenheiten über das Verfahren keine Einigung erzielt, entscheidet die Einigungsstelle verbindlich gem. § 76 BetrVG.

9.3 Diese Auswahlrichtlinien sind nach ihrem Sinn und Zweck zum Wohle der Arbeitnehmer und des Betriebes auszulegen.

9.4 Durch die Auswahlentscheidung werden sonstige Rechte des Arbeitgebers und des Betriebsrats nicht berührt.

9.5 Bei personellen Maßnahmen im Zusammenhang mit Betriebsänderungen gem. § 111 BetrVG sind die Regelungen eines vereinbarten Sozialplanes zu beachten.

10. Inkrafttreten und Kündigung

Diese Vereinbarung tritt am 1.6.1976 in Kraft und kann mit dreimonatiger Frist zum Quartalsende gekündigt werden.

. . ., den 28.4.1976

Betriebsrat der

. . .

gez. Unterschrift

Geschäftsführung der

. . .

gez. Unterschriften

Betriebsvereinbarung über Auswahlrichtlinien gem. § 95 BetrVG

Quelle: Vorlage der Betriebsvereinbarung

. . .

D. Kündigungen

I. Allgemeine Grundsätze

1. Fristgerechte und außerordentliche Kündigungen, die durch das Verhalten des Arbeitnehmers bedingt sind und denen ein vorwerfbares Tun oder Unterlassen zugrunde liegt, sind nicht Gegenstand dieser Auswahlrichtlinien.
2. Bei betriebsbedingten Kündigungen dürfen in der Vergangenheit unterlassene Disziplinarmaßnahmen nicht berücksichtigt werden.

II. Personenbedingte Kündigungen

1. Bei personenbedingten Kündigungen hat der Arbeitgeber dem Betriebsrat die Gründe für die Kündigung mitzuteilen.
2. Bei personenbedingten Kündigungen ist unter Berücksichtigung des Alters, des Familienstandes, der Betriebszugehörigkeit und des bisherigen beruflichen Werdeganges eine Weiterbeschäftigungsmöglichkeit an einem anderen Arbeitsplatz desselben Betriebes oder in einem anderen Betrieb des Unternehmens eingehend zu prüfen.
3. Zu prüfen ist ferner die Weiterbeschäftigungsmöglichkeit nach zumutbaren Umschulungs- und Fortbildungsmaßnahmen oder unter geänderten Vertragsbedingungen.
4. Konkrete Gegenvorschläge des Betriebsrats bei einer für nicht ausreichend erachteten Prüfung der Weiterbeschäftigungsmöglichkeiten sind von der PA gemeinsam mit dem Betriebsrat zu prüfen.

III. Betriebsbedingte Kündigungen

1. Die Auswahlrichtlinien erfassen alle betriebsbedingten Kündigungen, bei denen der zu Kündigende oder die zu Kündigenden unter mehreren Mitarbeitern auszuwählen sind.
2. Betriebsbedingte Kündigungen sind im Rahmen der Personalplanung mit dem Betriebsrat mit dem Ziel zu beraten, sie auf das notwendige Maß zu beschränken.
3. Für Entlassungen, die im Rahmen von Betriebsänderungen (vgl. § 111 BetrVG) notwendig werden, gelten die Auswahlrichtlinien nur, wenn dies im Einzelfall zwischen Arbeitgeber und Betriebsrat vereinbart wird.

4. Bei der Auswahl der zu Kündigenden sind persönliche Voraussetzungen sowie soziale Gesichtspunkte zu berücksichtigen.
   Diese Voraussetzungen und Gesichtspunkte haben zurückzutreten, wenn betriebstechnische, wirtschaftliche oder sonstige berechtigte betriebliche Bedürfnisse die Weiterbeschäftigung eines oder mehrerer bestimmter Arbeitnehmer bedingen und damit der Auswahl nach diesen Voraussetzungen und Gesichtspunkten entgegenstehen (vgl. § 1 Abs. 3 KSchG).
5. Ziff. II 3 gilt entsprechend.

E. Ergänzend zu diesen Auswahlrichtlinien gelten im übrigen die entsprechenden Bestimmungen des BetrVG

. . .

F. Verfahren bei Meinungsverschiedenheiten

. . .

G. Leitende Angestellte

Auf leitende Angestellte i.S.d. § 5 Abs. 3 BetrVG finden diese Auswahlrichtlinien keine Anwendung.

H. Inkrafttreten und Kündigung

Diese Vereinbarung tritt am 1.9.1974 in Kraft und kann mit einer Frist von sechs Monaten zum Ende eines Kalenderjahres gekündigt werden.

Betriebsvereinbarung zwischen der Firma . . . und deren Betriebsrat über Auswahlrichtlinien nach § 95 BetrVG

Quelle: Vorlage der Photokopie dieser Vereinbarung vom 27. Juli 1979

A.

1. Diese Richtlinien finden Anwendung, wenn der Arbeitgeber sich bei Einstellungen, Versetzungen oder Kündigungen zwischen zwei oder mehr Arbeitnehmern entscheiden kann.
   Das Recht des Arbeitgebers, von einer solchen geplanten Maßnahme abzusehen, bleibt unberührt.
2. Die Richtlinien gelten nicht für leitende Angestellte (§ 5 Abs. 3 BetrVG) und Auszubildende mit Ausnahme des Abschnitts C. Ziff. 4.
3. Der Arbeitgeber und der Betriebsrat können durch schriftliche Vereinbarung von den Richtlinien im Einzelfall abweichen.

B.

1. Der Arbeitgeber unterrichtet den Betriebsrat jährlich umfassend über die Personalplanung. Von nachträglichen Änderungen wird der Betriebsrat rechtzeitig unterrichtet.

Ein Verstoß hiergegen ist kein Widerspruchsgrund nach §§ 99 Abs. 2 Nr. 2 und 102 Abs. 3 Nr. 2 BetrVG.

2. – 5. ...

6. a) Die Unterrichtung des Betriebsrats vor einer Einstellung, Versetzung oder Kündigung erfolgt schriftlich. Dabei sind im Falle einer nach diesen Richtlinien zulässigen Abweichung von Auswahlgesichtspunkten die Gründe dafür im einzelnen anzugeben und auf Verlangen des Betriebsrats näher zu erläutern.

   b) Bei Einstellungen oder Versetzungen teilt der Arbeitgeber dem Betriebsrat sämtliche inner- und außerbetrieblichen Bewerber schriftlich mit und legt ihm deren Bewerbungsunterlagen auf Verlangen vor. Sofern ein außerbetrieblicher Bewerber die Voraussetzungen eindeutig nicht erfüllt und der Arbeitgeber ihn aus diesem Grunde nicht berücksichtigen will, kann der Arbeitgeber über diesen den Betriebsrat vorweg unterrichten.

   c) Bei Kündigungen und vom Arbeitnehmer nicht beantragten Versetzungen ist in der schriftlichen Unterrichtung anzugeben, ob der betroffene Arbeitnehmer schon angehört worden ist. Auf Verlangen des Betriebsrats muß der Arbeitnehmer unverzüglich angehört werden. Die Anhörung soll mündlich erfolgen. Eine vom Betriebsrat verlangte Anhörung hat auf die Dauer und den Lauf der Fristen der §§ 99, 100 und 102 BetrVG keinen Einfluß.

   Die Nichtanhörung des Arbeitnehmers ist kein Widerspruchsgrund nach §§ 99 Abs. 2 Nr. 2 und 102 Abs. 3 Nr. 2 BetrVG.

C.

Besetzung eines Arbeitsplatzes durch Einstellung oder vom Arbeitnehmer beantragter Versetzung.

1. – 3. ...

4. Ein Auszubildender hat bei erfolgreichem Abschluß der Ausbildung Vorrang vor außerbetrieblichen Bewerbern, wenn er die fachlichen und persönlichen Voraussetzungen des zu besetzenden Arbeitsplatzes erfüllt. Das gilt nicht, wenn das vom Auszubildenden gezeigte Leistungsverhalten und eine deutlich bessere Qualifikation eines außerbetrieblichen Bewerbers eine andere Betrachtungsweise rechtfertigen.

5. – 8. ...

D.

Versetzung i.S. des § 95 Abs. 3 BetrVG

1. Für Versetzungen anläßlich der Bewerbung eines Arbeitnehmers um einen anderen Arbeitsplatz gilt Abschnitt C.

2. Bei Versetzungen, durch die mehrere Arbeitnehmer mit ihrem Einverständnis den Arbeitsplatz austauschen, findet diese Richtlinie keine Anwendung.

3. Bei Versetzungen aus betrieblichen Gründen ohne Einverständnis des Arbeitnehmers ist zwischen Arbeitnehmern mit vergleichbaren Tätigkeiten derjenige zu versetzen, den die Versetzung am wenigsten hart trifft. Dabei sind in erster Linie eine etwaige Schwerbehinderteneigenschaft und ein höheres Lebensalter sowie die Dauer der Betriebszugehörigkeit zu berücksichtigen. Andere gewichtige soziale Gesichtspunkte, die für die Versetzung von Belang sind, dürfen nicht außer acht bleiben. Hiervon kann der Arbeitgeber abweichen, wenn berechtigte betriebliche Bedürfnisse dies bedingen.

E. Kündigungen

1. Kann eine vom Arbeitgeber als erforderlich angesehene Kündigung durch eine Versetzung vermieden werden, gelten zunächst die Abschnitte C und D. Das gilt bei verhaltensbedingten Kündigungen nur und ohne Begründung eines Widerspruchsrechts nach §§ 99 Abs. 2 Nr. 2 und 102 Abs. 3 Nr. 2 BetrVG, wenn den Arbeitnehmer an dem Kündigungsgrund kein Verschulden trifft.

2. Ist aus dringenden betrieblichen Erfordernissen eine ordentliche oder außerordentliche Kündigung notwendig, müssen zwischen Arbeitnehmer mit vergleichbaren Tätigkeiten soziale Gesichtspunkte ausreichend berücksichtigt werden, sofern nicht betriebstechnische, wirtschaftliche oder sonstige berechtigte betriebliche Bedürfnisse die Weiterbeschäftigung eines oder mehrerer bestimmter Arbeitnehmer bedingen und damit der Auswahl nach sozialen Gesichtspunkten entgegenstehen. Die soziale Auswahl ist so vorzunehmen, daß zunächst demjenigen Arbeitnehmer zu kündigen ist, den die Kündigung am wenigsten hart trifft.

   Dabei müssen alle maßgeblichen sozialen Gesichtspunkte berücksichtigt werden, die dem Arbeitgeber bekannt sind oder ihm von betroffenen Arbeitnehmer oder Betriebsrat vor Ausspruch der Kündigung mitgeteilt werden.

3. Auf Verlangen des Betriebsrats teilt der Arbeitgeber diesem die für ihn maßgeblichen Gründe der sozialen Auswahl und die in diese von ihm einbezogenen Arbeitnehmer mit.

4. Bei allen Kündigungen ist der Gleichbehandlungsgrundsatz zu beachten. Auf die Nichtbeachtung des Gleichbehandlungsgrundsatzes kann der Betriebsrat einen Widerspruch nach § 102 Abs. 3 Nr. 2 BetrVG nur stützen, wenn er die Nichtbeachtung dieses Grundsatzes in tatsächlicher Hinsicht näher begründet.

F.

Für etwaige Streitigkeiten über die Auslegung dieser Vereinbarung wird eine Einigungsstelle gebildet, die verbindlich entscheidet. Die Einigungsstelle besteht aus je drei Mitgliedern der Arbeitgeber- und der Betriebsratsseite. Vorsitzender der Einigungsstelle ist Herr N.S.

G.

Diese Vereinbarung tritt am 1.10.1979 in Kraft. Sie kann unter Einhaltung einer Frist von sechs Monaten zum Quartalsende gekündigt werden, erstmals zum 31.12.1982. Die Kündigung muß schriftlich erfolgen.

. . ., den 27. Juli 1979

Betriebsvereinbarung über Personal-Auswahlrichtlinien[1]

Quelle: (entnommen der Diss. Gemählich, R.: „Auswahlrichtlinien nach § 95 BetrVG", Erlangen-Nürnberg 1983, S. 103 ff.)

Zwischen Geschäftsführung und Gesamtbetriebsrat der „. . ."-GmbH wird gemäß § 95 BetrVG folgendes vereinbart:

1. Grundsatz

Die nachfolgend aufgeführten Personal-Auswahlrichtlinien dienen einer weitgehenden Transparenz und Versachlichung der bei personellen Maßnahmen angewandten Grundsätze. Ihre Anwendung ist ein gemeinsames Anliegen von Geschäftsführung und Gesamtbetriebsrat.

Diese Betriebsvereinbarung gilt für alle Arbeitnehmer mit Ausnahme der leitenden Angestellten gem. § 5,3 BetrVG. Sie gilt in Verbindung mit den Bestimmungen des Betriebsverfassungsgesetzes.

Der Personalbedarf wird aufgrund der Personalplanung ermittelt. Hierüber, sowie über Änderungen, ist der Betriebsrat rechtzeitig zu unterrichten. Art und Umfang der erforderlichen Maßnahmen sind mit dem Betriebsrat zu beraten.

Der in Aussicht genommene Mitarbeiter ist dem Betriebsrat vorzustellen.

2. Einstellungen

2.1 Die Auswahl eines Bewerbers richtet sich nach dessen fachlicher und persönlicher Eignung. Die Eignung wird vom hierfür zuständigen Vorgesetzten und der Personalabteilung anhand der Anforderungen an den Arbeitsplatz bzw. der Beschreibung der Arbeitsaufgaben und der damit verbundenen Eingruppierungen festgestellt. Die fachliche Eignung richtet sich nach geforderten Fach- und Spezialkenntnissen.

Für die Prüfung der persönlichen Eignung gelten u.a. folgende Kriterien: Körperliche und gesundheitliche Verfassung, Anpassungsfähigkeit, Einkommenswunsch und Eintrittstermin. Als Informationsquellen gelten grundsätzlich: Personalbogen, Bewerbungsunterlagen, Zeugnisse, Referenzen, Bescheinigungen über Kurse und Lehrgänge, Ergebnisse von Vorstellungsgesprächen und Einstellungsuntersuchungen.

2.2 Bei der Auswahl zwischen einem außerbetrieblichen Bewerber und einem Bewerber, der dem Betrieb bereits angehört, ist dem innerbetrieblichen Bewerber bei sonst gleichen Voraussetzungen Vorrang zu geben. Der gleiche Grundsatz gilt für Auszubildende, deren Übernahme in ein ordentliches Arbeitsverhältnis feststeht.

2.3 Im Betrieb beschäftigten Schwerbehinderten soll bei der Besetzung für sie geeigneter Arbeitsplätze der Vorrang vor anderen Bewerbern gegeben werden.

2.4 Anwerbungen im Ausland erfolgen verbindlich, sofern der Betriebsrat zur Zahl und den arbeitsvertraglichen Bedingungen der Einzustellenden seine Zustimmung erteilt hat.

2.5 Diese Vorschriften gelten sinngemäß für die Einstellung von Auszubildenden und Informanden.

---

1 Auswahlrichtlinien eines in Nürnberg ansässigen Maschinenbaubetriebes

3. Versetzungen

3.1 Versetzungen im Sinne des § 95,3 BetrVG werden mit dem Mitarbeiter besprochen. Auf Wunsch des Mitarbeiters ist der Betriebsrat hinzuzuziehen. Die entsprechenden Bestimmungen der Betriebsordnung sind zu beachten.

3.2 Für die Auswahl bei Versetzungen gilt Punkt 2.1 entsprechend. Ergänzend sind soziale Gesichtspunkte und Beurteilungen zu berücksichtigen. Versetzungen zur Vermeidung von Kündigungen haben Vorrang vor individuellen Versetzungswünschen.

3.3 Sind mit einer Versetzung erhebliche Nachteile für den Mitarbeiter verbunden, so soll die Auswahl bei etwa gleichen fachlichen und persönlichen Voraussetzungen nach sozialen Gesichtspunkten erfolgen, z.B. Dauer der Betriebszugehörigkeit, Minderung des Ruhegeldes, Lebensalter, Familienstand, Zahl der unterhaltsberechtigten Familienangehörigen und deren Versorgung.

3.4 Versetzungen wegen Nachlassens der körperlichen Kräfte oder wegen des ärztlichen Verbots, an einem Arbeitsplatz weiter tätig zu sein, gelten als sozialer Anlaß im Sinne dieser Auswahlrichtlinien und begründen gegenüber sonst gleichwertigen Bewerbern einen Vorrang.

4. Kündigungen

4.1 Aus dem betroffenen Personenkreis sind zunächst jene Arbeitnehmer auszuwählen, deren Weiterbeschäftigung auf einem anderen, gleichwertigen Arbeitsplatz des gleichen Betriebes mit zumutbarer Umschulung oder ohne Umschulung möglich ist. Außerdem soll geprüft werden, ob Einsatzmöglichkeiten an anderen Stellen des Unternehmens gegeben sind.

4.2 Bei der Auswahl haben soziale Gesichtspunkte, wie z.B. Dauer der Betriebszugehörigkeit, Lebensalter, Familienstand, Zahl der unterhaltsberechtigten Familienangehörigen und deren Versorgung, grundsätzlich Vorrang. Außerdem sind u.a. Leistung, Verhalten und die Möglichkeit der vorzeitigen Ruhegeldgewährung zu berücksichtigen.

Diese Merkmale dürfen nicht für sich allein, sondern nur im Verhältnis zueinander betrachtet werden. Dabei kann ein Merkmal andere, unter Berücksichtigung ihrer unterschiedlichen Gewichtung, in Ansehung des Einzelfalles aufheben.

4.3 Sofern an vergleichbaren Arbeitsplätzen Arbeitnehmer mit gleicher Leistung, jedoch kürzerer Betriebszugehörigkeit beschäftigt sind, sind diese in den Kreis der Auszuwählenden mit einzubeziehen.

4.4 Der Arbeitnehmer kann eine Abwägung der unter Punkt 4.2 genannten Tatbestände nicht verlangen, wenn er einen anderen zumutbaren Arbeitsplatz ausgeschlagen hat. Die Zumutbarkeit eines Arbeitsplatzes wird zwischen Geschäftsleitung und Betriebsrat festgelegt.

4.5 Vorstehende Regelungen finden keine Anwendung bei Kündigungen aus Gründen, die in der Person oder im Verhalten des Arbeitnehmers liegen.

5. Inkrafttreten und Kündigungen

Diese Vereinbarung tritt am ... in Kraft. Sie kann mit vierteljährlicher Kündigungsfrist zum Schluß eines Kalenderjahres gekündigt werden. Sie wirkt nach bis zum Abschluß einer neuen Betriebsvereinbarung.

Ort, Datum

GESAMTBETRIEBSRAT „. . .“-GmbH

Anhang VI

Auswahlrichtlinien gem. § 95 BetrVG aufgrund eines Spruches der Einigungsstelle

Die von der Geschäftsleitung und dem Gesamtbetriebsrat der ... errichtete Einigungsstelle hat am 21. Januar 1983 folgende Richtlinien gemäß § 95 BetrVG für die Auswahl bei Einstellungen, Versetzungen, Umgruppierungen und Kündigungen beschlossen:

1. Allgemeines

1.1 Bei allen personellen Maßnahmen gemäß § 95 BetrVG sind fachliche, persönliche und soziale Gesichtspunkte zu beachten.

1.2 Die Personalabteilung unterrichtet den Betriebsrat vor jeder Einstellung, Eingruppierung, Umgruppierung, Versetzung (§ 99 BetrVG) und Kündigung (§ 102 BetrVG) anhand der abgestimmten Formulare.

1.3 Maßnahmen nach 1.2 orientieren sich an der quantitativen und qualitativen Personalplanung, über die der Betriebsrat gemäß § 92 BetrVG rechtzeitig und umfassend unterrichtet wird. Dabei sind dem Betriebsrat die erforderlichen Unterlagen spätestens in einem Zeitpunkt zur Verfügung zu stellen, in dem auf Planungen im Sinne des § 92 Abs. 1 BetrVG durch den Betriebsrat noch Einfluß genommen werden kann.

2. Bewerbungen

2.1 Die Personalabteilung begründet dem Betriebsrat gegenüber, warum ein Bewerber in die engere Auswahl gekommen ist.

2.2 Die Bewerbungsunterlagen aller nicht berücksichtigten Bewerber sind diesen unaufgefordert zurückzusenden, alle Daten sind zu löschen.

2.3 Bei der Prüfung der Eignung von Bewerbern mit Weisungsbefugnissen ist bei der Beurteilung besonders darauf zu achten, inwieweit auch die Fähigkeit zur Kooperation gegeben ist.

Kenntnisse der Arbeitssicherheit sind bei der Entscheidung ebenfalls zu berücksichtigen.

2.4 Die Einholung graphologischer Gutachten bedarf der Zustimmung des Betriebsrates. Das gleiche gilt für psychologische Eignungstests. Bei fehlender Zustimmung des Betriebsrates gilt § 94 BetrVG.

3. Einstellungen

3.1 Der Einstellungsbedarf orientiert sich an der Personalplanung. Eine externe Einstellung kann erst erfolgen, wenn die interne Stellenausschreibung scheitert und eine Umschulung bzw. Weiterbildung nicht möglich oder sachlich nicht zumutbar ist.

Die ...-Anweisung Nr. 2/71 (einschließlich eventueller Nachträge) über interne Stellenausschreibungen ist Teil dieser Auswahlrichtlinien.

3.2 Eine Befristung des Arbeitsverhältnisses ist nur zulässig, wenn sachliche, in der Eigenart der ...-Einheit, der zu erfüllenden Arbeitsaufgabe oder in der Person des Bewerbers liegende Gründe den Abschluß eines solchen Arbeitsvertrages und seine vereinbarte Dauer rechtfertigen. Die Gründe sind dem Betriebsrat mitzuteilen.

3.3 Maßstab für die Entscheidung über die Einstellung sind die Anforderungen des zu übertragenden Arbeitsbereiches. Die Tätigkeiten sind im einzelnen in Tätigkeitsbeschreibungen, Arbeitsbeschreibungen oder Personalanforderungen näher beschrieben.

Für die Beurteilung und Entscheidung können folgende Erkenntnisquellen herangezogen werden:

a) Angaben aus dem vereinbarten ...-Bewerbungsbogen sowie diesbezügliche Anlagen;
b) Zeugnisse;
c) Bescheinigungen über Kurse und Lehrgänge (auch innerbetriebliche Kurse und Lehrgänge);
d) Nachweise über bisher ausgeübte Arbeiten und erworbene Fähigkeiten;
e) Zeugnisse eines Amts-, Vertrags- oder Werksarztes über die gesundheitliche Fähigkeit, den angestrebten Arbeitsplatz oder Arbeitsbereich auszufüllen, sofern das in der Tätigkeitsbeschreibung festgelegt oder im Einzelfall mit dem Betriebsrat vereinbart wurde;
f) Ergebnisse des Bewerbergespräches in fachlicher und persönlicher Hinsicht;
g) Personalakten.

Zusätzliche Erkenntnisquellen bedürfen der Zustimmung des Betriebsrates. Im Falle der Nichteinigung ist mit dem ernsten Willen zur Verständigung darüber zu verhandeln.

3.4 Bei externen Einstellungen werden wegen Arbeitsmangel entlassene ehemalige Arbeitnehmer, sofern sie sich bewerben, bei Vorliegen der in 3.3 genannten Voraussetzungen bevorzugt.

3.5 Vor jeder Einstellung ist zu prüfen, ob der Arbeitsplatz durch eine(n) Schwerbehinderte(n) oder durch die Übernahme eines/einer Auszubildenden besetzt werden kann. Bei entsprechender Eignung haben im Betrieb beschäftigte Schwerbehinderte und Auszubildende Vorrang vor externen Bewerbern.

Die Einstellung älterer Arbeitnehmer soll im Rahmen der Personalauswahl angemessen berücksichtigt werden.

Der Betriebsrat hat ein Vorschlagsrecht nach § 80 BetrVG.

3.6 Der Betriebsrat kann seine Zustimmung zu einer Einstellung nach Maßgabe des § 99 BetrVG verweigern. Betriebsrat und Personalabteilung haben jedoch alle Möglichkeiten auszuschöpfen, um eine innerbetriebliche Einigung zu erzielen.

3.7 Die Beschäftigung von Leiharbeitnehmern nach dem Arbeitnehmerüberlassungsgesetz in ...-Einheiten unterliegt der Zustimmung des Betriebsrates nach § 99 BetrVG.

3.8 Einstellung von Auszubildenden

3.8.1 Bei der Besetzung vorhandener Ausbildungsplätze sind die Bewerber unabhängig von ihrem Geschlecht und ihrer Nationalität zu berücksichtigen. Die benötigte Schulbildung richtet sich an dem angestrebten Bildungsziel aus. Bei entsprechender Eignung sind schwerbehinderte Bewerber besonders zu bevorzugen.

3.8.2 Die Bewerber werden im Einvernehmen mit dem Betriebsrat zu einem Test geladen, in dem der Stand der Schulkenntnisse an standardisierten Aufgaben, berufsbezogenes Verhältnis und Geschicklichkeit überprüft werden.

Sofern im Anschluß an den Test ein Bewerbergespräch stattfindet, kann ein Mitglied des Betriebsrates daran teilnehmen.

3.8.3 In einem gemeinsamen Gespräch zwischen dem Ausbildungsleiter, dem Leiter der Personalabteilung und einem Mitglied des Betriebsrates wird die Auswahl der für die Einstellung vorgesehenen Bewerber getroffen.

3.8.4 Ist eine Umwandlung des Ausbildungsverhältnisses in ein Beschäftigungsverhältnis nicht möglich, so muß dies dem Auszubildenden und dem Betriebsrat spätestens drei Monate vor dem im Ausbildungsvertrag angegebenen Ausbildungsende schriftlich mitgeteilt werden. Nach entsprechender Mitteilung sind in einem Gespräch zwischen Personalabteilung, Ausbildungsleitung und dem zuständigen Betriebsrat die Gründe, die eine Übernahme in ein Beschäftigungsverhältnis verhindern, zu erläutern. Dabei sind insbesondere die sozialen Aspekte zu berücksichtigen, um ersichtliche Härten zu vermeiden.

Falls bei Ausbildungsende feststeht, daß in einem Zeitraum von drei Monaten danach im Betrieb ein Arbeitsplatz frei wird, der für den Ausgebildeten in Frage kommt, so wird dieser ihm angeboten.

4. Versetzungen

4.1 Der Betriebsrat ist vor jeder geplanten Versetzung (§ 95 Abs. 3 BetrVG) zu informieren. Ihm ist die Notwendigkeit jeder Versetzung zu begründen. Die daraus entstehenden Konsequenzen sind mit ihm zu beraten.

4.2 Die Betroffenen sind über die geplanten Maßnahmen und deren Auswirkungen rechtzeitig zu informieren. An dem Gespräch kann der Betriebsrat teilnehmen.

Auf Verlangen eines Betroffenen findet die Information im Beisein des Betriebsrates statt.

4.3 Alle Versetzungen sind nach fachlicher und persönlicher Eignung sowie sozialen Gesichtspunkten vorzunehmen.

Bei Versetzungen auf einen geringerwertigen Arbeitsplatz hat die Auswahl vorrangig nach sozialen Gesichtspunkten zu erfolgen.

4.4 Sind personenbedinge Versetzungen erforderlich, sollen die Betroffenen auf Arbeitsplätze versetzt werden, die ihren persönlichen Voraussetzungen entsprechen.

4.5 In allen Fällen sollen individuelle Versetzungswünsche des Betroffenen berücksichtigt werden.

5. Umgruppierungen

Für Umgruppierungen gelten Nr. 4.1 und 4.2 entsprechend.

6. Kündigungen

6.1 Allgemeine Grundsätze

a) Kündigungen sind als letzte personelle Maßnahme einzusetzen. Sie sind mit Hilfe der Personalplanung nach Möglichkeit zu vermeiden.

b) In der Vergangenheit unterlassene Disziplinarmaßnahmen dürfen nicht nachträglich zur Begründung von Kündigungen herangezogen werden.

c) Eine Kündigung ist sozial ungerechtfertigt, wenn sie nicht durch Gründe, die in der Person oder in dem Verhalten des Arbeitnehmers liegen, oder durch dringende betriebliche Erfordernisse, die einer Weiterbeschäftigung des Arbeitnehmers im Betrieb entgegenstehen, bedingt ist.

6.2 Betriebsbedingte Kündigungen

6.2.1 Bei betriebsbedingten Kündigungen hat der Arbeitgeber dem Betriebsrat die Gründe seines Kündigungsentschlusses schriftlich mitzuteilen.

6.2.2 Die Auswahl bei Kündigungen richtet sich nach § 1 KSchG.

6.2.3 Eine Kündigung ist zu vermeiden, wenn die Weiterbeschäftigung des Arbeitnehmers auf einem anderen, gleichwertigen Arbeitsplatz innerhalb des Vertretungsbereiches des Gesamtbetriebsrates mit oder ohne für das Unternehmen zumutbare Umschulungs- oder Fortbildungsmaßnahmen möglich ist.

6.2.4 Eine Kündigung ist zu vermeiden, wenn der betroffene Arbeitnehmer unter geänderten Vertragsbedingungen weiterbeschäftigt werden kann und er hierzu sein Einverständnis erklärt.

6.2.5 Die Personalabteilung teilt dem Betriebsrat auf Verlangen mit, welche Umschulungs- und Fortbildungsmaßnahmen erwogen und welche Arbeitsplätze in welchen Betrieben unter dem Gesichtspunkt einer Weiterbeschäftigungsmöglichkeit überprüft worden sind.

6.2.6 Im Sinne der vorstehenden Regelungen sind Arbeitsplätze, auf denen mit dem zu kündigenden Arbeitnehmer austauschbare Leiharbeitskräfte tätig sind, als freie Arbeitsplätze anzusehen. In diesem Falle sind die Vertragsverhältnisse zu beenden und ist der Arbeitnehmer, dessen Kündigung beabsichtigt ist, auf dem entsprechenden Arbeitsplatz weiterzubeschäftigen.

Bei der Beratung über Betriebsänderungen im Sinne von § 111 BetrVG ist der Betriebsrat über Werkverträge zu informieren. Im übrigen bleiben Gesetz und Rechtsprechung unberührt.

6.2.7 Eine Kündigung kommt nur in Betracht, wenn eine Weiterbeschäftigung nach den vorstehenden Vorschriften nicht möglich und sie durch dringende betriebliche Erfordernisse bedingt ist.

6.3 Personenbedingte Kündigungen

6.3.1 Bei personenbedingten Kündigungen hat der Arbeitgeber dem Betriebsrat die Gründe seines Kündigungsentschlusses schriftlich mitzuteilen.

6.3.2 Eine Kündigung ist zu vermeiden, wenn eine Weiterbeschäftigung im Sinne der Vorschriften des § 6.2 möglich ist.

6.3.3 Die Personalabteilung teilt auf Verlangen dem Betriebsrat mit, welche Umschulungs- und Fortbildungsmaßnahmen erwogen und welche Arbeitsplätze in welchen Betrieben unter dem Gesichtspunkt einer Weiterbeschäftigungsmöglichkeit überprüft worden sind.

6.4 Verhaltensbedingte Kündigungen

6.4.1 Bei verhaltensbedingten Kündigungen hat der Arbeitgeber dem Betriebsrat die Gründe seines Kündigungsentschlusses schriftlich mitzuteilen.

6.4.2 Eine verhaltensbedingte Kündigung ist zu vermeiden, wenn eine Weiterbeschäftigung möglich ist. Auf Verlangen des Betriebsrates teilt die Personalabteilung diesem mit, in welcher Weise die Möglichkeiten der Weiterbeschäftigung überprüft worden sind.

6.4.3 Bei erstmaligem Fehlverhalten eines Arbeitnehmers kann dieser nur abgemahnt werden, es sei denn, das Verhalten erfüllt die Voraussetzungen eines wichtigen Grundes gemäß § 626 BGB.

6.5 Außerordentliche Kündigungen

Bei außerordentlichen Kündigungen hat der Arbeitgeber dem Betriebsrat die Gründe seines Kündigungsentschlusses schriftlich mitzuteilen.

7. Änderungskündigungen

Bei Änderungskündigungen gelten die in Ziffer 6 festgelegten Grundsätze entsprechend.

8. Leitende Angestellte

Diese Auswahlrichtlinien finden auf leitende Angestellte im Sinne des § 5 Abs. 3 BetrVG keine Anwendung. Dies gilt auch für die Ernennung zum leitenden Angestellten.

9. Geltungsbereich

Diese Betriebsvereinbarung gilt für alle Arbeiter und Angestellte der ... und ihrer Beteiligungsgesellschaften.

10. Kündigung der Betriebsvereinbarung

Diese Betriebsvereinbarung ist mit einer Frist von drei Monaten, frühestens zum 30. Juni 1986 kündbar. Im Falle einer Kündigung wirkt die Betriebsvereinbarung bis zum Abschluß einer neuen fort.

Die Einigungsstelle
Vorsitzender

Beisitzer — Beisitzer

Stuttgart, den 21. Januar 1983

Anhang VII

Beispiele von Auswahlrichtlinien gem. § 95 BetrVG bei betriebsbedingten Kündigungen aus der Betriebspraxis und ihre Gewichtung

Beispiel I

Richtlinien zur Auswahl bei Entlassungen gem. § 95 BetrVG

Betriebsvereinbarung der Ford-Werke AG, Köln vom 11. Dezember 1972
Quelle: Jakobs-Fuchs, Planung der Personalfreisetzung, München 1978, Anhang XIII f.

A.

...

B.

...

C. Auswahlkriterien

Nachstehende Voraussetzungen führen zur Auswahl unter den betroffenen Mitarbeitern einer Auswahlgruppe

I. Soziale Voraussetzungen

Soziale Voraussetzungen ergeben sich aus dem individuellen sozialen Status. Dieser wird anhand der nachfolgend aufgeführten Kriterien festgestellt:

1. Betriebszugehörigkeit

1 Punkt für jeweils ein volles Jahr Betriebszugehörigkeit
5 zusätzliche Punkte für 25 Jahre Betriebszugehörigkeit

2. Alter

1 Punkt	für Mitarbeiter, die 30, aber weniger als 35 Jahre alt sind,
2 Punkte	für Mitarbeiter, die 35, aber weniger als 40 Jahre alt sind,
4 Punkte	für Mitarbeiter, die 40, aber weniger als 45 Jahre als sind,
7 Punkte	für Mitarbeiter, die 45, aber weniger als 50 Jahre alt sind,
11 Punkte	für Mitarbeiter, die 50, aber weniger als 55 Jahre alt sind,
15 Punkte	für Mitarbeiter, die älter als 55, aber weniger als 60 Jahre alt sind.

3. Familienstand

1 Punkt	für jede im steuerrechtlichen Sinne abhängig und jede nach deutschem Recht unterhaltsberechtigte Person,
2 weitere	Punkte, wenn der Mitarbeiter verheiratet ist und überwiegend für den Unterhalt der Familie aufkommt.

In jedem Falle ist für die Zuteilung der Punkte der Nachweis des Familienstandes bzw. der Unterhaltspflicht zu erbringen.

II. Fachliche Voraussetzungen
a) – c) ...

III. Allgemeine Voraussetzungen

IV. Betriebliches Interesse

D. Mitarbeiter mit gesetzlicher Kündigungsbeschränkung

Beispiel II

Auswahlkriterien:

1. Alter

	Punkte
bis 30 Jahre	1
bis 40 Jahre	2
bis 48 Jahre	3
bis 53 Jahre	4
bis 60 Jahre	5
bis 63 Jahre	4
bis 65 Jahre	2
über 65 Jahre	0

Betriebsvereinbarung über Auswahlrichtlinien gem. § 95 BetrVG bei AUDI, NSU AUTO UNION – Anlage –

Quelle: Jakobs-Fuchs, Planung der Personalfreisetzung, München 1978, Anhang XVII – XVIII

2. Betriebszugehörigkeit

(anerkannte) pro Monat	1/20 Punkt
Zusätzlich bei einer Betriebszugehörigkeit von	
5 Jahre	1 Punkt
10 Jahre	2 Punkte
15 Jahre	3 Punkte
20 Jahre	4 Punkte
30 Jahre	5 Punkte

3. Familienstand

Ledige ohne unterhaltspflichtige Personen	2 Punkte
Für jede unterhaltspflichtige Person (Ehefrau, Kinder etc. lt. Steuerkarte)	2 Punkte

4. Ausbildung

ungelernt	1 Punkt
Lehre oder vergleichbare Ausbildung	2 Punkte
Lehre im Werk	4 Punkte

5. Verstöße gegen die Arbeitsordnung innerhalb der letzten zwei Jahre

pro Verwarnung (mündlich)	./.	3 Punkte
pro Verweis (schriftliche Verwarnung)	./.	4 Punkte
strenger Verweis mit Androhung der Entlassung im Wiederholungsfall	./.	5 Punkte

6. Unentschuldigtes Fehlen innerhalb der letzten zwei Jahre

je Tag	./.	2 Punkte

7. Doppel- und Mehrfachverdiener

Doppelverdiener (außerhalb)	./.	5 Punkte
Doppelverdiener im Werk – wird dem weniger verdienenden Ehegatten abgezogen –	./.	3 Punkte
Mehrfachverdiener	./.	5 Punkte

Der Punktabzug im Abschnitt 7 kann, sofern ein Zusatzverdienst im Rahmen der Geringverdienergrenze der Sozialversicherung liegt, von der PA im Einvernehmen mit dem Betriebsrat verringert werden.

8. Pfändungen
   je laufende Pfändung ./. 1 Punkt

Personalabteilung
Dezember 1972

Ingolstadt, den 1.7.1975
(angegeben bei Dedering)

Beispiel III

Interessenausgleich i.S.d. § 112 BetrVG
mit Auswahlrichtlinien gem. § 95 BetrVG

Quelle: Der dem Urteil des BAG vom 20.10.1983 – 2 AZR 211/82 – zugrunde liegende Sachverhalt, in: DB 1984/563 ff., BB 1984/671 ff.

1. Alle Mitarbeiter über 50 Jahren erhielten ein Angebot über ein vorzeitiges Ausscheiden.
2. Für die Auswahl der zu entlassenden Mitarbeiter gilt eine Punktbewertung ff. Inhalts:
   a) je 1 Punkt für jedes Jahr der Betriebszugehörigkeit
   b) ab vollendetem 40. Lebensjahr je Lebensjahr 1 Punkt
   c) jeder Unterhaltsberechtigte erhält je 1 Punkt
   d) Bewertung durchschnittlicher Fehltage in der Zeit vom 1.7.1978 – 31.8.1980 (26 Monate) jeder Fehltag über 20 Fehltage wird mit 2% Punkten zu Lasten des Arbeitnehmers bewertet bis zu maximal 50% Punkten bei 45 Fehltagen und mehr (abgestellt vor allem auf krankheitsbedingte Fehltage mit Ausnahme von Erkrankungen infolge Betriebsunfällen und Einmalerkrankungen z.B. Blinddarmoperation, Knochenbruch). Die Zu- bzw. Abrechnung der Prozentpunkte erfolgt jeweils von einem Ausgangswert in Höhe von 50%.

   Als Beispiel:

   Ein 45jähriger Arbeitnehmer mit 5jähriger Betriebszugehörigkeit, Unterhaltspflichten gegenüber vier Personen und durchschnittlich 30 Fehltagen in der maßgebenden Zeit erreichte danach ff. Punktwert: 50% – 5% (Betriebszugehörigkeit) – 5% (Lebensalter) – 4% (Unterhaltsberechtigte) = 36% + 20% (10 Fehltage über 20) = 56%.

   In dem Interessenausgleich heißt es abschließend zu dem Berechnungsschema: „In Einzelfälle kann von dieser Regelung abgewichen werden, z.B. wenn die Weiterbeschäftigung bestimmter Mitarbeiterinnen oder Mitarbeiter für den Betrieb notwendig ist oder erhebliche Bedeutung für einen geordneten Betriebsablauf hat oder die Entlassung für die einzelnen Mitarbeiter eine besondere soziale Härte bedeuten würde.

   NS.: Gekündigt wurden insgesamt 112 Arbeitnehmer, u.a. auch der Kläger, der nach der Punktwertetabelle mit durchschnittlich 117 krankheitsbedingten Fehltagen pro Jahr geführt worden war. Die Sache wurde zur erneuten Entscheidung an das LAG zurückverwiesen.

Beispiel IV

Quelle: Muster eines Interessenausgleichs mit Auswahlrichtlinie, in: Schaub, Arbeitsrechtliche Formularsammlung und Arbeitsgerichtsverfahren, 3. Aufl. 1982, § 28 S. 2

3. Interessenausgleich mit Auswahlrichtlinie

...

§ 1

...

IV. Werden Mitarbeiter bereits vor dem Stillegungstermin aus betrieblichen Gründen entlassen, so erfolgt die soziale Auswahl nach ff. Maßgabe:

Jeder Mitarbeiter erhält	
für jedes vollende Dienstjahr	3 Punkte
für jedes unterhaltsberechtigte Kind	2 Punkte
Verheiratet im Zeitpunkt der Kündigung	1 Punkt
Mitarbeiter, die am ...	
40 – 49 Jahre alt sind	2 Punkte
55 – 60 Jahre alt sind	3 Punkte und
ältere	4 Punkte.

Gekündigt werden zunächst die Mitarbeiter mit der niedrigeren Punktzahl, bei gleicher Punktzahl werden Mitarbeiter mit jüngerem Geburtsdatum zuerst entlassen.

Beispiel V

Quelle: Muster eines Interessenausgleichs nach § 111 BetrVG, W. Hunold, in: HBV (Heft 1) Mai 1981, Gruppe 6 S. 45 ff.

...

IV. ...

Die Auswahl der zu kündigenden Arbeiter/Arbeiterinnen erfolgt unter Berücksichtigung nachstehender Kriterien. Maßgebend für den Ausspruch der Kündigung ist die niedrigere Punktzahl.

1.	Lebensalter	
	unter 40 Jahre	0 Punkte
	40 bis unter 45 Jahre	5 Punkte
	45 bis unter 50 Jahre	10 Punkte
	50 bis unter 55 Jahre	15 Punkte
2.	Firmenzugehörigkeit	
	unter 1 Jahr	0 Punkte
	1 bis unter 2 Jahre	1 Punkt
	2 bis unter 3 Jahre	2 Punkte
	3 bis unter 4 Jahre	3 Punkte
	d.h. für jedes volle Jahr Firmenzugehörigkeit	1 Punkt.
3.	Kinder	
	pro Kind	1 Punkt

Maßgebend ist die Kinderzahl, die auf der Steuerkarte eingetragen ist. Stichtag für die obigen Daten ist der 2. Mai 1975.

Anhang VIII

Beispiele sozialer Auswahlkriterien und -schemata bei betriebsbedingten Kündigungen, ihre Korrekturen durch berechtigte betriebliche Belange anhand vorliegender Punktetabellen und ihre Gewichtung in zeitlicher Folge

Beispiel A

Vogt, A.: „Sozialgerechte Auswahl bei Massenentlassungen", in: DB 1967/380 ff.

Betriebszugehörigkeit:	
über 5 Jahre	10 Punkte
über 10 Jahre	20 Punkte
über 15 Jahre	30 Punkte
Ausfallzeiten:	
im letzten Jahr	
über 100 Tage	0 Punkte
über 50 Tage	10 Punkte
über 14 Tage	20 Punkte
über 8 Tage	30 Punkte
Lebensalter:	
über 45 Jahre	15 Punkte
über 50 Jahre	20 Punkte
über 55 Jahre	30 Punkte
über 60 Jahre	45 Punkte

Beispiel B

Philipp, G.: „Ordentliche Kündigung und Auswahlrichtlinien", in: BB 1972/219 (angegeben als Grundlage bei der US-Armee in Deutschland für die innerbetriebliche Auswahl bei Personalkürzungen)

Gewährung von überwiegendem Unterhalt gegenüber dem Ehegatten	2 Punkte
jedes unterhaltsberechtigte Kind	2 Punkte
Lebensalter:	
30 – 39 Jahre	1 Punkt
40 – 49 Jahre	2 Punkte
50 – 59 Jahre	3 Punkte
Dienstzeit:	
für jedes vollende Halbjahr	1/2 Punkt
Während des Beschäftigungsverhältnisses erlittener Betriebsunfall bzw. Berufskrankheit	2 Punkte

Beispiel C

Bleistein, F.J.: „Die ordentliche Kündigung aus dringenden betrieblichen Erfordernissen", in: Betrieb + Personal 1975/134 ff.

Beschäftigungsjahre:		
je volles Jahr		4 Punkte
Lebensjahre:		
je 1 Punkt ab 21. Lebensjahr		
je 2 Punkte ab 51. Lebensjahr		
Familienstand:		
15 Punkte je unterhaltsberechtigte Person		
Qualifikation des Arbeitnehmers:		
gute zuverlässige Kraft	plus	10 Punkte
schlechte unzuverlässige Kraft	minus	10 Punkte
Anderweitige Unterhaltssicherung:		
eigene Rente		50 Punkte
Teilrente		20 Punkte
eigenes Vermögen		30 Punkte
mitverdienende Ehefrau		20 Punkte
Besondere soziale Notstände, etwa:		
schwer erkrankte Ehefrau	+	30 Punkte
geistig behindertes Kind	+	30 Punkte
kranke Eltern im Haushalt	+	30 Punkte

Beispiel C1

Bleistein, F.J.: „Schema zur Berücksichtigung der sozialen Gesichtspunkte bei betriebsbedingten Kündigungen", in: Betrieb + Personal 1978/186 f.

Lebensalter: wie unter C		
Betriebszugehörigkeit:		
je volles Beschäftigungsjahr		4 Punkte
für ein volles halbes Beschäftigungsjahr		2 Punkte
Familienstand:		
je unterhaltsberechtigter Angehöriger		15 Punkte
Qualifikation: wie unter C		
Anderweitige Unterhaltssicherung:		
Volle Rente aus der gesetzlichen Rentenversicherung	./.	100 Punkte
Vermögen, das zum Unterhalt herangezogen werden kann	./.	50 Punkte
Teilrente	./.	30 Punkte
Sonstige Gesichtspunkte:		
Im Betrieb erlittene Gesundheitsschäden	+	20 Punkte
Mitversorgung der Eltern	+	20 Punkte
Pflegebedürftiges Kind	+	20 Punkte

Beispiel C2

Bleistein, F.J.: „Betriebsbedingte Kündigung Grundsatzfragen sozialer Auswahl und Schemata", in: Betrieb + Personal 1983/6 ff.

Lebensalter: wie unter C1

Betriebszugehörigkeit: wie unter C1

Zahl der unterhaltsberechtigten Personen:		
je Person		15 Punkte
Anderweitige Unterhaltssicherung:		
– Mitarbeitender Ehegatte	./.	10 Punkte
– Vermögenseinkünfte, die zum Unterhalt herangezogen werden können	./.	10 Punkte
– Volle Rente aus der gesetzlichen Rentenversicherung nach Vollendung des 65. Lebensjahres	./.	50 Punkte
– Im Betrieb erlittene Gesundheitsschäden		20 Punkte
– Mitversorgung von Eltern, Elternteile		20 Punkte
– Versorgung eines kranken pflegebedürftigen Kindes oder Angehörigen		20 Punkte
– Gesundheitliche Behinderung (ohne Anerkennung einer Schwerbehinderung)		10 Punkte

Beispiel D

LAG Hamm, Urteil vom 7.7.1981, in: BB 1982/1770, DB 1982/2195 (aufgehoben durch Urteil des BAG vom 24.3.1983, in: BB 1983/1665 ff., DB 1983/1822 ff.)

Lebensalter:	
bis zu 20 Jahren	0 Punkte
bis zu 30 Jahren	1 Punkt
bis zu 40 Jahren	2 Punkte
bis zu 50 Jahren	3 Punkte
über 50 Jahre	5 Punkte
Betriebszugehörigkeit:	
je volles Beschäftigungsjahr	4 Punkte
Unterhaltsberechtigte Kinder:	
je Kind	5 Punkte
Schwerbehinderte pp.:	10 Punkte
Doppelverdiener:	10 Punkte Abzug

Beispiel E

Neyses, W.: „Arbeits- und Sozialrecht für die betriebliche Praxis". Stuttgart 1983 S. 425 f.

I. Soziale Auswahl:

maximal	160 Punkte

1. Lebensalter:	
maximal	40 Punkte
bis zu 20 Jahren	0 Punkte
für jedes weitere Lebensjahr	1 Punkt
2. Betriebszugehörigkeit:	
maximal	40 Punkte
je vollendetes Beschäftigungsjahr	1 Punkt
3. Unterhaltsbelastung:	
maximal	40 Punkte
alleinstehend	5 Punkte
verheiratet mit einem nicht berufstätigen Partner	10 Punkte
verheiratet mit einem berufstätigen Partner	0 Punkte
je unterhaltsberechtigtem Kind	7 Punkte
4. Sonstige soziale Gesichtspunkte:	
maximal	40 Punkte
dauernde Pflegebedürftigkeit einer unterhaltsberechtigten Person	10 Punkte
Schwerbehinderung des Arbeitnehmers	5 – 15 Punkte
Erwerbsminderung des Arbeitnehmers von mindestens 20 % infolge Arbeitsunfalls oder Berufskrankheit	2 – 10 Punkte
sonstige Gründe für eine besondere Schutzbedürftigkeit	1 – 10 Punkte

II. Berechtigte betriebliche Belange:

1. der Arbeitnehmer ist so gut wie unverzichtbar	160 Punkte
2. Bewertung der Leistung	0 – 25 Punkte
3. Vorliegen besonderer Qualifikation	0 – 25 Punkte
4. Zuverlässigkeit sowie Verhalten gegenüber Vorgesetzten, Kollegen und Unterstellten	0 – 25 Punkte
5. Bewertung der Einsatzfähigkeit hinsichtlich Krankheitsanfälligkeit	0 – 25 Punkte

Beispiel E1

Neyses, W.: „Auswahlkriterien, Auswahlschema und Auswahlrichtlinien bei betriebsbedingter Kündigung". in: DB 1983/2114 ff.

– mit gewissen Modifikationen zu Beispiel E –

3. Unterhaltsbelastung:	
maximal	40 Punkte
verheiratet mit einem voll berufstätigen Partner	0 Punkte

alleinstehend	5 Punkte
verheiratet mit einem nicht bzw. nicht voll berufstägigen Partner	0 – 10 Punkte
je unterhaltsberechtigte Person	bis zu 7 Punkte
4. Sonstige soziale Gesichtspunkte:	
maximal	40 Punkte
dauernde Pflegebedürftigkeit einer unterhaltsberechtigten Person	bis zu 10 Punkte
Erwerbsminderung des Arbeitnehmers von mindestens 20 % infolge Arbeitsunfall oder Berufskrankheit	bis zu 10 Punkte
sonstige Gründe für eine besondere Schutzbedürftigkeit	bis zu 10 Punkte

II. Berechtigte betriebliche Belange:

Der Arbeitnehmer ist unverzichtbar	maximal 160 Punkte
Erbringen hervorragender Leistungen	10 – 20 Punkte
Vorliegen einer besonderen Qualifikation	10 – 20 Punkte
vorbildliches Verhalten gegenüber Vorgesetzten, Kollegen und Unterstellten	10 – 20 Punkte
außergewöhnliche Zuverlässigkeit	10 – 20 Punkte
die Voraussetzungen einer krankheitsbedingten Kündigung liegen vor	./. 160 Punkten

Beispiel F

Berkowski, W.: „Aktuelle Probleme im Recht der betriebsbedingten Kündigung“, in: NJW 1983/1292 ff.

I.	Lebensalter:	
	bis zu 20 Jahren	0 Punkte
	bis zu 30 Jahren	1 Punkt
	bis zu 40 Jahren	3 Punkte
	bis zu 50 Jahren	6 Punkte
	bis zu 57 Jahren	8 Punkte
	über 57 Jahren	10 Punkte
II.	Unterhaltspflichten:	
1.	Ehegatte	5 Punkte
2.	je Kind	3 Punkte
III.	Bereufsaussichten auf dem Arbeitsmarkt:	
1.	gesucht	0 Punkte
2.	durchschnittlich (keine besonderen Qualifikationen oder Handikaps)	2 Punkte
3.	schlechte Chancen	4 Punkte

IV. Dauer der Betriebszugehörigkeit:

je volles Beschäftigungsjahr	0,5 Punkte
ab 11. Beschäftigungsjahr	1 Punkt

V. Gesundheitsschädigung des Arbeitnehmers infolge betrieblicher Umstände:

je nach dem Grad der Beeinträchtigung	1 – 3 Punkte

VI. sonstige soziale Umstände:

1.	Vermögensbeeinträchtigungen		1 – 2 Punkte
2.	Vermögensvorteil	minus	1 – 2 Punkte

VII. Mitverdienender Ehegatte (Verhältnis Ehegatten-Einkünfte zu Arbeitnehmer-Einkünften):

1.	4 : 1 minus	10 Punkte
2.	3 : 1 minus	8 Punkte
3.	2 : 1 minus	7 Punkte
4.	1 : 1 minus	5 Punkte
5.	1 : 2 minus	3 Punkte
6.	1 : 3 und weniger: minus	2 Punkte

Stichwortverzeichnis